錢的故事

收錄豐富的「中國錢幣協會」珍藏照片

汪錫鵬、殷叔平 著

好讀出版

目錄

CONTENTS

第三章　錢幣上的書法藝術

第四章　錢幣與民俗

第五章　錢幣與文學

走進錢幣

1 貨幣的名稱

在中國古代，貨幣曾經被統稱爲「泉」和「布」。據《辭源》解釋：「泉」是古代錢幣的名稱，「泉與錢，今古異名」。有一說：古代泉與布並爲貨幣，故統稱貨幣爲「泉布」；另一說：布也就是泉，一物而兩名。

在西周時期，「泉」與「布」作爲錢幣的大名，頻頻出現於各種典籍中。《周禮》分設天、地、春、夏、秋、多六官，分管天下，其中天官和地官的職責均與錢幣有關。按照周制，「設天官外府，掌邦布之入出；地官市人廛人，泉府則鑄作泉布，及斂市諸布入而藏之」。由此可見，當時已有專門的政府部門負責泉布（即貨幣）的鑄造、發行、流通和儲存。

布幣

東漢末年的經學大師鄭玄曾對泉布有過一個精采的注解：「布，泉也。布，讀爲宣布之布。其藏曰泉，其行曰布。取名於水泉，其流行無不遍。」《漢書·食貨志》則進一步指明：「故貨，寶於金，利於刀，流於泉。」鄭玄和班固的解釋共同說明了一點，正是由於貨幣的流動性特點，才用富有流動性的詞彙「泉」和「布」來稱呼之。貨幣本身不斷在流動，商品又是透過貨幣這一媒介而流動的，「泉布」這一稱呼充分反映了古人們對貨幣作用的認識。秦以後，各代發行的貨幣雖有了固定的名稱，但人們還是常常用「泉布」來特指錢幣。比如，東漢王莽改制時，曾把所鑄的六種圓形錢幣，統稱爲「六泉」；宋人洪遵所撰寫的第一部研究中國歷代錢幣的著作，書名索性就取作《泉志》；明、清兩代，官府設置的鑄錢機構，稱作「寶泉局」；而錢幣的收藏家和研究者則長期以來一直被稱爲「泉家」。

戰國大型尖首刀

中國古代的貨幣在被統稱爲「泉」、「布」、「泉布」的同時，從春秋時期開始分別因其形制、記重、記值等的歧異，出現了不同的稱呼，大致可劃分爲三個階段，即以形制命名階段、記重記值命名階段和符號化抽象化命名階段。

以形制命名階段

中國最早的貨幣是採集於海邊的海貝，統稱爲「貝幣」，貝幣是最早因材質和形狀而命名的貨幣。

戰國時期的齊國截首刀

貝幣之後，逐漸出現了人工製作的青銅貨幣。早期的青銅貨幣仿照海貝的形制鑄造，稱作「銅貝」。春秋開始，青銅貨幣的形制逐漸豐富起來，呈現出多元化的態勢。春秋戰國時期流行的貨幣基本都是仿照當時的生產工具來鑄造和命名的，反映了當時社會的生產水準和人們的認識能力。當時流通的主要貨幣有布幣、刀幣和圓錢。

「布幣」是一種仿照當時鏟狀農具「鎛」鑄造的貨幣，被稱作「鎛幣」，由於鎛與布同音，故又被稱布幣。

戰國平首刀一組六枚：
甘丹四枚、白人二枚

西周時期作爲農具的「鎛」，漸漸成爲商品交換中的專用媒介，到東周擁有了專用通貨的基本功能。布幣主要流行於兩周地區以及趙國、魏國和韓國，後來慢慢擴大到秦、宋、魯、燕等國。布幣上的銘文較爲複雜，一般爲一個字到四個字。有的是數字，有的是地支和天干，有的是鑄爐的標記。早期的布幣爲空首布（有用於裝柄的銎），後漸漸分流出平首布、釿布、圓足布、平足布、尖足布、三孔布等幣種等。

「刀幣」是一種仿照當時漁獵工具鑄造的貨幣。它的形狀就是一把刀，具體還可細分爲針首刀、尖首刀、截首刀、圓首刀和平首刀等。

刀幣當時主要流行於齊國、燕國和趙國，即今山東、河北、遼寧等地。

戰國「漆垣一釿」圜錢

戰國「重一兩十二銖」圜錢

刀幣上還有若干銘文，以地名為多，一般指鑄造的地點。刀幣的大小輕重不一，齊國的刀幣一般大而厚，重量在40克以上。

「圜錢」是仿照古代的紡輪或玉璧鑄造的貨幣。圜錢又分為圓孔和方孔兩種，據史書記載，姜太公主政西周時就曾鑄行過圜幣。圜幣的鑄行地域要比布幣和刀幣廣，齊、燕、趙、魏、韓、周、秦等國都曾鑄行過。圜幣由於製造簡單，攜帶方便，成為後來流行錢幣的基本形制。

記重、記值命名階段

秦始皇兼併山東六國以後，採取了一系列統合的措施，其中一項重要措施就是鑄行「秦半兩」，作為全國唯一通行的貨幣。秦半兩，直徑一寸二分，重十二銖（即半兩）。由此開始到唐朝初年的八百多年時光裡，中國一直是以重量或面值來命名貨幣的。

秦半兩在中國貨幣發展史上具有重要意義，「以秦法同天下之法，以秦幣同天下之幣」，它不僅

秦半兩

統一了全國貨幣，而且使這種圓形方孔的銅幣形制就此
固定下來。由於秦半兩重達十二銖，不便於流通，到漢
武帝元狩五年（西元前118年），漢武帝廢止半兩錢，
開始鑄行「五銖錢」。中央政府規定五銖錢的錢式和重
量，由地方郡國鑄行。漢武帝的五銖錢，錢文五銖（標
準重量為3.5克左右），重如其文，因其重量而被稱作
五銖錢。五銖錢繼承了秦半兩的形制，圓形方孔，錢徑
2.5公分，厚0.12公分，四周有廓（周圍的邊或框），是
一種輕重大小適度的銅幣。由此開始，五銖錢一直沿用
了七百多年，是中國貨幣史上行用時間最長的一種貨幣
樣式。

王莽金錯刀

　　此後，某些朝代也曾鑄行過四銖錢和六銖錢等，但均未出五銖錢的範
疇。一般認為，在秦以前，貨幣是通過稱量流通的；從秦至漢武帝初年，為
稱量和計數並行的階段，五銖錢的鑄行，等同宣告了貨幣稱量時代的結束，
可謂一大進步。在這一過程中，也曾出現過以面值命名貨幣的情況。記重和
記值其實有相通之處，都是為了表明貨幣的交換價值。當然，與記重相比，
記值有可能距離貨幣本身所擁有的真實價值更遠。

　　記值貨幣主要出現在王莽時期。王莽當政期間，先後進行了四次幣制改
革。其中第三次幣制改革鑄行了包括十種布幣在內的二十八品貨幣。十種布
幣的形制由小到大，記值分別由一百到一千。王莽第一次幣制改革時鑄行的
金錯刀，記值為「平五千」，一個金錯刀可當五千錢，這無疑已經遠遠背離
了其自身的價值。

抽象化、符號化命名階段

　　唐朝初年，基本沿襲了隋的貨幣制度。唐高祖武德四年（西元621年）
廢隋錢，開始鑄行「開元通寶」。開元通寶的問世，是個十分重要的轉折
點，開啓了中國錢幣發展史上的新時代。對於貨幣名稱來說，則是宣告了記
重、記值階段的結束，開啓了抽象化、符號化命名的新階段。

　　開元通寶在重量上為古代貨幣確立了一個基本標準，它以一錢為法定
貨幣的重量單位，每十文（一枚錢為一文）重一兩，十錢一兩的十進位制由

聖宋元寶

宣和通寶

此誕生，後世關於「一文錢」的叫法也由此開始，影響深遠。先秦兩漢，銅錢沒有單位名稱，講到錢，通常是說若干錢；自「開元通寶」開始，便稱爲若干文；到後來，在「文」的基礎上「貫」（亦作緡、吊）又作爲固定的計量單位，一千文爲一貫，這使得貨幣的計量單位漸趨系統化也更完整。曾經膾炙人口的崑劇《十五貫》，由失竊的十五貫銅錢展開劇情，跌宕起伏，扣人心弦，不啻反映「貫」在明清時期已成爲廣泛使用的貨幣計量單位。

從開元通寶開始，貨幣改稱爲「通寶」、「元寶」、「重寶」等，如宋徽宗時期的「聖宋元寶」以及「宣和通寶」。

無論是「通寶」，還是「元寶」、「重寶」，一個「寶」字，反映了自唐以後歷朝各代在位者比以往更加重視貨幣的作用。貨幣成爲國之重器，它的鑄行權牢牢控制在中央政府手中。

古代的「年號錢」儘管在魏晉時期就已出現，但也是在這之後才成爲一種定制，其絕大部分均誕生在唐代以後。年號錢現象，反映出貨幣成爲了統治政權的一種重要宣示媒介。國家政權與貨幣的結合，對於貨幣的發展來說是把雙刃劍。一方面它有利於幣制和幣值的平穩和有序化，有利於社會經濟的發展；另一方面它又使貨幣淪爲統治政權的附庸，漸漸失卻本應屬於它的經濟活力。這或許就是中國貨幣和商品經濟誕生得早，但長期以來卻發展乏力的一大關鍵原因。

2 形形色色的原始貨幣

　　貨幣在中國已有三千多年歷史，在這數千年的歷史長河中，貨幣的材質由貝、帛、銅、金、銀、鐵等，一直發展至現在的紙幣。每一種材質的貨幣都是當時社會生產力水準的展現，同時成爲當代社會商品經濟發展程度的標誌。或許可以這樣說，貨幣材質發展演變的軌跡，等同中國社會經濟發展情況的寫照。

　　在人類社會的早期，由於勞動生產能力的限制，最初的貨幣都是能從自然界直接獲取的物品，如獸皮、蚌珠、海貝、龜殼等等。其中，來自熱帶、亞熱帶淺海的海貝，因其與生俱來可充當貨幣的天然特性，在眾多原始貨幣中脫穎而出，成爲當時流行最爲廣泛的貨幣。

　　作爲貨幣，海貝的優越性主要表現在：其一，海貝是人們從大海中打撈上來的，本身是勞動的結晶，它最初是沿海先民飲水的器具，一直是沿海以捕魚爲生的先民用以跟中原地區以打獵爲生的先民進行交換的重要物品，當時中原地區獲取這種產於暖海中的天然貝並非易事。很顯然，海貝能夠充當交換的等價物，首先在於它的實用價值。其二，海貝的色彩斑斕、小巧玲瓏、質地細膩，形狀優美，是原始居民喜愛的一種裝飾品，甚至在當時還被認爲是生命的象徵，佩戴在身上可以趨吉避邪。其三，海貝的大小適中，堅固耐用，便於攜帶和計數，作爲貨幣具有其他物品不可比擬的優越性。

　　從夏商到春秋戰國的一千四百年中，海貝一直是當時主要的流通貨幣。在雲南地區，甚至到明末清初，海貝仍是主要的貨幣之一。明代著名醫學家

貝幣一組：御金貝、銅、骨貝等

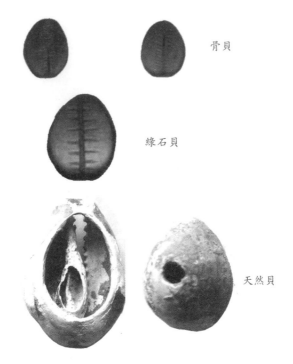

骨貝

綠石貝

天然貝

骨貝、綠石貝與天然貝

李時珍在《本草綱目》中便有關於「雲南用貝，明時尚然」的記述。當時人們以朋為單位來計算貝幣，把若干個（一般認為是五個）貝幣串成一串，兩串即為一朋。《詩經·小雅》可為證：「既見君子，錫（賜）我百朋。」百朋是個大數字，一次就賞賜百朋，反映了當時社會經濟的發展和財富之豐。由於來源有限，隨著社會商品交換的發展，後來海貝經常供不應求，先人們便製作了石貝、骨貝、蚌貝、玉貝、陶貝等當作貨幣來使用。

到商朝後期，出現了銅仿貝。銅仿貝的出現使貝幣達到了其發展史上的巔峰，同時又成為它走向衰落並最終退出歷史舞臺的轉折點。銅鑄貝幣的誕生，宣告了金屬貨幣時代的到來。

海貝是古代早期主要的流通貨幣，這一觀點可以從三個方面來證明。首先，這一時期的墓葬中出土大量的海貝可以證明這點。西元1921年在河南澠池縣仰韶村的仰韶

遺址中就曾發現有貝，在河南偃師二里頭遺址也出土了12枚貝，在鄭州白家莊的一座商代前期的墓葬中，一下出土了602枚穿孔的海貝。1976年，殷墟小屯村附近有座距今三千一百多年的小型王室墓葬中，竟出土了七千餘枚海貝。這些海貝大都放置在墓主的口中或手足部，有的海貝背部有琢孔，顯然是爲穿繫之用。海貝在西周時流通更爲廣泛，陝西、河南、河北、甘肅、寧夏的西周墓葬都曾發現有貝，這一現象延續到春秋戰國。河南新鄭的一座春秋墓葬中一下出土了317枚海貝。1950年代，河南輝縣固圍村的戰國墓葬中也一下出土了727枚海貝。這些海貝大多放置在隨葬的銅鼎、銅甗之中，顯然是墓主的隨葬品。隨葬品中海貝（貨幣）的數量多寡，往往體現墓主生前的身分和地位。以海貝作爲隨葬品，反映了它在當時社會經濟生活中的重要性。

另外，我們還可以從漢字的結構來印證海貝在流通貨幣中的鼻祖地位。漢字中凡是跟物品的接受、交換以及價值、財產沾上邊的字詞，多離不開一個「貝」字，例如：財、資、貴、賤、賠、賺、賑、購、貨、賄、賂、賒、販、貶、貯、賭、貪、貧、賞、貽（贈送財物）、貸、貿、貢（古代臣民向皇室繳納財物）、賃（出錢租用）、貰（出借財物）、負（虧欠財物）、遺贈（贈送）、賚（賞賜）、賽（舊時用財物祭祀報答神）等等。由此可見，早在漢字形成之際，貝作爲貨幣，在當時社會經濟活動中已經廣泛流通，社會生活各方面無不留下它的深深烙印。

最後還可以從有關史籍的記載和出土文物的銘文中，證明海貝確實是最早的主要流通貨幣。漢代的桓寬在《鹽鐵論‧錯幣》中稱「幣與世易，夏後以玄貝」，按照他的說法，海貝在夏代就已經成爲貨幣了。貝幣在商代的行用更爲普遍，《尚書‧盤庚》記載「具乃貝玉」，並且指明貝玉爲「貨寶」。在甲骨卜辭中，有囚貝、錫（賜）貝、取貝等，商代金文中也多有賞貝、錫貝等說法，〈中鼎銘〉上則記有「矣易中貝三朋，用乍祖癸寶鼎」。

龜殼也曾是流行頗廣的貨幣。在古代，人們把麟、鳳、龍、龜視爲四靈，四者之中只有龜是在自然界中眞實存在的，人們自然備加珍愛。同時，由於龜的生命力特別頑強，牠的長壽給人們帶來了一種神祕莫測的色彩，大大刺激了當時人們的想像力，由此被視作神龜，成爲人們占卜禍福凶吉的工具，龜殼也因此身價陡增，成爲帝王貴族爭相收藏的寶貝，如《禮記》中所講「諸侯以龜爲寶」。《史記‧平準書》中講「人用莫如龜」，則反映出當時龜幣的地位遠比貝幣高得多。加上龜殼易於分割，由此成爲充當貨幣

的理想材料。清光緒二十五年（西元1899年），河南湯陰古牖里城出土了數以千計的龜版，大部分龜版上都刻有象形文字，據專家鑑定是殷代的文字，龜幣在當時流行的盛況由此可見一斑。漢武帝時推行白金三品，其一取龜形，名龜幣，值三百；王莽幣制改革時，曾作龜寶四品、貝貨五品；這些現象說明原始龜幣一直到西漢末年仍有重要影響。

在商周先秦時期，穀和帛等由於是人們最基本的生活資源，因此也曾被作為商品交換的一般等價物，並且由於自然災害、戰爭、社會動亂等種種原因，斷斷續續延續了很長一段時間。白居易的著名詩篇〈賣炭翁〉透過一個賣炭翁的不幸遭遇，揭露唐代官府以強買方式掠奪百姓財物的罪惡行徑，詩人在詩中滿懷憤怒為普通百姓的不幸發聲。詩中的「半匹紅紗一丈綾，繫向牛頭充炭值」，生動側寫出當時布帛充當貨幣的事實。只是由於穀和帛的品質不一，作價困難，作為交換的媒介存在諸多不便，一旦真正意義上的貨幣誕生以後，穀和帛只能在有限的時間和地域內才被作為一般等價物用於商品的交換。

魏晉南北朝時期，由於戰火不絕，政權頻繁更迭，幣制混亂，政府曾下令廢禁銅錢，穀和帛因此迴光返照，一度取代銅錢，流通的範圍一時間十分廣泛，甚至政府徵稅和賞賜直接就用穀、帛。穀和帛取代銅錢等成為流通貨幣，對於社會經濟來說無疑是一種倒退，但在戰亂年代，暫時以穀、帛作交換的媒介，對於保障人民的基本生活資源，有其合理性。隨著社會經濟的發展，穀、帛作為貨幣這一現象，自隋唐以後便大體上退出了歷史舞臺。

海貝、龜殼、穀、帛以及牲畜等這些原始貨幣形態的出現，順應了當時社會經濟的發展水準。隨著社會經濟的發展，這些原始貨幣或者由於其來源無法有效控制（比如貝幣），或者由於其數量有限而無法順應社會流通的需要（比如龜幣），或者由於其流通的不便（如穀和帛），或者由於其不便於計量等原因，先後告別了歷史舞臺，讓位於人工製造的貨幣。貝幣在春秋以後便大體退出了歷史舞臺，龜幣流通的時間比貝幣短，穀和帛斷斷續續流通的時間稍長一些，但流行的地區有限。以金、銀、銅、鐵、紙等為材質的貨幣，先後取而代之，在不同的歷史階段各領風騷，在中國貨幣發展史上扮演了重要的角色。中國古代的貨幣史由此揭開了一頁頁新的篇章。

3 天生的貨幣
——金銀

黃金是中國最早用來充當貨幣的金屬。遠在四千多年前，先人們就已經會採集和利用黃金了。有人指出，「金」這個字，是典型的象形文字，表示一口礦井的結構，「人」字表示井蓋，「王」字表示地面下的豎井和井中兩個中段坑道，兩點則表示黃金。「金」字是古代由地面向地下開採礦石的真實寫照。

包金貝

到商代，先人們已能用金來加工精巧製品，考古發掘出來商代早期的珥形金飾和商代中期的錯金青銅器、貼金貝、包金貝等充分反映了這一點。大約在西周中期，先民們便已熟練掌握了黃金的冶煉技術。

春秋時期，黃金始成為流通的貨幣，成為財富的象徵。春秋晚期越國大臣范蠡棄官下海經商，十九年之中曾經「三致千金」；戰國時期齊國的貴族孟嘗君向楚王獻象床，「象床之值千金」，史籍上的這些記載反映黃金在當時已成為計量財富的單位。

楚國在當時盛產黃金。據《戰國策》所記載，有次縱橫家張儀將離開楚國去晉國，臨行前張儀問楚王，「王無求於晉國乎？」楚王回答：「黃金、珠璣、犀象等都出於楚國，我沒什麼需要向晉國求助的。」得意之情溢於言表。中國最早的黃金貨幣就出現在楚國，楚國的黃金貨幣有金版和金餅兩種，形狀有龜背形、長方形、圓餅形，上面一般鈐有「郢爰」、「陳爰」等，其中郢、陳是地名，爰則是計量單位。

當時的人們將一定數量的黃金置於熔爐煉成金液，然後加以規範成形，再以銅戳冷鏨成文，一版爰金便鑄成了。由於黃金量小而價值大，不易損蝕，並能任意分割和合併，還便於攜帶和儲藏，這些都是其他金屬無可比擬的，因此以黃金製成的貨幣一度流通十分廣泛。戰國是爰金的鼎盛時期。戰國末年，商鞅在秦國變法，為了取信

金餅

於民，他在城門懸賞徙木，結果一個勇敢的應募者將三丈之木從南門搬至北門，因此得到了「五十金」賞錢，這反映了黃金貨幣在當時已被普遍使用。楚國的爰金自東晉以來多有出土，範圍遍及楚國故地，數量多達三萬五千多克。

秦始皇統一幣制的時候規定黃金爲上幣，主要用於大額支付和賞賜。黃金在漢代也是一種流通的貨幣，而且使用數量比任何朝代都多。例如漢高祖任用大儒叔孫通爲太常，賜金五百斤；元朔六年（西元前123年）漢軍征討匈奴告捷，賞賜有功將士金二十萬斤。有關專家曾對《漢書》中皇帝賞賜黃金於臣下的記載作過統計，總數竟達八十餘萬斤。也有朋友之間贈送黃金的，如陳平爲了彌合與周勃的矛盾，便用金五百斤作賀禮爲周勃祝壽。西漢末年，王莽垮臺的時候，府庫中的黃金多達六十餘萬斤。東漢末年，董卓專權，所聚斂的黃金也有三萬斤以上。近代以來，全中國幾十個地點出土了漢代的黃金，印證了上述記載的眞實性。但漢代之後，黃金雖然始終作爲特殊的一般等價物，卻再也未見漢代那樣大量使用黃金的情況。黃金逐漸從流通領域裡退出，多作爲一種儲藏手段和價值尺度。據有關專家研究，

此與黃金數量的銳減有關。

在中國貨幣史上，白銀的發現和使用都遲於黃金，這是由於銀礦常與銅、鉛等化合，冶煉分解的難度較大之故。先人們在春秋中晚期開始使用銀鑄幣，最早鑄行銀幣的仍是楚國。西元1974年，在河南扶溝古城村發現十八枚長方形的鏟狀銀幣（銀布幣），據有關專家研究，這些銀布幣分別鑄於春秋中晚期和戰國初期，乃是中國迄今發現最早的銀幣實物。河南扶溝古城村戰國時位於郢陳（今淮陽）與鄢陵之間。楚頃襄王二十一年（西元前278年）曾遷都於陳。當時楚國凡遷都所至，都被稱爲「郢」。扶溝古城村距郢陳很近，當時屬楚國。因此，這批銀布幣可確定爲楚國的貨幣。當時銀幣的流通情況尙不清楚。秦始皇統一幣制時，曾規定白銀爲器飾寶藏，不作爲貨幣。

到西漢武帝時期，白銀開始在古代的貨幣舞臺上亮相。漢武帝將白銀貨幣分爲三品：鑄龍紋，圓形，值三千；鑄馬紋，方形，值五百；鑄龜紋，橢形，值一百。在西漢末年王莽的幣制中，黃金論斤，白銀稱流，兩者的價值分別爲「黃金重一斤，值錢萬（萬錢）。朱提銀重八兩爲一流，值一千五百八十。它銀一流值千」。

東漢以後的文獻中與白銀有關的記載越來越多。如《後漢書‧董卓傳》記載，董卓被殺以後，查抄其家產，大約有金三萬斤，銀九萬斤。儘管在漢武帝和王莽時期白銀兩度成為法定貨幣，但實際上白銀當時主要用於宮廷的賞賜，並未在社會上流通，它只是商品價值的一種表現形式而已。漢代的白銀貨幣很少見於出土物，便反映了這一點，這可能與漢武帝推行的用官營工商業取代私營工商業的政策有關。社會商業活動受到打擊，大宗交易減少，對金銀的需求也隨之減少。到東漢，金銀作為貨幣減少的同時，用金銀製作首飾的情況反倒明顯增加了。

金代「承安寶貨」銀錠

　　到了唐代，白銀在流通領域嶄露頭角，皇帝用白銀賞賜臣下的記載多了起來，民間用它作為贈禮和賄賂的現象也屢見不鮮。官府還用它來轉移財富，民間則將它作為遠行的盤纏。唐末五代幣制混亂，更增強了白銀取代銅錢的趨勢。宋代延續了唐代的情形，大宗交易時往往使用白銀，官府徵收賦稅以及向中央政府上交賦稅均使用白銀，甚至官方的賞賜和發給官員士兵的薪餉也使用白銀。

　　金章宗承安二年（西元1197年）鑄造「承安寶貨」銀錠，從一兩（當銅錢兩千）到十兩，共分五等，作為大額錢幣使用，目的是應付交鈔的泛濫和銅錢的嚴重匱乏。值得注意的是，這是漢武帝以來，首次由官府鑄造的法定記數銀幣。此前，白銀一直是稱量貨幣，使用碎銀十分麻煩。而金代的承安寶貨銀錠標明了幣值，體現它的價值尺度。這一變化，開創了白銀記值貨幣的先河，在貨幣發展史上立下里程碑。

　　白銀在元代成為名副其實的通貨，百姓之間的借貸、日常交易甚至勞務報酬的支付等都用銀計價。元雜劇中有很多這類例子，比如《金線池》中，石府尹吩咐下人道：「金線池是一個勝景去處，我與你兩錠銀子，將去下酒作個宴席。」《魔合羅》中主人施捨外人說：「老相公夫人染病，這是五兩銀子，權當藥資，休嫌少。」

　　值得注意的是元代出現了銀元寶。元初，蒙古大軍滅南宋以後，回到揚州，將部隊劫掠來的

明代萬曆銀錠

撒花銀子集中銷鑄製錠。經辦此事的官員依照金代銀錠的成例，製成五十兩的銀錠，取名「揚州元寶」，呈獻給忽必烈。那種馬鞍形，兩端圓弧、中間束腰的元寶由此成為定式，成為金錢的象徵。

明代嘉靖、萬曆年間，由於「鈔壅不行」，以及銅錢因濫鑄貶值，政府開始實施「以銀為主，銀錢兼行」的貨幣政策，銀錠成為官方和民間普遍行用的硬通貨（見前頁下圖）。由此，銀錠終於在流通領域獲得穩定的地位。

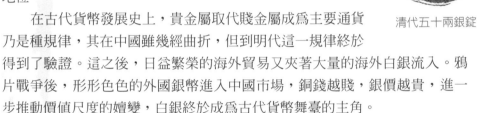

清代五十兩銀錠

在古代貨幣發展史上，貴金屬取代賤金屬成為主要通貨乃是種規律，其在中國雖幾經曲折，但到明代這一規律終於得到了驗證。這之後，日益繁榮的海外貿易又夾著大量的海外白銀流入。鴉片戰爭後，形形色色的外國銀幣進入中國市場，銅錢越賤，銀價越貴，進一步推動價值尺度的嬗變，白銀終於成為古代貨幣舞臺的主角。

咸豐年間，林則徐等在江蘇提議鑄造銀餅，其後，清政府著手鑄造了各種銀錠，最常見的如五十兩銀錠，清代由此結束了不鑄造統一銀幣的歷史。西元1889年，廣東從英國引進造幣機器，開始大規模以鑄造機製銀幣。近代發行比較成功的銀元是北洋政府時期的「袁大頭」，北洋政府規定袁大頭每枚面值壹元，幣面鑄有袁世凱的側面像和鑄造年分，重七錢二分，銀八九銅十一，輔幣（伍角、貳角、壹角）則是銀七銅三。由於袁大頭造型新穎、製作精良，因此面世以後商民稱便，前後流行了十多年，西元1927年，南京國民政府下令停止鑄造袁大頭，改為鑄行孫中山頭像的銀元，袁大頭這才逐漸退出流通領域。

在近兩千年的歷史長河中，中國基本實行的是銀兩制度，近代中國與外國侵略者幾次屈辱性的條約都是以銀兩來計算賠款數額的。西元1933年3月，民國政府頒布《廢兩改元令》，銀兩制度正式宣告結束。沒隔多久，國民政府即宣布以紙幣為法幣，清代末年開始鑄行的銀元最終僅是曇花一現，匆匆完成了自己的使命。中國的貨幣舞臺自此成為紙幣的一統天下。

袁大頭（銀元）

4 曾經輝煌的銅錢

司母戊大方鼎

銅是人類認識的第一種金屬，在石器時代的晚期，先人們就發現了銅，在六、七千年前的新石器晚期已經能鑄造紅銅器，繼而又在紅銅裡面加入鉛和錫，鑄造青銅器成功。殷商時期，青銅冶煉技術得到長足的進步，著名的司母戊大方鼎，高133公分，重875公斤，是迄今所發現商周時代最大也最重的青銅器，反映出當時青銅冶煉和鑄造的技術已臻極高水準。

到了春秋時期，由於海貝的稀缺，為順應市場流通的需要，當時成熟的青銅鑄造技術便被用來仿照海貝製造青銅貝。青銅貨幣從此在中國歷史上粉墨登場，以金屬作為貨幣，具有其他物品不可比擬的優勢，對此後兩千多年中國的貨幣發展史產生了深遠影響。

銅貝是中國最原始的銅錢。半個世紀以來，全中國各地出土的東周青銅貝數量達二萬七千多枚，反映銅貝在當時的流通已十分廣泛。春秋戰國時期由銅貝又演變出橢圓形的小銅錢，這種小銅錢上的銘文狀似人的臉面，被稱作「鬼臉錢」；又說銘文像一隻螞蟻，加上這種錢像高高隆起的鼻子，又被稱作「蟻鼻錢」；這種銅錢小巧玲瓏，是一種稱量貨幣。

在蟻鼻錢前後問世的，還有布幣、刀幣、圓幣等青銅貨幣。刀幣、布幣和圓幣等青銅貨幣的誕生，成為中國貨幣發展史進入下一新階段的里程碑。它反映當時人們的生產活動更加豐富，想像的空間也隨之更為廣闊。這些形態各異的古幣，大多是模仿當時的生產和生活用具鑄就的，布幣的形制來自於耕作翻土的鏟子，刀幣則源自於日常工具青銅削，圓幣則來自於璧環和石製紡輪。貨幣本是商品經濟的產物，但在它誕生之初卻深深烙上了農耕文化的印記，反映當時的商品交換尚處於初始階段。當時布幣主要流行於三晉、兩周地區，刀幣主要流行於齊、燕、中山等國，圓錢主要流行於秦、魏、趙

等國，蟻鼻錢則基本流行於楚國。這一現象反映周王室式微之後，各國經濟已自成體系，並開始自行鑄造貨幣。在上述貨幣中，主要流行於秦等國的圜錢突破了其他貨幣對農具等的簡單模仿，並且由於體積小便於攜帶，更符合商品交換的需要，最終脫穎而出，成爲其後流通兩千多年的銅錢形制之鼻祖。

秦始皇統一中國以後，爲了鞏固新生的大一統國家，採取了一連串措施；統一全國貨幣，鑄行圓形方孔的秦半兩，是其中一項重要的舉措。秦半兩問世以後，圓形方孔成爲其後近兩千年中銅錢的基本定式。從目前出土的秦半兩來看，重量一般爲3克至6克，不超過8克，這一重量較適宜於流通。圓形方孔的秦半兩，是由圓形圓孔的先秦圜錢發展而來的，之所以由圓孔改爲方孔，除了方便加工打磨半兩錢的周廓以外，還與當時人們天圓地方的自然觀密切相連。由於錢幣在社會生活中的特殊地位，人們便把「天道爲圓，地道爲方」的認識，濃縮到小小的秦半兩上面。如果說，在秦半兩之前，先人們仍是具象化地仿照某一種物品來鑄造錢幣的話，那麼從秦半兩開始，先人們便將某一種抽象的意義賦予所鑄造的錢幣，從而使古代貨幣擁有了更爲豐富廣泛的文化涵義，這是秦半兩留予後人的一份寶貴文化遺產。

西漢初期，允許民間私鑄錢幣，結果導致「錢益多而輕」，幣制混亂。漢武帝繼位以後，隨著社會經濟的逐步恢復和發展，爲了進一步削弱王國的勢力，同時爲了應付邊境戰爭的龐大軍費開支，武帝聽從桑弘羊的建議，整頓幣制，將鑄幣權收歸中央。西元前118年，漢武帝下令「罷半兩錢，行五銖錢」，並集中由上林三官鑄造。

五銖錢繼承了秦半兩錢的形制，圓形方孔，錢文五銖，重如其文，標準重量爲4克，錢徑2.5公分，厚0.12公分，四周有廓，是一種輕重大小適度的銅幣。正由於此，自漢武帝至隋，五銖錢流行了七百多年，堪稱中國古代的長壽錢。即使在唐代初年鑄行開元通寶以後，五銖錢仍繼續在民間流通。

隋唐時期，統一的多民族國家有了新的氣象，社會經濟迅速發展，商品生產和商品交換日益擴大，原來的貨幣制度已不能順應社會經濟發展的需要，開元通寶正是在這種情況下問世的。西元621年，唐廢除隋錢，鑄行「開元通寶」。開元通寶形制仍沿用方孔圓錢，每十文重一兩，每一文的重量約爲一錢，一千文則重約六斤四兩。開元

西漢上林三官五銖　　　　　　　　金國「大定通寶」

通寶是中國錢幣發展史上一個重要的轉折點，它的誕生宣告了五銖錢時代的落幕。由此開始，中國古代幣制告別了以重量命名的銖兩體系而發展爲通寶幣制，改稱爲「通寶」、「元寶」、「重寶」等，開啓了後世「一文錢」的叫法。這一做法成爲唐以後歷朝的鑄幣準則，沿襲了將近一千三百年。

西元1178年，大金國金世宗鑄造「大定通寶」，鑄行量較大，年鑄造約十四萬貫。

清朝末年，以圓形方孔爲代表的銅錢制度也劃下最終句點。其實遠溯唐宋時代起，銅錢制度就已呈現出衰敗的趨勢。唐代的「飛錢」是最早站出來挑戰銅錢的，宋代的「交子」是飛錢的繼承和發展，元代政府則強力推行紙幣，只是由於中國紙幣與生俱來的不足，並未能撼動銅錢地位。至明、清兩代，白銀才取代了銅錢的地位，成爲主要的流通貨幣，大宗交易等主要使用白銀，銅錢成爲白銀的輔幣，退居爲貨幣舞臺上的配角。

西元1900年，兩廣總督李鴻章在廣州率先製造新式銅元。銅元雖在形制上是對圓形方孔錢的一種顛覆，但本質上仍屬於一種銅製的制錢，仍稱元寶、通寶，並與銅錢一樣紀年號、紀地、紀值等，這種迴光返照式的創新，誠不可能挽救銅錢的命運。銅元仍只是作爲當時廣泛流通之銀元的輔幣。銅元面世以後，由於一直無法解決濫鑄和貶值的問題，僅勉強維持了不到半個世紀的時間；隨著鎳幣的出現，特別是中央造幣廠開鑄鎳幣後，銅元即被鎳幣所取代，逐步退出流通市場。至此，活躍於貨幣舞臺上兩千多年的銅錢，終於功成身退，壽終正寢，中國的貨幣史翻開了新的一頁。

銅錢之所以能在兩千多年的歷史中成爲主打貨幣，這是由銅本身的特點決定的。其一，銅作爲一種貴金屬是天然的一般等價物，其價值僅次於金和銀，卻高於其他金屬。其二，由銅鑄造的貨幣大小輕重適宜，且具有較佳的

清代「道光通寶」（阿克蘇局紅錢）

韌性，可說是古代用來鑄造貨幣的理想材料。其三，中國古代擁有較豐富的銅礦資源，先人們很早就掌握了銅的開採技術。其四，銅的金黃色是一種財富的象徵，容易受到人們的青睞。

此外，與古代銅的冶煉和鑄造技術的不斷發展進步也是分不開的。早在商周時期，先人們已能夠善用銅、錫、鉛的不同比例來鑄造出各式青銅器。春秋戰國時期的刀幣和布幣雖然面積大、幣身薄，卻具有良好的韌性和彈性，不易折斷或變形。幣身上的輪廓與豎紋除了美觀裝飾外，還具有梁柱的支撐作用，反映出當時的青銅冶煉鑄造技術已臻極高水準。

中國早期的青銅貨幣基本都是銅、錫、鉛的合金。唐代初年鑄造開元通寶的時候，為銅錢制定了明確的成色標準，即銅83.33％、白鑞14.56％、黑鉛2.11％，反映當時人們對銅的冶煉和鑄造有了更為深入的認識，其後官鑄的銅錢基本以此為標準。明代初年，出現純銅製成的紅錢和用銅、鉛、錫合金製成的青錢。清代新疆鑄造銅錢多用純銅，錢的顏色偏紅，故稱紅錢，新疆阿克蘇局「道光通寶」以及乾隆年間的「乾隆通寶」紅錢曾名盛一時。明嘉靖年間還出現了黃錢，即在冶煉過程中添加了一種新原料——鋅，銅錢的顏色因此變黃，故有黃錢之稱。黃錢的含鋅量在10％以上，多的達20％。黃銅鑄造的「嘉靖通寶」幣質厚重，鑄造工藝十分精緻，是古錢幣中的珍品。

黃銅的出現，代表中國冶金史又向前邁進一大步。紅錢、青錢和黃錢的出現，更反映自明以後，人們已能夠根據當代的可能和需要，靈活運用銅、錫、鉛、鋅等的不同配比來鑄造銅錢。近代中國銅元的成色標準基本維持在銅94％、錫4％、鉛1％這一配比。

清代「乾隆通寶」（紅錢）

5 不可或缺的配角

——鐵錢、鉛錢、夾錫錢

　　鐵錢、鉛錢、夾錫錢是中國古代金屬貨幣家庭中的另外幾位成員，儘管它們的出現有違貨幣史發展的常規，但是它們同樣也是中國古代社會政治、經濟、軍事和文化發展的產物，是古代貨幣發展史不可或缺的組成部分。

　　鐵錢是中國金屬貨幣大家庭中的要角之一。自漢至民國初的兩千餘年中，鐵錢的鑄行時斷時續地大約持續了五、六百年左右。就鑄行的數量和品種來說，鐵錢僅次於銅錢，這在世界貨幣發展史上是獨一無二的。

　　中國古代先民認識鐵，乃是從天而降的隕鐵開始的。1970年代，在古燕京的商代遺址中出土了兩件鐵刃銅鉞，經測試銅鉞上的鐵刃是用隕鐵鍛打而成的，這是古人用鐵的最早見證。天然鐵礦石需經高溫冶煉才能產生鐵，中國在西周就發明了人工冶鐵技術，但要晚於冶銅技術的發明。

　　鐵錢在西漢前期就已經面世了。西漢文帝時期允許民間鑄造貨幣，有人為了牟利，在青銅鑄幣裡夾雜鐵的成分，鐵錢由此悄然登上貨幣舞臺。自1950年代中期以來，湖南、湖北、陝西等地都有西漢前期的鐵半兩錢和鐵五銖錢出土。東漢初，公孫述兵據益州，自立為蜀王，期間他廢除銅錢，鐵錢被指為法定的貨幣流通全蜀，這是鐵錢在早期的興盛景況。鐵錢的流通在東漢應不局限於公孫述割據的益州。據晉朝人皇甫謐的《高士記》記載，東漢靈帝時，名士郭泰看不起史弼，史弼每次見到郭泰，都行兩次禮，而郭泰僅還一次禮。有人問郭泰其中的原因，郭泰回答：「鐵錢也，故以二當一耳。」意思是史弼的禮連同他人，就如鐵錢般不值錢。鐵錢成為日常的比喻，可見其在當時行用之廣。東漢之後，由於鐵開採容易且價格低於銅，用鐵來鑄錢可獲得豐厚利潤，於是鐵錢的鑄造便綿延不絕，官私兩方都曾鑄行鐵錢。銅錢和鐵錢之間的矛盾衝突也一直是中國貨幣發展史上的顯著現象。

　　由於鐵錢在品質、信譽等方面畢竟比不上銅錢，官府從穩定經濟目的出發，常常不得不禁抑鐵錢的鑄行。從魏晉南北朝到隋唐，鐵錢時隱時現、忽禁忽弛，總體上禁多弛少。其間，南朝的蕭梁時期，鐵錢出現難得的揚眉

南唐李璟「保大元寶」鐵錢

吐氣。梁代由於廣興佛寺，鑄造佛像耗用了大量銅材，佛寺和私人又聚斂了大量銅錢，梁武帝幾次捨身佛寺，光為了替他贖身，就白白送給寺廟數億銅錢，以致銅錢不敷使用，不得不改以鐵錢作為法定流通的貨幣。西元2007年初，浙江海寧的秦山核電公司在建設生活區時，出土了一堆已經氧化結塊的蕭梁鐵錢，至少有一立方容量。如按當時每枚重五銖的標準換算的話，這一堆鐵錢少說也有上百萬枚，蕭梁時期鐵錢鑄行的盛況由此可見一斑。

五代時為了遏制劣幣驅逐良幣，各國都曾累頒敕令，嚴禁使用鐵錢，不過仍有部分鐵錢在流通使用，比如當時的南唐，李璟在位時就曾鑄行過「保大元寶」鐵錢。然後到了宋代，鐵錢終於時來運轉，成為貨幣流通中的主角。鐵錢在北宋有兩項顯著特點：

一是流通的範圍廣。北宋二十四路中，除京畿路以及荊湖南、北路和淮南東、西路不見使用

鐵錢的記載，其他十九路均有鐵錢流通。而且鐵錢專行區的範圍也擴大了，除了四川成都府、梓州、利州、夔州四路為鐵錢專行區外，兩廣和陝西等地一度亦曾經成為鐵錢的專行區。

二是鐵錢鑄行的數量多，為歷朝歷代之冠。北宋太宗時四川每年鑄行小鐵錢五十萬貫；宋真宗時期，每年鑄行大鐵錢二十一萬貫；宋神宗元豐年間，每年鑄行大鐵錢八十萬至九十萬貫。西元2006年7月19日，位於黃河三角洲上的山東省東營市新區辛鎮的一處建築工地，在施工過程中出土了大量宋代古鐵幣，計有三十多噸，在嚴重鏽蝕的錢坨上可以清晰地看到「崇寧通寶」、「大觀通寶」、「政和通寶」、「政和重寶」、「皇宋元寶」等當年流通的鐵錢，這些鐵錢生動記述了它們在宋代曾經擁有的輝煌。

鐵錢的鑄造在南宋也十分興盛。相對於北宋，南宋銅錢的鑄行量大為減少，但鐵錢的鑄行量基本沒有減少，每年保持在七十萬至八十萬貫。南宋鐵錢較具代表性的是寧宗嘉定元年（西元1208年）鑄造的「嘉定元寶」。兩宋時鑄行的不同面文的鐵錢多達八十六種。銅錢和鐵錢並行，成為這一時期貨幣領域的一大特色。

北宋「大觀通寶」

　　兩宋時期之所以會盛行鐵錢，除了銅材匱乏以外，另一個重要原因是與兩宋削弱北方遼、金等國的力量，維護邊境安全的措施有關。當時，宋與遼、金的邊境地區長期烽火不斷。遼、金等為了自身經濟發展的需要，透過短陌（「足陌」的相反，陌通「百」，指以不足一百而當百錢來使用）、套購、走私等方式大量吸納宋的銅錢。為此，宋一方面整頓邊防，反擊遼、金的入侵，傳頌千古的楊家將故事就發生在當年北宋與遼的戰場上。西元2007年8月11日《北京日報》報導，在冀中永清縣（距北京60多公里）發現地下「古戰道」，分布在永清周圍幾個縣的地下，覆蓋面積300平方公里，洞壁的大青磚為宋代燒製，地道曲折蜿蜒似迷宮，寬1公尺，高1.6公尺，壁有燈座，當地人稱「藏兵洞」。有關專家經考證，此是宋代當年抵抗遼、金南侵的軍防工事。另一方面，宋則在邊境路州推行鐵錢，製造與銅錢流通區域的隔離帶，嚴防銅錢流到境外，以此來遏制遼、金的經濟力量。北宋的這些政策當時對阻擋遼、金等的壯大和南侵，確實發揮了一定的作用。

　　按照貨幣發展的一般規律，隨著商品經濟的發展，古中國社會在經歷了唐朝這一全盛時期以後，到宋代本應創造出優越於銅鑄幣的貨幣，但卻在此時盛行鐵錢。之所以會出現這一反常現象，歸根究柢是由於當時自然經濟仍處於主導地位，商品交換雖興盛，小商品交換仍是其中的主要方式，國家對社會經濟仍保持了強大的干預力，且各地區之間經濟發展水準又極不平衡，加上魏晉南北朝和兩宋時期的南北分裂和對峙，致使中國古代的貨幣發展走上了一條「之」字形的

南宋「嘉定元寶」背「折十」鐵錢

第一章　走進錢幣

25

曲折道路。中國古代的鐵錢因此在世界貨幣文化發展史上留下了獨特的一頁。

但是鐵錢取代銅錢，畢竟違背了貨幣發展的規律，兩宋的鐵錢雖然達到了一段巔峰期，但同時揭開它迅速走向衰落的序幕。在中國貨幣發展的歷史長河中，鐵錢在兩宋的興盛，僅是它最後的輝煌。鐵錢與銅錢相比，其缺陷和不足是十分明顯的：一是分量重，每千枚（一貫）大鐵錢重約25斤，小鐵錢千枚也在13斤上下，相當不便於攜帶和流通。二是價格低賤，當時鐵錢四僅當銅錢一，民間鐵錢十僅當銅錢一。有人計算，以當時的米價每斗七十錢計，到集市上買兩斗米，竟要攜帶30斤以上的鐵錢，這與物物交換幾乎已無甚區別了。宋代的四川是鹽、茶、絲綢的重要產地，貨幣流通量很大，而四川當時是鐵錢的主要流通區域。隨著商品經濟的發展，鐵錢不便流通的弊病越來越突顯，道出鐵錢退出歷史舞臺乃是個不可避免的趨勢。兩宋之後一直到明清，雖然在流通市場上還能見到鐵錢的身影，有的時候和有些地方還有鑄行鐵錢的情況，但這已經無法改變鐵錢被淘汰的命運，鐵錢在整個社會經濟活動的作用早是無可奈何花落去。

鉛錢在金屬貨幣家庭中，也是不能不提的一位成員。先人們在四千年前就發現了鉛，河南偃師出土的三千五百多年前的鉛塊，是現今發現最早的鉛製品。中國先民們在世界上最早用鉛來鑄錢，業已出土的燕益昌鉛布證明戰國的燕國就有鉛製的錢幣了。不過鉛錢的大量鑄行是在五代時期，連年的戰爭下，礦冶業遭到破壞，由於缺乏銅礦資源，一些割據政權如福建閩國的王審知等便紛紛以鉛鑄錢。五代以後到清末，鉛錢不常鑄造，大部分僅流通於一時一地，其數量遠少於銅錢。

夾錫錢是金屬貨幣家庭中又一位成員。夏代晚期便開始開採錫礦，夾錫錢的鑄造主要見於宋代。夾錫錢可分為銅夾錫和鐵夾錫，銅夾錫錢中銅、鉛、錫的配比分別為57.1%、28.6%、14.3%，鐵夾錫錢中鐵、鉛、錫的配比分別為29.5%、42.9%、27.6%。夾錫錢的出現，一則是為了彌補銅礦資源的不足，二則是為了防止西夏和遼將鐵錢熔化後製作兵器，鐵一旦夾雜以鉛和錫就會變脆，無法鑄造兵器。北宋末年夾錫錢的鑄行，破壞了當時的幣制，導致通貨膨脹，引起社會動盪，加速了北宋王朝的滅亡。

6 一紙千金

——紙幣

　　紙幣是中國貨幣家庭中面世最晚的成員。紙幣具有其他材質貨幣無可比擬的優越性，但紙幣在中國自北宋誕生以後，一路走來卻並不順利，經歷了一段短暫的輝煌後便讓位於白銀，於貨幣舞臺上，長期僅僅只是白銀和銅錢的配角，直到1930年代國民政府實行法幣改革，紙幣始成為中國流通領域裡的當家貨幣。紙幣的曲折經歷，側寫出中國古代社會經濟發展的坎坷。

　　唐宋時期商品交換活動日益發達，銅錢，尤其是鐵錢由於幣值低、分量重，愈來愈不能順應商品流通的需要。唐代的「飛錢」就是在這麼一種情況下誕生的。飛錢實質上僅止於匯兌，不介入流通，不行使貨幣的功能，因此並非真正意義上的

北宋紙幣

紙幣。但是飛錢的誕生，實是有效彌補了錢幣長途往返運輸的不便。

　　北宋初期沿用了唐代飛錢這種匯兌方式，匯兌的規模遠遠超過唐代。正是在此基礎上逐漸演變發展，誕生了紙幣「交子」。交子最初出現於四川，四川是宋代經濟最為發達的地區之一，錦、紙、糖等的生產在全國居領先地位。陸游的〈成都書事〉一詩見證了當時成都地區經濟的繁榮：

> 劍南山水盡清暉，濯錦江邊天下稀。
> 煙柳不遮樓角斷，風花時傍馬頭飛。
> 芼羹筍似稽山美，斫膾魚如笠澤肥。

客報城西有園賣，老夫白首
欲忘歸。

　　同時由於種種原因，四川又是
鐵錢的專營區。鐵錢比之銅錢，不
利於流通。每一千鐵錢（一貫）重
的可達25斤，輕的也有13斤。當時
買一疋布，需兩萬鐵錢，按重的算
重約500斤，輕的也有260斤，得車
載肩挑。發達的區域經濟與落後的
貨幣制度發生了嚴重衝突，交子便
在這種問題中應運而生。

　　北宋的交子最初是由私人經營
的，雖比唐代的飛錢機動靈活，但
性質上仍屬匯兌業務，非眞正的貨
幣。後來交子被收歸官營，情況就
此發生變化，強大的國家信用成爲
交子的後盾，在官府宣布交子可以
代替現錢完納賦稅以後，它便擁有
了法定貨幣的地位，在民間它取代
鐵錢廣泛使用於商品交換，從而成
爲眞正意義上的紙幣。現今被眾多
收藏者珍藏的紙幣多爲北宋交子以
及大明通行寶鈔。

　　紙幣的誕生雖說是順應了日
益發展的商品交流之需求，但它的
問世奠基在兩個不可缺少的前提條
件，一是造紙術，二是印刷術。到
唐宋時期，中國古代四大發明中的
造紙術和印刷術恰發展到較成熟階
段。這兩大發明爲紙幣的誕生奠定

大明通行寶鈔「叁伯文」（三百文）

了物質基礎，使之得以大量流通。

　　從目前考古發掘的情況看，造
紙術最早可以追溯到西漢，二十世
紀中葉以來，中國在新疆、陝西、
甘肅多處出土了西漢麻紙。相傳發
明造紙術的東漢蔡倫實際上是在總
結前人經驗的基礎上，用樹皮、麻
頭、破布、舊漁網等爲原料，改進
完善了造紙工藝，使紙的品質得到
進一步提升，也爲紙的推廣和普及
創造了條件。西元1974年，甘肅武
威旱灘坡的東漢晚期墓葬中出土的
留有字跡的古紙，已有一定的強韌

度和柔軟性，厚度與現代機製紙相當，原料為大麻等麻類纖維，纖維交結細勻緊密，且有單面塗布加工，說明當時的造紙技術具有今人熟悉的高度水準。東漢宮廷內設有專管紙墨的少府守宮令和尚書令右丞，足證紙在宮廷內廣為使用的狀態。

西晉太康年間的文學家左思，仿照東漢班固的〈兩都賦〉和張衡的〈兩京賦〉，寫了〈三都賦〉，把三國時魏都鄴城、蜀都成都、吳都南京寫得活靈活現，成為一時之奇文，人們爭相傳抄，致使洛陽紙的價格暴漲。原來每刀千文的紙一下子漲到兩千文、三千文，還是供不應求，不少人只好到外地買紙。「洛陽紙貴」的故事反映紙已經在人們的日常生活中被廣泛運用。從宋朝開始，紙的產量越來越大。中國長江以南，氣候溫暖，竹子到處可見，生長起來也很快，採用竹子作造紙原料以後，造紙業的發展就更快速了。四川是當時重要的造紙基地。楮樹皮的纖維粗長，柔軟堅韌而有彈性，是製作紙幣的上好材料。四川廣都用楮樹皮生產的楮紙名盛一時。

雕版印刷術是中國先民們對於世界的又一大貢獻。兩晉時期，隨著紙、墨的出現，印章也開始流行起來。東晉時，石碑拓印得到了發展。印章和拓印的結合，成為雕版印刷術的雛形。大約在唐朝初年，雕版印刷術問世。雕版印刷的基本工藝是先在紙上按所需規格書寫文字，然後反貼在刨光的木板上，再根據文字刻出陽文反體字，製成雕版；接著在雕版上塗墨、鋪紙，用棕刷刷印，然後將紙揭起，印刷便告完成。雕版印刷術是文化傳布中的革命性發明。在雕版印刷術發明之前，書籍全靠抄寫，因此只有官府和富豪家裡才可能有藏書，普通百姓對此是絕對無緣問津的，雕版印刷術的發明則使之成為可能。從古籍的有關記載看，最早用雕版印刷術印製的書籍是唐太宗時彙編的古代貞女節婦故事集《女則》。

到了九世紀的時候，中國用雕版印刷印書已經相當普遍。據記載，晚唐著名詩人白居易成名之後，街市上到處都是盜版「繕寫模勒（雕版印刷）」的白居易詩集。我們現在所能見到的最古老雕版印刷實物，則是印刷於西元868年的唐代雕版印刷的《金剛經》，印製工藝非常精美。這是一位王姓道士在西元1900年整理敦煌石窟時，無意中在一間密閉暗室中發現的。這部《金剛經》長約一丈六尺，高約一尺，是由七個印張黏連而成的卷子；卷首有一幅畫，畫著釋迦牟尼對弟子說法的神話故事，神態生動，後面是《金剛經》的全文；卷尾有一行文字，註明是咸通九年刻印的。

到了宋朝時候，印刷業更加發達，全國各地到處都刻書。北宋初年，印《大藏經》的刻版達十三萬塊之多；北宋政府的中央教育機構——國子監，印的經史類書籍，刻版也有十多萬塊。這兩個數字，足可令人見識到當時印刷業規模之大。宋朝雕版印刷的書籍，現在知道的就有七百多種，而且字體整齊樸素、美觀大方，是後人熱捧的珍品。宋朝的雕版印刷，一般多用木板刻字，也有人用銅板雕刻。上海博物館便收藏有北宋「濟南劉家功夫針舖」印刷廣告所用的銅版，可見當時已掌握了銅版雕刻技術。到了十一世紀中葉（宋仁宗慶曆年間），畢昇發明了活字印刷術，使印刷技術又更上一層樓。宋代四川成都的雕版印刷業十分發達，是全國三大雕版印刷中心之一，素有「宋時蜀刻甲天下」之說。《大藏經》就是由成都刻印的。

造紙術和印刷術的發明，讓紙幣的誕生化為可能。紙幣在北宋誕生以後，經南宋到金，雖然一路走來歷經曲折，但一直在全國範圍內得以行用，元代更是早期紙幣的鼎盛時代。從至元二十四年（西元1287年）到至正十年（西元1350年）的六十多年間，元政府嚴禁在交易中使用金、銀、銅錢，紙幣成

元代至元通行寶鈔「壹貫」

為唯一的合法貨幣。元代流通最廣泛的為至元通行寶鈔。

馬可‧波羅在其聞名世界的遊記中，曾對元代紙幣留下如此生動的記述：它「流通於大汗所屬領域的各個地方，沒有（人）敢冒生命危險拒絕支付使用」、「用這種紙幣可以買賣任何物品」、「同時可以持紙幣到造幣廠換取金銀條」。

北宋的紙幣（交子）實際是個早產兒，缺乏可靠的經濟基礎，與生俱來的「貶值」和「偽造」始終阻滯著它的發展，致使中國古代紙幣未能按照由金屬幣到紙幣的一般

規律順利發展，而多走了一段「之」字形的曲折路。明代開始，雖然還有部分紙幣流通，如大明通行寶鈔，但白銀這種貴金屬，以其便於稱量、不易偽造等特點，獲得市場的青睞。由此，在明清兩代形成了白銀為主、銅錢為輔的貨幣格局，紙幣幾乎退出流通領域。

　　到了清代的晚期，外國銀行在中國開設分行並自行發行紙幣，清政府的戶部銀行和大清銀行也跟著開始發行紙幣。

　　民國以後的中國銀行、交通銀行、中央銀行、中國農民銀行等也先後發行紙幣，這些紙幣基本可分為銀兩票、銀元票和銅元票等，實際是一種以銀元為本位幣的兌換券，銀元依然是法定的貨幣，依然是流通中的硬通貨。一直到西元1935年，國民政府實行法幣改革，規定完糧納稅及一切公私款項收付，概以法幣為限，不得使用現銀，紙幣由此才真正躋身法定的貨幣，成為流通領域的領銜主角。此後，天時、地利、人和俱備，中國在宋代即已誕生的紙幣，終於迎來了屬於自己的春天，在其發展史上揭開了嶄新的一頁。

大明通行寶鈔「壹貫」版

清代戶部官票「拾兩」

話說孔方兄

——銅錢圓形方孔之謎

　　自打中國有了「幣」這款東西，各色各樣的錢幣就來回流通在老百姓手中，這些錢幣有布的、金的、銀的、銅的、鐵的、紙的，有餅形的、刀形的、鎛形的、圓形方孔的、圓形圓孔的、圓形實心的，但唯獨圓形方孔的銅錢卻是獨領風騷，成為一種長期流行的主要貨幣形式。在先秦到晚清的兩千多年歲月裡，銅錢，特別是圓形方孔的銅錢一直是主要的貨幣形式。

　　從現象上看，圓形方孔銅錢是憑藉秦始皇的權力，才取得了獨尊天下的地位。秦始皇統一中國以後，採取了一連串統一全國的措施，西元前210年，秦始皇頒布了貨幣改革令，「以秦幣同天下之幣」，具體規定黃金僅用於大額支付和賞賜。「文曰半兩，重如其文」的秦半兩被欽定為日常流通的貨幣，其他所有貨幣一律退出流通領域。

　　實際上，秦始皇之所以最終指定圓形方孔銅錢作為全國唯一的流通貨幣，總體上還是順應了歷史發展的趨勢。按照唯物史觀，貨幣是社會經濟發展到一定階段的產物，而貨幣的材質和形制不僅與特定社會時期的物質生產水準密切相關，同時也是特定社會時期裡思想文化意識的結晶。圓形方孔銅錢之所以能在古代東方社會獨領風騷兩千多年，既是由當時的物質生產水準決定的，也是當時思想文化意識的集中反映。一枚小小的銅錢乃是一面多稜鏡，從多方面反映了古代社會。

　　銅錢之所以能長期流行於世，首先應該歸功於銅這一特殊的資源。在古代，銅是作為一般等價物的最理想物品。銅的價值次於金和銀，卻高於其他金屬，同時銅的質地使它成為製作貨幣的最佳材料。而中國擁有豐富的銅礦資源，再加上先人們很早就掌握了開採銅礦和冶煉銅的技術，流傳久遠的「禹鑄九鼎」的故事即說明了這一點。傳說大禹將各地上貢的銅鑄成了九只大鼎，置於都城，分別代表九個州，從此九鼎便成為國家的象徵，成為傳國的寶器。儘管禹鑄九鼎只是傳說，但是青銅器的冶煉鑄造到商周進入鼎盛時期，是確鑿無疑的。從出土的商周時期青銅器來看，不僅製作精良，且數量

和種類相當驚人，幾乎相當於世界上已出土之青銅器的總和。商周時期完全無愧於「中國的青銅器時代」這一稱號。正是由於中國古代豐富的銅礦資源以及先進的冶煉和鑄造技術，替銅錢成為「最主要的流通貨幣」奠定了物質基礎。

但是圓形方孔銅錢出現之前，以銅鑄造的貨幣，就有鎛（鏟子）形幣、刀形幣等，在春秋戰國時期分別流行於三晉和齊、燕、趙等地區。西元前336年，秦惠文王鑄行秦半兩，使銅製的圓形圜錢成為秦國的主要貨幣。在相當一段時間內，圓形的銅錢（圜錢）與刀幣、鎛幣一起流行於不同的國家和地區。由於銅鑄造的圓形貨幣，其大小輕重形制均適宜，還有利於減少錢幣在流通過程中的回轉磨損，在流通過程中比刀幣、鎛幣等具有明顯的優越性，由此得到了社會的認同和歡迎，刀幣、鎛幣等銅製錢幣不得不漸次退出流通舞臺。

從目前出土的秦半兩來看，限於當時的鑄造技術，儘管大小輕重不一，但大體重量在3克至6克之間，這正是一種當時便於流通的重量。文革後期，隨著秦始皇的走紅，海外某思想研究會的創始人自稱是秦始皇轉世，要求信徒四出收集秦半兩，並且是越大越好，秦半兩由此身價倍增，最大的一枚甚至賣到好幾萬。這完全是一場鬧劇，不過倒是使得秦半兩在兩千多年後名盛一時。實際上，秦半兩並非越大越好，秦始皇時半兩一般不超過8克。西漢文景時期曾鑄造了一些特別厚重大型的半兩錢，這完全是為了滿足某些人爭勝炫富的需要，並非出於流通的需要。

圓形的銅錢中間有一個小孔，它的重要作用之一是為了便於攜帶、計數和儲藏。一定數量的銅錢用一根繩索通過中間的小孔串起來，便湊成了個整數，大大方便了錢幣的攜帶、流通和貯藏。據《漢書》記載，由於西漢文景時代以來經過七十多年的休養生息，社會經濟得到迅速恢復和發展，到武帝初期，國家府庫充盈。《漢書》對當時社會財富豐裕的情況有十分生動的描述，稱老百姓是「人給家足」，中央和地方的倉庫「盡滿」，「府庫餘財」等等。其中談到京城長安國家金庫的貯藏情況，司馬遷說是「錢累巨萬，貫朽而不可校」，這是說國家金庫裡貯藏的銅錢太多了，堆藏的時間太久了，銅錢大量鏽蝕，連串銅錢的繩索也爛掉了，以致倉庫裡的銅錢無法計數。從「貫朽而不可校」一句，我們可以清楚地看到銅錢中間的那個小孔在貨幣計數和貯藏方面所發揮的作用。

先秦的圓錢最初中間的小孔也有圓孔的，有段時間是圓孔和方孔的圓錢並行。到秦始皇以秦半兩統一全國貨幣時，圓形方孔銅錢才定於一尊，圓形圓孔才逐漸銷聲匿跡，其後歷經兩千多年圓形方孔銅錢成爲一種基本不變的貨幣範式。圓形方孔銅錢一大優勢是便於打磨銅錢的輪廓，但其之所以最後能成爲法定的流通貨幣，則與中國古代對於自然和宇宙的認識密切相關。

先人們很早就開始探索天地之間、天人之間、人與自然之間的關係。《史記》的作者司馬遷就把「究天人之際，通古今之變」作爲自己畢生的追求。在先秦諸子的著述中，對天地關係的基本認識是：天道爲圓，地道爲方，法天象地。古代的先人們在當時已經依稀認識到：天爲陽，地爲陰；天是在不斷運動的，地是相對靜止的；天是無限的，地是有限的，但先人們的認識僅此而已。

《三國演義》有一回「劉玄德三顧茅廬」，講劉備一次造訪諸葛亮的時候，遇到了若干農夫，一邊耕作，一邊在唱歌，開頭的兩句歌詞是「蒼天如圓蓋，大地似棋局」。歌詞以通俗生動的語言表達了當時人們對天地關係的看法。但後面的歌詞話鋒一轉，唱的是「世人黑白分，往來爭榮辱；榮者自安安，辱者定碌碌」。純粹是在討論人與人之間的關係，這種前後的脫節和大幅度的跨越，反映了當時人們對於探究天人關係的迷茫和無奈。

正是出於這種原因，人們迫切希望弄清兩者之間的關係，改變目前的境遇，故而爲此進行了長時間的不懈探索。古人的墓穴是外圓內方的，古代許多建築如北京的天壇、地壇是外圓內方的，古代祭祀天地的明堂、圜丘以及占卜用的司盤是上圓下方的，這其中無不體現了人們對於破解天地關係之謎的渴望。正是基於這些原因，先人們將天圓地方集聚到一枚小小的銅錢之中，實是在借此表達對於探究天地關係的強烈願望。

秦始皇統一貨幣，將圓形方孔的銅錢定於一尊，當然有探究天人關係的用心，同時也不能抹殺其鞏固秦皇朝統治的目的。秦始皇利用了當時人們對於天人關係認識上的局限，將天命與皇權巧妙地融爲一體，並將其聚焦到秦半兩的形制上面，外圓代表天命，內方代表皇權，天命與皇權在這枚小小的銅錢上面得到了高度的對應。「一錢之中，法備天地，天附地載，萬宇一統」，象徵了君權神授，以冀秦皇

朝的統治能夠一世、二世，世世代代相傳下去。據近人王獻唐先生所考證，秦始皇在鑄造秦半兩的時候對大小尺寸十分講究。秦人鑄半兩錢以中間方孔為地，外圓為天。根據《易經》的說法，地數為六，因此方孔的長寬均為六分；天道之數為十二，因此外圓的內徑為十二分。一枚小小的銅錢，不僅形似天地，而且大小尺寸也暗合天地之數，用心可謂良苦。

自秦始皇之後，歷代的封建統治者出於同樣的心理，無不希望這麼一枚流通日漸廣泛的小小銅錢能夠護佑自己的統治千秋萬代，代代相傳。這大概是圓形方孔銅錢在兩千多年歷史中長盛不衰的要因吧！

「模範」與古代錢幣的鑄造

在世界金屬錢幣的鑄造史上，我們的先人創造了三個「最」，即掌握錢幣鑄造技術最早、錢幣鑄造持續時間最長，以及所鑄造錢幣最多。據有關史書記載，西漢一百二十年間鑄錢高達280億枚，盛唐時每年鑄錢3.27億枚，北宋時每年鑄錢更達60億枚之巨。先人們很早就掌握了青銅鑄造技術，商代的司母戊大方鼎反映了商周青銅時代曾經擁有的輝煌。商周之

五銖陶母範

後，青銅文化衰落，先人們鑄造青銅器皿的精湛技藝又在錢幣鑄造中得到承繼和發展。由此，在為後人們留下了豐富多彩的古代金屬鑄幣的同時，也留下了一份無與倫比的金屬鑄造技藝。

「模範」一詞，現在一般指值得人們學習和效法的榜樣，它的本意是指製造器物時的模型。「模範」的產生，最早則與錢幣的鑄造有關。先人們鑄造錢幣時，先是製作了相應的模型，然後依靠模型來鑄造各種錢幣。不過，模是模，範是範，他們在錢幣鑄造的過程中發揮的作用並不一樣。最初鑄造錢幣大多用的是泥陶範，先人在細泥片上刻劃出貨幣的形狀以及陰文文字，在窯中烘烤成陶範後，再用來鑄造金屬錢幣。

春秋時期流行的布幣、刀幣等都是用這種泥陶範鑄造的，這類泥陶範近世多有出土。由於泥陶範薄而脆，用以翻鑄的次數極為有限，從後世出土的先秦時期錢幣來看，兩枚完全相同的錢幣極為罕見，由此可以推斷當時錢幣的鑄造基本是一錢一範，錢幣的鑄造因此費工費時，成本頗高。

到了戰國末年，使用石範和銅範的頻率增加。石範、銅範與泥陶範相比，結實耐用，可以多次乃至反覆使用，而且所鑄造的貨幣光潔度較高。由於石範製作容易、成本低，在西漢初年得到廣泛使用。

二十世紀以來，全中國境內出土的石質錢範有三百多件，95%以上集中

在漢高祖元年（西元前206年）至漢武帝元狩五年（西元前118年）的八十多年間，此時恰為漢半兩流通的時期。

銅範雖然誕生的時間較早，楚國的蟻鼻錢和戰國的秦半兩就是用銅範鑄造的，但在漢武帝之前，銅範的使用並不普遍，製作也比較簡陋。從漢武帝開始，隨著社會經濟的發展，特別是隨著五銖錢的鑄行，銅範得到空前的發展，並使這一工藝達到鼎盛時期。

戰國時期燕國「匋陽」方足布銅範

尤其值得注意的是，隨著銅範的誕生，出現了專門用來製作銅範的「模」。模與範相反，模中的錢文是以陽文正書的，是專門用來翻製範的「範」。模的使用是中國古代錢幣鑄造技術的一次突破性進展，它使所鑄造的錢幣式樣和重量等趨於規範化且統一。模的使用，還為疊鑄工藝的誕

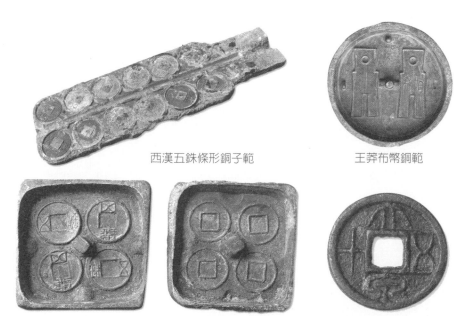

西漢五銖條形銅子範

王莽布幣銅範

漢至六朝郡國五銖銅母範

王莽「大泉五十」

中國最早的翻砂貨幣實物

生創造了條件。澆鑄銅錢的時候，將由模翻製而成的範疊放在一起，一次能澆鑄數十枚錢幣。疊鑄工藝的誕生是古代錢幣鑄造技術的一次革命性飛躍，疊鑄省工、省時、省料，不僅降低了鑄造的成本，大幅提高了產量，而且保證了鑄造的品質。從出土的文物看，疊範鑄造法始於西漢後期，在王莽幣制改革時已得到較廣泛的使用。與銅範同時出現的還有鐵範和鉛範。近代，在陝西興平出土了兩件王莽時「大泉五十」（見前頁右下圖）的鐵範，一刻錢模為54枚，另一刻為39枚，鐵範被用來鑄造錢幣，反映了當時錢幣鑄造業的發達。

北朝時期，先人們發明了翻砂鑄錢法，到唐朝、五代時期，這一方法已被普遍使用。翻砂鑄錢法的發明，是中國古代錢幣鑄造技術的又一次飛躍。

翻砂鑄錢法是將樣錢（即母錢）用型砂印製出錢模，然後用來澆鑄錢幣。型砂不同於普通的砂，其分子結構均勻，能緊密黏合在一起，同時也便於冷卻金屬溶液，用型砂製作的錢模澆鑄出的錢幣，字跡清晰，完好率高。上海博物館藏有一枚唐代的「乾元重寶」錢幣，經有關專家鑑定，即是用來翻砂鑄錢的錢母。用這種錢母鑄造出來的

唐代「乾元重寶」一組三枚

清代「嘉慶通寶」雕母

清代「咸豐元寶」雕母

明代「嘉靖通寶」

乾元重寶，工藝精美。

據明代宋應星的《天工開物》記載，翻砂鑄錢的大致工藝過程為：用四根木條作空框，中間填上型砂，上面放若干母錢，再把同樣一框型砂合在上面，成為錢的背面，如此逐漸層疊累加達數十框之多，上面留出澆口，用繩捆緊加固，然後將熔化的銅液澆注進去，待冷卻後開框，則成樹枝形的錢，然後逐一摘斷磨銼加工，便成了一枚一枚的銅錢。

在上述過程中，母錢實際上充當了錢模的角色。母錢可分為三種：錢樣、雕母錢和鑄母錢。

錢樣是依照設計原稿，用錫、象牙、紅木或蠟等材料精心雕製的錢幣實物樣板，它的用途是呈送朝廷，供皇帝審定。

雕母則是按照經朝廷審定的那種規範性的錢的形式，用銅等材料把它雕刻出來，面、背要求很嚴格，而且大多請當時最有名的書法家書寫錢文。雕母做出來以後，經過審定批准，便開始翻鑄樣錢。現存最早的雕母，是南京博物院所藏的明代「嘉靖通寶」當十雕母大錢。從當時市場上流通的嘉靖通寶的精美程度來看，我們便可知道這種雕母的確是工藝精良。

樣錢的翻鑄頗有講究，不能大量翻鑄，一旦翻多了，就容易變形。由雕母翻鑄的錢叫鑄母錢，也就是一般所說的

「母錢」。母錢的大小、厚度一般都超出流通的錢幣。母錢理論上是不能用於流通的，實際上由於它與流通的錢幣相差無幾，也曾流入市場。因它的稀少之故，尤其得到收藏家的青睞。

中央政府對母錢的製作十分重視，規定錢樣須經皇帝親自審定，有的時候錢文還由皇帝親自書寫。如果錢幣分別在幾個地方鑄造的話，母錢則由中央統一鑄造，然後頒發到各地，以此保證鑄錢的規範和品質。關於唐代「開元通寶」上月牙形指甲痕的傳說，生動反映了這一制度的執行情況。

唐代前期在鑄行開元通寶之時，先製作了蠟製的錢樣送呈皇上審查，皇后（一說為唐太宗的文德皇后，一說為唐高祖的竇皇后，又一說為唐玄宗的楊貴妃）出於好奇，在端詳錢樣時，無意中在蠟製錢樣的背面掐了一下，留下了一指甲痕，負責鑄錢的官員以為這是皇上的旨意，不敢妄加改變，於是當時鑄出的開元通寶便都帶上了月牙形的指甲痕。儘管有人對這一傳說的可靠性提出了質疑，但部分開元通寶上帶有月牙形指甲痕卻是個不爭的事實。開元通寶上的這一指甲痕，讓我們瞭解當時關於貨幣鑄造的管理制度的同時，實實在在感受

到了專制皇權曾經擁有的淫威。同樣面對這一月牙形的指甲痕，我們今天看到的也許是令人好奇的遺聞軼事，而當年負責鑄錢的官員卻為此絞盡腦汁，百思不得其解，誠惶誠恐之下，唯有照樣翻鑄，由此，在中國貨幣史留下了這麼一段尷尬苦澀的笑話。

雖然隋唐以後鑄錢普遍採用了母錢翻砂法，但也有例外的。就目前所知，五代十國時期的「永隆通寶」使用的仍是範鑄法。幾年前，北京曾發現過一件「同治重寶」當十的磚範，反映清代鑄錢也曾偶用錢範。

到了清代後期，西方機製錢幣的技術傳到了中國。光緒年間，廣東率先採購國外造幣機器打製方孔銅錢，不僅增加產量，而且品質有了顯著的提高。西元1900年後，機製銅元迅速占領市場，隨著方孔銅錢的漸趨式微，傳統的錢幣鑄造技藝終於走到了歷史的盡頭。

稱錢衡、法錢 和古代的貨幣管理

　　西元1975年，湖北江陵鳳凰山西漢墓出土一件稱錢衡及一枚圓形專用砝碼和101枚四銖錢（法錢）。由此，使我們對於西漢時期的貨幣管理制度有了較爲清晰的瞭解。

　　稱錢衡和法錢是什麼東西？它們在當時的貨幣管理體系中扮演了一個怎麼樣的角色？底下略作介紹。

　　所謂「稱錢衡」就是專門用來稱量貨幣的衡器。所謂「法錢」，則是官府專門鑄造的標準形制和重量的貨幣，或作爲私人鑄造貨幣時的標本，或作爲貨幣流通過程中區別優劣的樣本。法錢由於跟眞正的貨幣並無二致，因此也有流入流通領域的。

　　貨幣是社會經濟發展到一定階段的產物。貨幣一經誕生，便以其特有的魅力促進了商品的交換，促進了社會經濟的發展。但貨幣又是一把雙刃劍，弄不好也會影響經濟的發展和社會的穩定。因此，貨幣誕生之後，對於國家來說，便隨之產生了如何管理的問題，首先是貨幣製造權的管理問題，其次是日常製造和流通的管理問題。

　　其實，在貨幣誕生之初，並不存在製造權歸屬的問題。最初自然形成的實物貨幣和後來的貝幣等不存在製造權的歸屬問題，再後來的圓幣、刀幣、布幣包括秦半兩等經專門鑄造的專用貨幣，也是由民間依據流通的需要

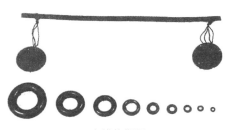

古代的衡器

秦朝十六斤銅權（相當於現代的秤砣）

分散自行鑄造的。中國早期的國家關於貨幣的法令法規如西周的《太公九府圜法》、秦惠文王的《初行錢》，涉及的都是貨幣的形制和重量等，並未涉及貨幣鑄造權的歸屬問題，這並不是法律制定者的疏忽，而是反映了當時的貨幣全由民間自由鑄造這一事實。秦始皇兼併六國以後，統一了全國的貨幣，其主要內容是「以秦法同天下之法，以秦幣同天下之幣」，也就是以秦半兩作為全國統一的流通貨幣，同樣並未涉及貨幣的鑄行權問題。

西漢初年，百廢待舉，財政困難，政府放任地方和民間自由鑄錢。呂后二年（西元前186年），取消貨幣自由鑄造，由國家壟斷鑄造權。到漢文帝時期，政府推行清靜無為、與民休養生息的政策，廢止了《禁止民間鑄錢令》，重又允許民間自由鑄造。寵臣鄧通和宗室吳王劉濞就是在這一時期依靠鑄

錢富甲天下的。不過，鄧通和劉濞所鑄造的四銖錢，品質屬上乘，否則他們的錢幣也不可能流通天下，「鄧通」更不可能成為錢幣的別稱。景帝時期，面對著日漸坐大的吳王劉濞等的地方分裂勢力，在晁錯的策動下，漢景帝開始削藩，與此同時，頒布了《鑄錢偽黃金棄市律》，將貨幣鑄造權全部收歸中央政府。漢武帝執政之後，開始沿襲了文帝的做法，聽任郡國鑄錢，到元鼎四年（西元前113年）才禁止郡國鑄錢，將鑄幣權收歸中央政府。從此以後，儘管也有反覆和曲折，但由中央政府壟斷貨幣鑄造權基本成為一種趨勢。

圍繞貨幣鑄造權是否集中中央，古代歷史上曾發生過三次大爭論。

第一次發生在漢文帝時期，對於漢文帝廢止《禁止民間鑄錢令》的舉措，朝廷上很多人激烈反對。反對者中，以晁錯和賈誼最為著名。晁錯即是後來協助漢景帝「削藩」的御史大夫，可惜的是，壯志未酬，為削藩賠上了自己的性命。賈誼則是西漢前期著名的青年政治家，〈過秦論〉、〈治安策〉和〈論積貯疏〉等均是其留給後人的政論佳作，可惜賈誼空懷滿腹經綸，始終未得到重用，最後年紀輕

輕便因鬱鬱寡歡而死。「宣室求賢訪逐臣，賈生才調更無倫；可憐夜半虛前席，不問蒼生問鬼神。」唐代李商隱的詩篇生動反映了賈誼一生的不幸遭遇。為了反對放任民間鑄錢的政策，賈誼專門寫了〈諫放民私鑄疏〉。晁錯和賈誼主要從維護和強化中央集權的目的出發，指出貨幣是人君的權柄，貨幣的鑄造權必須由中央掌握，如果「民得自鑄」必然導致市場混亂，進而破壞農業生產。他們的這一主張對後世的影響很大。

第二次爭論發生在漢昭帝時期，當時中央政府召開了一次討論經濟政策的重要會議——鹽鐵會議。會上，大司農桑弘羊等為一方，霍光支持的「賢良」「文學」為另一方，雙方就一系列政策進行了激烈的爭論，鑄幣權是否集中收歸中央政府，正是爭論的焦點之一。桑弘羊承襲了賈誼等的觀點，認為鑄造貨幣是君主的權利，必須收歸中央政府；而「賢良」「文學」則認為，如同鹽鐵等工商業一樣，貨幣鑄造也應該打破壟斷，由地方分散生產和經營，方才有利於社會經濟的發展。會上，桑弘羊一方的意見略占上風。

第三次爭論發生在唐代中期。唐代前期，社會經濟得到迅速發展，政府於武德四年（西元621年）實施幣制改革，鑄行「開元通寶」取代舊錢，但由於貨幣的鑄造滿足不了社會經濟發展的需要，一度在部分地區實物貨幣又流行起來，給商品的流通帶來了種種不便。為了解決燃眉之急，唐玄宗時期又有人提出取消禁止民間鑄錢的法令，聽任自由鑄造，由此在朝廷上引起了一場爭論。其中主張聽民鑄錢最力的當屬宰相張九齡。張九齡直言敢諫、剛正不阿，舉賢任能，為一代名相。張九齡也是位傑出的詩人，「海上生明月，天涯共此時」便是他留下的瑰麗詩句。張九齡的對手基本沿用賈誼、桑弘羊的觀點，從維護中央集權出發，強調貨幣必須由國家統一鑄造。而張九齡並不否認貨幣鑄造權對於鞏固中央集權的作用。他算的是經濟帳，「頃雖官鑄，所入無幾；約工計本，勞費又多」，因此，他提出在貨幣「公私之間，給用不贍」的情況下，不能「永言其弊」，不能不講變通。張九齡雖然未能改變由國家壟斷貨幣鑄造的趨勢，但是他所講出的道理，使我們對放任民間自由鑄造貨幣這一歷史現象有了較全面客觀的認識。

由國家壟斷貨幣鑄造權，在今日看來是絕對的真理，但這也只是歷史發展到一定階段的產物。在封建社會早期，鑄造貨幣並不是件輕而易舉的事，它需要有大量的資金投入、需要相當的工藝技術水準，鑄錢並不能簡單與賺錢發財劃上等號，鑄錢有時甚至還要賠上老本。張九齡為之憂心忡忡的，就

是這種情況。唐朝可謂一代盛世，鑄錢在唐代都會遭遇如此尷尬，想必在早期更是如此。其實，官鑄錢幣賠錢，一直是困擾歷朝歷代的頭痛問題。

由此看來，在西漢早期，漢文帝面對經濟衰敗、百廢待興這樣一個局面，決定實行與民休養生息的政策，其中包括鼓勵民間自由鑄造貨幣，不失為一種正確的選擇。漢文帝將家鄉的銅山賜給鄧通，任其鑄造貨幣，也不能簡單視作是對寵臣的一種例外恩賜，實際是當時漢文帝恢復發展社會經濟的一系列政策的必要手段之一。鄧通錢憑其信譽，通行天下，則反過來證明漢文帝此舉並非率性而為。

放任民間自由鑄造貨幣，並不就意味著國家放棄對於貨幣的管理，事實上，自西周時起，就十分重視對於貨幣的管理，《太公九府圜法》等就是為了規範貨幣製造等問題。而本文前面介紹的湖北江陵鳳凰山西漢墓出土的稱錢衡和法錢等，則是當時國家為了解決貨幣在流通中有關問題的具體舉措。

據有關專家研究，鳳凰山漢墓出土的101枚四銖錢當是當時政府頒行的法錢。值得注意的是，鳳凰山漢墓出土的稱錢衡的橫梁上還有一段墨書文字：「正為市陽戶人嬰家稱錢衡，以錢為累，刻曰『四朱』、『兩』。《疏・第十》：敢擇輕重衡弗用，劾論罰徭里家十日。」這段文字連同稱錢衡和法錢，描繪出了西漢頗為嚴密的貨幣管理制度：其一，稱錢衡是負責管理市場的官員為商戶人家設立的，專門用於稱量錢幣的天平。天平以特製的竹木橫杆為梁，以圓形砝碼和四銖半兩錢（法錢）為砝碼。其二，使用稱錢衡，對於交易中使用輕錢的要依重補加，對使用重錢的則予找退。其三，對於私自擇用輕衡或重衡，以及不按規定使用稱錢衡的人，給予服徭役十天的處罰。其四，所有這些都以律令的形式加以規定，強制實行。

從中可見，稱錢衡和法錢在古代對於保證貨幣的價值和信譽、維護市場公平交易方面的作用不容小覷。稱錢衡和法錢的作用，有點像現代的驗鈔機，不同的是，驗鈔機檢驗的是貨幣的真偽，稱錢衡和法錢檢驗的是錢幣的優劣。誠然，有了稱錢衡和驗鈔機，並不能杜絕市場上出現假幣和偽幣，但是一旦沒有了它們，市場就將成為假幣和偽幣的天下。從史書的相關記載看，在漢至隋的七百餘年裡，稱錢衡一直得到人們的青睞，得以行用。其中的道理，大概就在這裡。

第二章

錢幣上的歷史

燕昭延郭隗 遂築黃金臺

——錢幣上的春秋戰國史之一

　　春秋戰國時期，在中華大地上群雄並立，各國在合縱連橫、縱橫捭闔相互爭鬥的同時，亦同時致力於國內的改革，促進了社會經濟的發展。各國當時所鑄造的貨幣，便是各國改革發展情況的最好見證。

齊法化刀：齊國強盛的見證

　　齊國早在春秋時期就是東方的大國。戰國時期，田氏代齊（西元前386年），齊國國力有了進一步增強。齊威王時，以鄒忌爲相。鄒忌是位開明的政治家，「鄒忌諷齊王納諫」曾是中國歷史上的千古美談。在鄒忌的治理下，齊國政治清明，社會經濟發展。加上齊國地處海濱，得漁鹽之利，國庫十分充裕。隨著社會經濟的發展，商品日趨活躍，促進了貨幣制度的改革。齊國自春秋以來一直是刀幣體系的國家，貨幣由各地分散鑄造，流通的貨幣有「安陽之法化」、「節墨之法化」、「齊之法化」等。

　　貨幣分散製造發行，由於大小形制不一，影響了貨幣的交換和商品的流通。隨著商品經濟的發展，統一貨幣便被提上議事日程，「齊法化刀」就是在這種情況下誕生的。據有關專家研究，齊法化刀始鑄於齊威王和齊宣王時期，此時正是齊在戰國時期最爲強盛的階段。「法化」是國家法令在貨幣上的表現，亦是標準化的意思，即重量、大小、形制都要合乎一定的標準。齊法化刀有近似「國幣」、「法幣」的作用和地位，反映了作爲支付手段的齊法化刀是由齊政府法定的。從目前遺存和出土的齊法化刀的數量看，占了齊刀的絕對多數，反映了齊法化刀鑄造的時間久、流通的數量大。從在山東臨淄等地出土的刀幣錢範看，幾乎都是齊法化刀的錢範，而且都出在宮城之內，反映齊法化鑄錢作坊均在宮城之內，其鑄造權完全掌握在政府手中，地方和私人已不再獲允鑄造貨

齊法化刀

幣。出土的齊法化刀大小輕重均趨規範化，古籍上稱它「六合成規」，即將
刀柄上的六個圓孔圍起來正好組成一個圓圈，反映齊法化刀的鑄造技術已頗
爲先進。

「齊法化刀」的鑄行，統一了全國的貨幣，是戰國時期齊國的一項重要
改革，成爲當時齊國政治、經濟、文化發展的重要標誌。

安邑釿布和「共」字圜錢：魏國曾經輝煌的見證

「平首方足布」、圓肩圓襠的「安邑釿布」和「虞一釿」以及「共」字
圜錢，都是戰國時魏國的貨幣。安邑是戰國早期魏國的國都，在今山西夏縣
西北。「共」字圜錢中的「共」是地名，春秋時屬衛邑，戰國時入魏，在今
河南輝縣。

魏國的開國之君是魏文侯，三家分晉之後，他立宗廟，建都城，以安
邑爲國都。安邑隨即迅速發展起來，逐漸成爲工商業發達、人口眾多的大都
市。頗具革新精神的魏文侯先後起用李悝、吳起、西門豹等人，給魏國的政
治舞臺注入了一股新鮮的空氣。李悝是戰國時期著名的政治家，他在魏文侯
的支持下積極推行改革。李悝兼採當時各國的成文法寫成《法經》，可謂是
古代法家政治的奠基人。李悝在經濟上倡導「盡地力之教」，號召農民積極
參與農業生產。他還制定《平糴法》，在豐年向農民多徵糧食以作爲儲備，
供荒年調劑之用，使農民不致因災荒而破產、流散。李悝的這些措
施緩和了當時的社會問題，使農民安心與土地相結合。史書上
說，李悝改革「行之魏國，國以富強」。魏國還在軍事上建
立「武卒」制度，徵選精兵以提高軍隊素質，率先躋身戰國
前期的強國之列。魏曾北滅中山國，西攻秦，取河西（黃河西
岸的南部），東破齊的長城，南敗楚奪得大梁（今開封），領

戰國「共」字圜錢

戰國「平首方足布」一組三枚

戰國「安邑釿布」

戰國「虞一釿圓
襠布」

戰國「安邑二釿布」　　　　戰國「安邑一釿布」　　　　戰國「梁正尚百當」

土轄今山西南部、河北西部、陝西東部、河南東北部和山東西部的廣大地區。《戰國策·魏策》記載：「魏地南有鴻溝，東有淮潁，西有長城，北有河外，地方數千里。」西元前344年，魏惠王在逢澤（開封東北）「率十二諸侯，朝天子於孟津」，成為中原的盟主。

隨著魏國疆域的擴大和社會經濟的發展，商品交換迅速頻繁起來，社會對貨幣的需求量也急速增加，魏國不僅增加了貨幣的鑄行量，而且貨幣的形制和幣值也多樣化了。原國都安邑鑄造的釿布就有二釿布、一釿布、半釿布等不同的幣值。遷都大梁以後又鑄有帶「寽」字幣值的布幣，如「梁誇釿百當寽」與「梁正尚百當」等。這裡的「梁」即大梁，標明鑄地是大梁，「寽」如「釿」一樣是布幣的幣值單位。

圓錢的出現，更是貨幣形制的一大突破。圓幣攜帶方便，順應了當時日益擴大的商品流通之需求。兩周和三晉地區流通的圓錢有十幾種，常見的是帶有「共」和「垣」字兩種。據有關專家研究，這兩種錢，幣大孔小，形制樸素，都是魏國鑄造的錢幣，而且是圓錢中鑄行較早的錢幣。它們的鑄造年代，應在魏惠王遷都大梁以後，與梁誇釿百當寽布流通的時間相近。

安邑釿布和「共」字圓錢流行最為廣泛的時候，恰是李悝在魏國改革和魏國最為強盛的時候。雖然魏國後來很快走向了衰落，但它們恰巧見證了魏國這一段雖短暫卻難得的輝煌。

燕明刀：燕昭王新政的見證

燕明刀是戰國時期燕國的貨幣。一般認為燕明刀在燕桓公時（西元前372～前362年）開始鑄造，到燕昭王、燕惠王時由於國力增強，燕明刀的鑄行進入興盛時期。

西元前318年，燕王噲為了排除守舊勢力的阻撓，放手進行改革，把君位讓給了相國子之，此舉激起

太子平和大將布被的不滿，兩人起兵叛亂。趁著燕國內亂，齊國發兵攻燕，占領了大片燕國的領土，掠走了大量珍貴財物，包括象徵王權的大鼎，還殺死了燕王噲，燕國幾近滅亡。燕昭王正是在這種情況下繼位的。燕昭王是一位頗有雄心的君王，他決心革除弊政，收拾殘破的國土，以期報仇雪恥。他找到當時在燕的賢者郭隗，向他請教治國之道。郭隗回答：「成帝業的國君，以賢者為師；成王業的國君，以賢者為友；成霸業的國君，以賢者為臣。而亡國之君，用的都是小人。如果國君能夠屈己之意去侍奉賢者，面北尊師受業，那麼勝過自己百倍的人，就會投奔而來。如果自己辛苦在先，休息在後，主動向人請教，則勝過自己十倍的人就會投奔而來。如果國君倚著桌子，拄著拐杖，斜著眼睛示意手下人為自己奔走，那麼一些平庸的人便會投奔而來。如果國君對人隨意呵斥，呼來喝去，那麼一些唯命是從、像奴隸一樣的人就會投奔而來。」燕王又問：「我該先拜見誰呢？」郭隗說：「如果大王誠心招攬賢士，就請從我郭隗開始。天下賢才見到連我郭隗都被重用了，那麼比我更有才幹的人就會遠道而來。」

燕明刀（一）

燕明刀（二）

　　燕昭王接受了郭隗的建議，特地在易水邊築起高臺，鋪千金於臺上，真心誠意拜郭隗為師。燕昭王此舉果然奏效，天下豪傑紛至沓來。魏國的名將樂毅來了，齊國的陰陽家鄒衍來了，趙國足智多謀的劇辛也來了……唐代大詩人李白曾寫詩描述了當時的這一盛況：「燕昭延郭隗，遂築黃金臺。劇辛方趙至，鄒衍復齊來。」

　　在延聘賢才的同時，燕昭王還改革內政，弔生問死，休養生息，發展農業和手工業，使社會經濟很快得到恢復和發展，商業也隨之繁榮起來。燕明刀正是為了順應當時經濟發展的需要，開始大量鑄造，迎來了自身的繁榮。後來燕明刀又以燕下都為中心向四周發展，特別是向北和東北方發展，形成一個廣闊的明刀流通區域。

　　燕昭王正是憑藉穩定的內政和日益增強的經濟力量，重振軍威，以樂毅為上將，聯合秦、楚、三晉合縱伐齊，最終打敗了齊國。在這一過程中，燕明刀既是功臣，又是最佳的歷史見證。

2 問鼎中原・三家分晉・五國相王

——錢幣上的春秋戰國史之二

　　春秋戰國是中國古代歷史上群雄並起的時代，各國在數百年腥風血雨的爭鬥之中，你方唱罷我登場，各領風騷數十年。各國同一時期所鑄行的貨幣，則生動具體地見證了這一幕幕威武雄壯的歷史風雲。本文所介紹的問鼎中原、三家分晉和五國相王僅是其中的幾個片段。

殊布當釿：楚國經濟強盛的見證

　　戰國時期，有一種特殊形制的布幣，平肩方足，呈瘦長形，頂部還有一圓孔，錢文為「殊布當釿」四字，背文為「十貨」兩字。

　　錢幣專家認定這是一種當時在楚國流通的異形布幣。楚國的流通貨幣是蟻鼻錢，為什麼又會出現「殊布當釿」這種布幣呢？

　　殊布當釿的出現，應與楚國社會經濟發展的特殊性有關。楚國在戰國各國中疆域最為遼闊，北至中原，與韓、魏、宋、齊為鄰；西有黔中（湖南沅陵）、巫郡（四川巫縣）與巴、秦為鄰；南有蒼梧（湖南九嶷山），與百粵為鄰；東到海濱。在這種情況下，楚國勢必與周邊眾多國家發生經濟交往。當時楚國已經出現一些比較固定的市場，北方的馬、狗，南方的羽毛、象牙，東方的海鹽、魚類，西方的皮革、毛皮等，在市場上均能見到。在軍隊的駐屯之處，也間有「年市」出現。當時楚國的人口也是首屈一指，達五百萬之多。楚國

殊布當釿

以江淮流域爲中心的經濟帶，其發達的程度與黃河流域一帶國家幾已不相上下。由於楚國出產黃金，從東周開始，黃金、白銀便被作爲貨幣。楚國在禮聘、賞賜和大宗交易時，多半使用黃金。墨子的弟子耕柱到楚國做官，曾被賞賜十金。「郢爰」是楚國流通的黃金鑄幣，中國歷史上最早的銀布幣亦是由楚國鑄造的。當然，楚國流通的主要貨幣還是蟻鼻錢，這是一種仿照海貝鑄成的銅貝。後世出土楚國銅貝的範圍十分廣泛，東至江蘇的崑山、山東的日照，西到陝西咸陽，南至湖南長沙，北至山東曲阜、河南舞陽，均有楚國的蟻鼻錢出土。西元1972年，在山東曲阜一次即出土蟻鼻錢15978枚之多。這些均反映了當時楚國的社會經濟已發展到相當的水準。春秋中期楚莊王曾陳兵東周邊境，問鼎中原，公然向周定王的天子地位發起挑戰，所憑藉的正是楚國當時強大的經濟和軍事力量。

當時的布幣主要流通於北方中原的兩周和三晉地區。「殊布當釿」作爲一種布幣，之所以會在蟻鼻錢當家的楚國成爲一種由政府鑄行的貨幣，則完全是出於楚國與周邊國家，尤其是北方各國，日益密切的經濟交往之需要。當時楚國與北方各國的經濟交流日益頻繁，蟻鼻錢與布幣是兩種完全不同的貨幣系列，給雙方的商品流通帶來很大的不便，故迫切需要有一種能夠在蟻鼻錢和布幣之間作爲兌換中介的貨幣，殊布當釿正是爲了滿足這一需要而誕生的。因此，殊布當釿是當時各國間經濟交往日益密切的產物。它的誕生反映了楚國疆域的遼闊和經濟的發達，同時也預示了中國古代貨幣走向統一的必然趨勢。

甘丹布：三家分晉的見證

布幣、刀幣等是中國最早的金屬鑄幣，約誕生於西周後期和春秋早期。布幣完全是仿照當時農具鎛的形狀鑄造的，因此最早的布幣是空首的，幣的上部是一個中間空心的圓錐形的銎，活脫像一把微型鏟子。一直到趙國鑄造的「甘丹布」問世以後，空首布才變爲平首布。平首布無疑有利於貨幣的流通和儲藏，在當時是一大進步。而甘丹布的誕生則是與戰國時期的重大事件——三家分晉緊緊聯繫在一起的。

晉國在晉文公時，「政平民阜，財用不匱」，一度稱霸中原。晉文公死後，晉國的霸業逐漸衰落。到春秋末年，晉國新興的卿大夫勢力迅速發展，

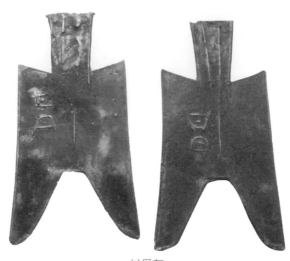

甘丹布

他們占有大量的土地，吸引了大批農民。後來有六家卿大夫實際控制了晉國的朝政，歷史上稱為「六卿專政」。經過反覆的爭奪和兼併，六家卿大夫中的趙、魏、韓三家兼併了其他勢力，並最終於西元前376年瓜分了晉國。晉國由此變成了趙、魏、韓三國。韓的都城在今河南禹縣，後遷至今河南新鄭；趙的都城在今山西太原東南，後遷至今河北邯鄲；魏的都城在今山西夏縣西北，後遷至今河南開封。趙、魏、韓三國都是中原大國，加上原有的秦、齊、楚、燕四個大國，成為後來的「戰國七雄」。西元前386年，趙敬侯遷都邯鄲。甘丹是趙國都城邯鄲的古代寫法，據有關專家

研究，取代空首布的甘丹布就是在趙國將都城遷到邯鄲以後開始鑄造的，差不多與三家分晉同步。三家分晉，由新興的卿大夫勢力取代漸趨沒落的晉國貴族勢力，是個歷史性的進步，取代空首布的平首甘丹布則是古代貨幣史上的一大進步，平首甘丹布的誕生是當時商品交換日趨發達的產物，同時又反過來推動了當時商品的流通和經濟的發展。

三孔布：
中山國鼎盛時期的見證

中山國是春秋戰國時期的一個小國，最早地處陝北，附屬於晉，

由於不斷遭到衛國的進攻，西元前506年左右遷入河北，占據了今保定和石家莊一帶。戰國前期，韓、趙、魏三家分晉，中山國也成為爭奪的對象。西元前432年前後，中山成為趙的傀儡。西元前414年，中山國乘趙國內亂，在顧（今晉州市）重建政權。西元前406年，中山為魏所滅。西元前381年，中山國在齊國的支持下重新復國，遷都靈壽（今平山縣三汲）。領導此次復國的桓公及其

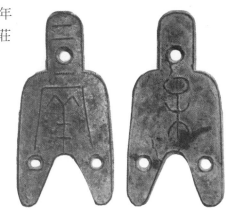

三孔布

繼任者，「身勤社稷」、「憂勞邦家」，自強自立，富國強兵，使中山國國力迅速增強，一度國土「方數百里，列城數十」，成為僅次於戰國七雄這些「萬乘之國」（擁有萬輛戰車）的「千乘之國」。在西元前350年左右，中山國進入它的鼎盛時期。西元前323年，魏將公孫衍聯合韓、魏、趙、燕、中山五國發起「五國相王」（即五國相互承認為王），以合縱（合眾弱以攻一強）對抗秦國的連橫，中山國是五個發起國之一，足見中山國當時的強盛和重要。

　　圓肩圓足平首、在首和兩足各有一個圓穿的「三孔布」，是中山國在其鼎盛時期鑄造的貨幣。

　　三孔布的面文多記地名，背文有「一兩」和「十二銖」兩種。三孔布的面文多達二十多種，如南行唐、上艾、平臺、阿、北九門、家陽、妒邑、安陽、宋子、封氏、新城、渝陽、戲邑、鹿邑等，這些都是當時中山國的城邑名稱。據有關專家研究，這些城邑主要分布在今山西陽泉市以東、河北保定市以南、邢臺市以北和滏陽河以西地區。這恰印證了當年中山國國土「方數百里，列城數十」，疆域遼闊這一事實；並且這一地區兼有太行山川和華北平原之利，交通便利，陸路大道南接邯鄲，北通燕涿，東到齊國國都，西北可到代國，發展農業、牧業、商業的條件十分有利。《史記》稱中山國「仰機利而食」，反映中山國人十分重視利用其優異的地理條件，推動社會經濟的發展。面文種類眾多的三孔布恰反映了當時中山國商品交換的發達，是其社會經濟發展和國力強盛的歷史見證。

3 莫道區區秦半兩
曾看劉項入咸陽

——錢幣上的春秋戰國史之三

　　春秋戰國時期，各國之間戰爭頻仍，但在紛飛的戰火之中各國在經濟上的聯繫和交往卻日益加強和擴大，最終促進了統一的秦帝國的建立。這一時期，中國古代的貨幣，也正處於布幣、刀幣、蟻鼻錢等群雄並存的戰國時代，隨著各國間經濟聯繫的加強，圓錢逐漸脫穎而出，最終由圓形方孔的半兩錢統一了全國貨幣。古代貨幣由布幣、刀幣等統一到圓幣的歷史軌跡，正反映了春秋戰國時期由分裂走向統一的過程。

平首圓足布：
戰國時期貨幣統一的序曲

　　「平首圓足布」是趙國晚期鑄行的布幣，它的特點是圓首、圓襠、圓肩、圓足，正面記地名如藺、離石等，背面鑄有數目字如一、二、三等。秦國圓錢最顯著的特點是圓形，圓首、圓襠、圓肩、圓足的平首圓足布顯然是受到了秦國圓錢形制的影響。作爲趙國貨幣的平首圓足布之所以會帶有濃烈的秦國貨幣的特點，是當時與秦、趙之間持續不斷的兼併戰爭，同時發生日益深化之經濟交往的結果，其標誌了秦圓錢由此邁出了統一全國貨幣的第一步。

　　戰國後期，秦不斷向關東六國發動兼併戰爭。趙國在趙武靈王時實行「胡服騎射」，軍事力量迅速增強，「攘地北至燕、代，西至雲中、九原」，成爲秦兼併六國的主要對手。此後，秦、趙之間曾發生了多次戰爭。西元前270年，秦伐趙於關與（山

圓足布（藺背一）

西和順），趙將趙奢先是按兵不動，使秦軍在堅城之下銳氣受挫，後趙軍出其不意，占領離關與五十里的地方，據以有利地形，修築工事，以逸待勞，最終大敗秦軍。西元前260年，秦、趙間爆發了戰國史上規模最大的一次戰爭——長平之戰。秦大軍進攻長平（今山西高平），長平原由大將廉頗駐守，後趙以只會紙上談兵的趙括取代廉頗，結果趙括在進攻時落入秦軍的包圍，全軍覆沒，秦坑殺趙降卒四十萬人，趙國由此受到沉重的打擊。西元前258年，秦軍乘勝進攻趙國的首都邯鄲，在這過程中發生了兩個著名的故事。

一是毛遂自薦。趙公子平原君向楚求援時，毛遂自薦，主動請纓前往說服楚王，建立抗秦聯盟。

二是竊符救趙。當時趙向魏求援，魏口頭答應，卻按兵不動。魏公子信陵君主張救趙，他買通魏王的愛姬，竊出兵符，率兵救趙。在魏、楚、趙軍的夾擊下，秦軍敗退，邯鄲解圍，趙國獲得了一段喘息的時間。

平首圓足布上所記的地名藺、離石等，都是趙國的地名，這些地方在戰國後期秦、趙之間的頻繁戰爭中曾數度易手。據《史記·趙世家》記載，西元前351年「秦攻我藺」，西元前328年「秦取我藺、離石」。《戰國策·西周策》記載，秦昭王時期（西元前306～前255年），秦將白起率軍「攻趙，取藺、離石、祁」。就在藺、離石等的數度易手之間，這些地方便成為秦、趙間經濟文化的交匯點。平首圓足布就是兩國經濟文化交融的產物，趙國一方面頑強地保留了傳統的布幣，另一方面又無法抗拒圓形圜錢便於流通的特點，由此誕生了圓首、圓襠、圓肩、圓足的平首圓足布。

「隨風潛入夜，潤物細無聲。」秦國的圜幣以其自身的優越性，悄無聲息地開啟了統一全國貨幣的大幕，趙國的平首圓足布只是它上演的序曲。

齊「賹化」圜錢：
戰國時期貨幣統一的重要里程碑

齊「賹化」圜錢是戰國中後期，齊襄王時期鑄造的一種圜錢。西元前283年，田單用火牛陣大敗燕軍，齊襄王得以復國。當時由於連年戰爭，國庫空虛，齊國開始鑄造這種減重的「賹化」圜錢。

圜錢與布幣、刀幣相比，是一種更便於流通的貨幣。戰國時期流通的圜錢，不同的地區其計量的單位往往帶有原來所流通貨幣的特徵。周和三晉原

流通布幣之地區的圓錢
仍是以「釿」為單位，
而齊、燕原流通刀幣
的地區以「化」為
單位，秦的圓錢則以
「兩」為單位。

戰國齊「賹四化」　　　　戰國齊「賹六化」

　　「賹化」圓錢為圓
形方孔，與秦錢相似。
「賹」或作「鎰」，本是
秦國貴金屬貨幣的計量單位。一鎰
一說二十兩，一說二十四兩。《戰
國策·秦策》記有：「當秦之隆，
黃金萬賹為用。」擁有萬賹黃金，
便是一國富強的象徵。《史記·田
單列傳》記載：「田單又收民金，
得千溢（鎰），令即墨富豪遺燕
將。」當年田單被圍困在即墨，齊
國岌岌可危，無奈之下，田單以賄
賂來瓦解燕軍的包圍，千鎰黃金組
成的軍團，成為一支奇兵，在另一
個戰場上馬到成功。不過，齊國鑄
造的「賹化」圓錢，「賹」並不是
作為貨幣重量單位，而是作為貨幣
名稱，「賹化」圓錢的重量還是沿
用刀幣的「化」來表示。因此，齊
「賹化」圓錢又分為「賹四化」、
「賹六化」等品種。

　　「賹」和「化」出現在同一枚
圓錢上，反映齊國鑄行的圓錢既是
吸收引進秦圓錢的結果，同時卻又
頑強保留了齊國刀幣的某些特徵。

　　儘管如此，還是應該充分肯定齊
「賹化」圓錢等的出現是中國古代
貨幣形制的一大進步，是戰國時期
貨幣走向統一的重要里程碑。它標
誌了隨著各國經濟聯繫的加強和商
品交換的發展，社會對貨幣便於流
通的要求越來越高，布幣、刀幣、
蟻鼻錢等形制的貨幣逐漸被攜帶方
便的圓錢所取代，成為一種不可抗
拒的歷史趨勢，而隨著秦兼併六國
的步伐加快，外圓內方的半兩錢一
統天下的時代已然漸行漸近了。

秦半兩：
大一統帝國誕生的見證

　　戰國中期，秦國經過商鞅變
法，國勢逐漸強大，到秦始皇時，
秦終以排山倒海之勢，相繼滅掉了
東方六國，於西元前221年統一全
國。其後秦始皇採取了一連串措施
來鞏固和加強大一統的新生國家。

秦半兩就是秦爲了順應當
時社會經濟的恢復和發
展，結束紊亂的幣制，
鞏固中央集權，而統一
鑄行的一種新型貨幣。
這種錢重十二銖，古代
二十四銖爲一兩，故被稱爲

秦半兩

「半兩錢」。秦半兩外圓內方，使
用起來非常方便，由此奠定了中國古代銅錢的基本形制。秦半兩實際是對戰
國中期以來逐步流行開來的圜錢的繼承和發展結果。

在圜錢以前，中國古代流行的主要是布幣、刀幣以及蟻鼻錢。大約在戰
國中期開始出現圜錢，圜錢的形制由玉璧和古代的紡輪演化而來。它一經誕
生，便以其他形制貨幣不可比擬的便於攜帶流通之優越性，贏得了社會的認
同，並逐步取代其他貨幣。圜錢在流行之初，內孔是圓形的，後來才逐步演
變爲方形。圜錢中間的方孔有利於加工打磨，值得指出的是，圜錢外圓內方
的形制十分形象化地體現了中國古代對於大自然天圓地方的認識，由此得到
人們特別的珍愛，並成爲延續二千多年固定的錢幣形制。據有關專家研究，
西元前336年，秦惠文王「初行錢」，所鑄行的貨幣即爲圓形方孔錢，爲日後
的秦半兩奠定了基本的形制。

秦始皇對秦半兩的鑄造十分重視，秦半兩鑄造精美，並且由著名書法家
丞相李斯用小篆書寫錢文，「半兩」兩字，體式修長，遒勁有力。小小一枚
秦半兩，體現了秦皇朝曾經擁有的輝煌，以及秦始皇對於建立多民族的大一
統國家所做出的貢獻。只是十分可惜，如同秦國統一戰爭的勝利來得過於迅
速一樣，秦皇朝的衰亡來得也同樣迅速，僅僅十四年時間，便在陳勝、吳廣
農民大起義的狂風中被推翻了。時運不濟的秦半兩，曾經是秦皇朝輝煌的象
徵，但尚未來得及在社會經濟中一顯身手，便眼睜睜的看著秦帝國大廈的倒
塌，成爲秦皇朝二世的陪葬品。著名錢幣學家丁福保先生曾爲此寫詩感嘆：

　　　　千秋唯有長城在，不見當年秦始皇；
　　　　莫道區區秦半兩，曾看劉項入咸陽。

4 化干戈為錢幣

——從秦始皇所鑄十二金人的命運談起

> 秦王掃六合，虎視何雄哉。
> 揮劍決浮雲，諸侯盡西來。
> 明斷自天啓，大略駕群才。
> 收兵鑄金人，函谷正東開。

　　唐代大詩人李白在其著名的詩篇〈古風〉中，對秦始皇統一天下的偉業予以高度肯定。秦始皇將天下的兵器化爲金人，宣告了群雄混戰局面的結束，中國歷史由此揭開了嶄新的一頁。可惜歷史並未按照秦始皇的願望來發展，由兵器鑄就的十二個金人（銅人），並未能保佑秦皇朝一世、二世，世世代代相傳下去，相反是二世而亡，成爲中國歷史上最短命的朝代。十二個金人最終也是金身不保，先後化爲流通的錢幣。本文就十二金人命運的演變，談談對歷史發展趨勢的一點認識。

　　西元前221年，秦始皇經過多年的兼併戰爭，先後吞併了東方六國，統一了全中國。當時的秦始皇正如李白所說的「秦王掃六合，虎視何雄哉」。在這之後，秦始皇在政治、經濟、軍事等方面採取了一連串措施來鞏固新生的大一統國度，包括：廢除分封制，實行郡縣制；統一貨幣；統一度量衡；統一文字；統一法律制度；修建直道；將六國的富豪和強宗遷到咸陽等地加強監視等等。此外，還有一條重要的措施便是收繳六國和民間的兵器，集中到咸陽予以銷毀，並將其鑄成各重千石的十二個金人。秦始皇這一舉措的動機歷來有多種解釋，筆者綜合各種意見，感到有一點不容置疑，那就是爲進一步清除六國殘餘的軍事力量，防患於未然，並以此宣揚秦皇朝的權威，鞏固新生的大一統政權。當這金燦燦的十二個金人在咸陽豎立起來的時候，秦始皇以及他的那些大臣們，甚至包括咸陽的百姓們，定是激動無比，這十二個金人是統一的象徵，是太平的象徵。由這十二位威武巨大的衛士拱衛著，大秦皇朝不由增添了好幾分威嚴和肅殺。

　　令人遺憾的是，這十二個金人給秦皇朝的臣民們帶來的高興勁尚未退盡，陳勝、吳廣在大澤鄉振臂一呼，天下雲集相應，中國歷史上第一次農民大起義猶如一場狂風，迅速席捲全國，頃刻之間，秦皇朝的大廈便坍塌了。這十二個金人非但未能鎮住陳勝、吳廣起義的熊熊烈火，其自身也隨著阿房宮的一把大火而倒下了，秦始皇當初看似英明的舉措受到歷史無情的嘲弄。劉邦建立西漢以後，定都長安，這個時候，籠罩在十二個金人身上的靈光似乎還在熠熠生輝，劉邦將掩埋在廢墟之中的十二個金人重新安放在長樂宮的大夏殿，不過此時的十二個金人已經失去了往日的威嚴和肅殺。西漢末年王莽篡權，推行託古改制，一日王莽夢有五金人起而立，以為是不祥的徵兆，由於金人胸前有「皇帝初兼天下」銘文，王莽甚是鬱悶，遂派工匠將此銘文鑿去。

　　大約兩百年以後，十二個金人再次走進世人的視野。那時正是東漢末年，宦官與外戚輪流專權，東漢皇朝正處於最黑暗混亂的時候。軍閥董卓在征討羌胡、鎮壓黃巾軍的過程中，勢力逐步壯大，地位不斷升遷，最後由外戚何進牽線，率兵進入洛陽，一度把持了朝中的大權。董卓在中國歷史上向來是個負面角色，他結黨營私，獨攬朝政；殘暴不仁，濫殺無辜；放縱士兵，姦淫婦女，劫掠物資，使洛陽城幾成廢墟……他這一連串的倒行逆施，激起朝野上下的反對，以致最終被殺身死，

董卓小錢

暴屍街市。董卓當政時期還有一件事影響頗大，就是在獻帝初平元年（西元190年）銷熔五銖錢，改鑄小錢（見前頁圖）。為此，董卓還下令將洛陽和長安等地的銅人、銅馬用來鑄錢。

秦始皇當年所鑄的十二個金人也被董卓相中，他將其中的九個用來鑄行小錢。是什麼原因竟然使董卓網開一面，讓十二金人中的三個留了下來，史書不見明確記載。我們只知道，三國魏明帝時曾打算將剩下的三個金人搬到洛陽，由於實在太重了，結果在灞水的西岸半途而止。董卓鑄造的小錢「大五分，無文章，肉好無輪郭（廓），不磨鑢」，是一種既無內廓又無外廓、粗製濫造的減值小錢，推行的結果自然是貨幣貶值，物價猛漲，一石穀竟達到數萬錢。獻帝建安十三年（西元208年），曹操為相時，便廢止了董卓的小錢，恢復了五銖錢。

董卓所鑄行的小錢，歷來受到史家的批評，成為董卓弊政的一條重要罪狀。筆者在此無意為董卓所鑄的小錢評功擺好，更無意為董卓其人翻案。只是感到，既然秦始皇當年鑄就的十二個金人並未能使秦皇朝一世、二世，世世相傳，更未能使天下從此遠離戰爭，永享太平，那麼與其讓這些金人長期作為

東漢五銖

一種偶像供人們去寄寓不切實際的空想，倒不如將其利用起來，讓它們化為生活中更為需要的錢幣。如果說秦始皇將干戈化為金人是一次歷史性進步的話，那麼到東漢末年再將金人化為錢幣，同樣不失為一次歷史性的進步，儘管董卓鑄造的錢幣品質甚差，推行的效果也不好，但這不失為我們古人在務實道路上邁出的有意義一步，當然，董卓的所作所為實際是歷史發展規律推動的結果。

又過了近一百多年，剩下的三個金人再次現身，也許是因為附著在它們身上的靈氣尚未退盡，後趙的石虎將它們搬到了都城鄴的皇宮裡供奉，後來前秦的苻堅又將它們搬回長安。苻堅是一位頗有作為的君主，主政前秦時期，他推行教化，恢復了太學和地方各級學校，廣修學宮；整頓吏治，懲處不法豪強，實行與民休養生息的政策；勸

農桑，修水利，解除限制河流湖泊漁業的禁令，推廣先進的生產技術等。在他的領導下，前秦的經濟恢復很快，出現了安定清平、家給人足的新氣象，當時的長安成為繁榮一時的都城。有歌謠說：「長安大街，楊槐蔥蘢；下馳華車，上棲鸞鳳；英才雲集，誨我百姓。」前秦還曾一度統一了北方。正是憑藉迅速增強的經濟、軍事力量，苻堅發動了對東晉的戰爭，試圖一舉完成統一偉業。

也許是一種必然，也許是偶然所致，淝水一戰，前秦八十萬大軍被東晉的軍隊打得潰不成軍，苻堅和他的前秦最終成為一現的曇花。當年在苻堅致力於恢復發展社會經濟之時，他曾將剩下三個金人中的兩個鑄成了錢幣。當他準備將最後一個金人用來鑄錢的時候，正逢淝水戰敗，人心渙散，無心鑄錢，匆忙間人們將這最後一個金人推入了陝北的河中，為後人保留了最後一個金人，也由此留存了關於金人下落的一份懸念。前秦的錢幣現今已不復存在，我們無從評說它的優劣好壞。不過，從恢復發展前秦經濟的需要出發，苻堅將金人化鑄為銅錢這一舉措，無疑是應該充分予以肯定的。可惜的是，苻堅當年被勝利沖昏了頭，執意伐晉，招致失敗。如果他能聽從王猛等人的勸阻，放棄伐晉的魯莽舉措，專心經營前秦的內政，前秦的歷史也許就會是另一種寫法，那些由金人鑄就的銅錢，也許在歷史上就會有精采紛呈的表現，中國古代的錢幣史上就會有它所留下的濃重一筆。

5 安祿山的洗兒錢 和史思明的順天錢

——側看唐代的安史之亂

安史之亂是唐代由盛而衰的轉折點，當時統治階級和百姓之間的矛盾、統治集團內部的矛盾、民族之間的矛盾、中央和地方割據勢力的矛盾等交錯在一起，安史之亂是各種社會問題的集中反映。在這一連串問題逐步加劇的過程中，以唐玄宗為代表的最高統治集團扮演了一個極其可悲的角色。底下從古代貨幣文化這一特殊的角度揭露安史集團是一幫怎樣的歷史小丑，他們又是怎樣在唐玄宗們的縱容下以致禍及全國的。

開元元年（西元713年），唐玄宗李隆基登上了皇帝的寶座。登基之初，唐玄宗還是個頗有作為的帝王，史書上說他「英武有才略」，在他的領導下，開元期間唐代的社會經濟空前繁榮，形成了傳頌千年的「開元盛世」。但是唐玄宗晚節不保，從開元（西元713～741年）末年開始，懈怠政事，縱情聲色，「緩歌曼舞凝絲竹」、「仙樂風飄處處聞」，特別是沉湎楊貴妃的美色，寵幸無度。

楊貴妃一家勢傾天下，宮中專為貴妃院織錦刺繡的工匠達七百人，楊貴妃姐妹三人每年脂粉錢達上百萬。楊貴妃愛吃鮮荔枝，而荔枝產於南方，一過七日就不再新鮮，唐玄宗專程派人不遠千里去嶺南飛驛傳送荔枝，沿途以快騎傳遞，每到達一個驛站就換馬匹，許多

楊貴妃的畫像

快騎常常為了趕路而累死。杜牧對此有生動的描述：「長安回望繡成堆，山頂千門次第開；一騎紅塵妃子笑，無人知是荔枝來。」

正是由於唐玄宗對楊貴妃的寵幸，被安祿山鑽了空子。安祿山為了取悅唐玄宗，千方百計討好楊貴妃，而楊貴妃為了鞏固自己日後的地位，也需要在文臣武將中尋找支持。一次，年長楊貴妃十幾歲的安祿山，厚顏無恥地請求給楊貴妃當乾兒子，楊貴妃笑而不答，唐玄宗竟然鼓勵楊貴妃收下這個「好孩兒」。天寶十年（西元751年）正月初三，是安祿山的生日，唐玄宗和楊貴妃賜給安祿山豐厚的生日禮物。在古代，嬰兒出生後第三日，要舉行隆重的沐浴儀式，親友會集為之祝福，稱之為「洗三」。安祿山過罷生日的第三天，楊貴妃特地為這個乾兒子舉行了格外隆重的洗三儀式。楊貴妃讓人把安祿山當作嬰兒放在大澡盆中洗澡，洗完澡後，又將他包裹在用錦繡料子特製的大襁褓中，由宮女們抬著，在後宮花園中轉來轉去，嬉戲取樂。唐玄宗還專門撥發了一批金銀，作為洗兒錢，賞給安祿山。所有的這一切真是荒唐到了極點。

其實，在安祿山拜楊貴妃為乾娘的那一刻，其謀反的狼子野心已暴露無遺。試想一下，一個雄踞一方的三鎮節度使，一個年近五十的大男人，竟然心甘情願地被一幫宮女當作小孩子來嬉耍，若非心理扭曲的話，肯定是包藏了禍心。果不其然，不過四年，西元755年，安祿山便夥同部將史思明發動了叛亂。而唐玄宗和楊貴妃似乎尚未從為安祿山「洗三」的畸形愉悅中擺脫出來，對這位乾兒子的反叛毫無準備。安史之亂成為唐玄宗和楊貴妃個人命運的轉捩點，更成為大唐王朝由盛而衰的轉捩點。大唐的首都長安也一度為安祿山的叛軍所占領。在逃難的路上，楊貴妃在馬嵬驛被迫自縊身死，太子李亨被擁立為帝，唐玄宗當上了徒有其名的太上皇，在落寞寡歡中打發餘生。

白居易〈長恨歌〉所寫的「七月七日長生殿，夜半無人私語時……天長地久有時盡，此恨綿綿無

楊貴妃之墓

得壹元寶　　　　　　　　　順天元寶

絕期」，講的是唐明皇和愛妃之間的悲歡離合。其實，安史之亂給整個社會留下的傷痛，才真正綿長而無絕期。史書記載：安史之亂後，「宮室焚燒，十不存一，百曹荒廢，曾無尺椽。中間畿內，不滿千戶，井邑榛荊，豺狼所嗥。既乏軍儲，又鮮人力。東至鄭、汴，達于徐方，北自覃、懷，經于相土，人煙斷絕，千里蕭條」，整個黃河中下游，一片荒涼。杜甫也在詩中記述了安史之亂後的破敗景象：「寂寞天寶後，園廬但蒿藜，我里百餘家，世亂各東西。」

安祿山、史思明這些人原是些普通的邊關鎮將，本不足以在歷史上掀起多大波瀾，全是唐玄宗的荒唐昏聵為他們提供了機會。叛亂之初，安史叛軍一路順利，很快攻陷了洛陽和京城長安。在輕易得來的勝利面前，這幫烏合之眾隨即爆發內訌。先是安祿山的兒子安慶緒殺

了安祿山，接著史思明又殺了安慶緒。西元760年，史思明在占領洛陽之後，為了鞏固自己的地位，自稱大燕皇帝，下令熔佛像銅器鑄行錢幣，以籌措軍費。史思明先是鑄行了「得壹元寶」，繼而又改鑄「順天元寶」。古詩云：「洛陽古寺銅銷盡，都是如來劫後身。」這兩種錢幣鑄、廢、鑄的過程，反映了史思明的無知和虛妄。

得壹元寶的「得壹」兩字既不是年號也不是國號，但史思明將錢文定為「得壹」，還是費了一番心機。《老子‧第三十九章》稱：「天得一以清，地得一以寧，神得一以靈，谷得一以盈，萬物得一以生，王侯得一以為天下正。」史思明鑄行得壹元寶，正是為了印證他當皇帝完全是名正言順。但是「得壹誰知識未真」，在後來的日子裡，由於軍事上連連碰壁，叛軍到處被唐軍圍追堵截，焦頭爛額之

際，史思明忽然又感到「得壹」兩字存在著嚴重缺陷，暗合孤家寡人之意，非長久之兆，於是便下令將得壹元寶收回銷毀，改鑄「順天元寶」，以表示他的政權上順天意，下合民心。十分可惜，順天錢天不順，順天元寶並未能幫助史思明擺脫眾叛親離的困境。順天元寶鑄行的第二年，史思明便被他的兒子史朝義所弒。此後，安史叛軍的境遇更是江河日下，到西元763年，史朝義自殺，餘部投降，安史之亂終告結束。

安史之亂可謂其興也忽焉，其亡也忽焉。由此證明了一條歷史真理，多行不義必自斃。決定一個集團、一個政權能否生存下去的，在於你能否順應社會發展的需要，在於你是否符合老百姓的願望。如果違背了，你必然遭到歷史的唾棄。任你為你的政權、為你所鑄行的貨幣取上一個多麼吉利、多麼動聽的名稱，全然無濟於事。其實，無論是「得壹」還是「順天」，都是相當不錯的名稱，史思明毀了得壹元寶又鑄順天元寶，純粹是一齣歷史鬧劇，說明安史集團全是一幫虛妄的流氓、無賴和賭徒，由這麼一幫人發動的這一場叛亂，帶給社會無盡的動亂和破壞。

無獨有偶，一百多年後的後唐莊宗李存勖和他的大臣朱守殷圍繞得壹元寶和順天元寶又鬧了一番笑話。一天，朱守殷得到了440枚順天元寶、16枚得壹元寶，錢幣上不一般的錢文，使他們如獲至寶，急忙向李存勖報告說，從錢文上看，所得之錢乃上天所賜，「得壹」是天下歸於一統的意思，「順天」暗指我朝投合了上天的心意。李存勖也不加分辨，信以為真，並按照朱守殷所說下了詔書，詔書稱所得到的得壹元寶和順天元寶是「道煥一時，事光千載，殊休繼出，信史必書」，要求史館趕快研究。不知道後唐的這幫昏庸君臣們，後來是否搞清楚了這些錢幣的來歷。如果他們一旦知道這是史思明所鑄錢幣的話，想必一定會像遇到瘟神一樣，避之唯恐不及。歷史又一次證明，一個沒落的政權（或集團），往往特別鍾情於讖緯迷信，就像一個無助的溺水者看到一根漂浮的稻草，明知難以救命，但還是會緊緊抓住不放，對其寄寓無限的希望，然而最終只是在歷史上留下了一則則苦澀的笑話。

矛盾的魏晉氣象

——魏晉時期兩種尖銳對立的財富觀

　　魏晉南北朝是中國古代歷史上十分特殊的時期，政治上群雄紛起、南北對立，而南方和北方在同一時期又分別有多個政權重疊交叉；思想文化上，各種學說競相爭輝，儒教、佛教、道教都有新的發展，玄學更是魏晉時期思想領域裡的奇葩，一度引領了時代的潮流。各種矛盾和對立的學說共存於同一社會之中，形成了為後人所稱道的魏晉氣象。魏晉時期，人們對於財富的態度也出現尖銳的對立，乃至走向各自的極端。一方是對財富無窮無盡的追求，把窮奢極欲作為最終的價值取向；另一方則是崇尚清心寡欲，注重個人的名節操守，視金錢如糞土。令人奇怪的是，這兩種極端對立的財富觀竟然在一個歷史時期裡同時出現，且發展到各自的極致。底下就這一現象略作介紹和分析。

石崇像

　　一方以石崇、王愷為代表。西晉時，石崇和王愷的比富鬧劇反映了當時少數人對於財富的痴迷。在當時的京都洛陽，有三位出名的大富豪：一位是掌管禁衛軍的中護軍羊琇，一位是晉武帝的舅父、後將軍王愷，還有一位是散騎常侍石崇。羊琇、王愷都是外戚，他們的權勢比石崇大，但是擁有的財富卻遠遠比不上石崇。石崇的財富到底有多少，誰也說不清。石崇聽說有人將王愷稱作洛陽數一數二的富翁，便有心讓人們見識見識什麼才是真正的富翁。

　　王愷的這一奇想，揭開了歷史上荒唐的比富鬧劇之序幕。王愷家裡洗

鍋子用飴糖水，石崇就讓自己家的廚房用蠟燭當柴火燒。這件事一傳開，人們不由感到石崇家比王愷家闊氣。第一回合輸了，王愷另出新招，在家門前的大路兩旁，夾道四十里，用紫絲編成屏障。誰要上王愷家，都要經過這四十里的紫絲屏障。這一奢華的裝飾，頓時轟動了洛陽城。石崇聞知，馬上用比紫絲更貴重的彩緞，鋪設了五十里屏障，比王愷的屏障更長更豪華。第二回合又以石崇的勝利告終。王愷不甘罷休，便請求外甥晉武帝幫忙。晉武帝覺得這樣的比賽挺有趣，就把宮裡收藏的一株兩尺多高的珊瑚樹賜給王愷，以幫助王愷在與石崇的比賽中出奇制勝。有了宮裡寶貝的撐腰，王愷以爲這一回必操勝券。他請石崇和一批官員上他家吃飯，宴席上，王愷得意地對大家說：「我有一件罕見的珊瑚，請大家觀賞。」在人們期待的目光中，王愷讓侍女把珊瑚樹捧出來。那株珊瑚足有兩尺高，長得枝條勻稱，色澤粉紅鮮豔，大家看了讚不絕口。只有石崇在一邊看笑話，他看到案頭正好有一支鐵如意，便順手抓起，朝珊瑚樹擊去，「克朗」一聲，一株罕見的珊瑚樹就此斷爲兩截。在場的人們無不大驚失色，王愷更是氣急敗壞地找石崇算帳。

誰知石崇滿不在乎地說：「用不著生氣，還您就是了。」石崇隨即讓隨從回家去，把家裡的珊瑚樹統統搬來讓王愷挑選。不一會兒，一群隨從搬來了幾十株珊瑚樹。這些珊瑚中，三四尺高的就有六、七株，大的竟比王愷的高出一倍。株株條幹挺秀，光彩奪目。至於像王愷那株被打斷的珊瑚樹，就更多了，周圍的人都看呆了。王愷這才明白石崇家的財富根本不是他所能比的，不得不拱手認輸。

當時有一個叫傅咸的大臣，爲此事專門上了一道奏章給晉武帝。他指出，這種競相攀比的奢侈浪費，將給國家帶來嚴重的災害，必須予以制止。可悲的是，晉武帝對此根本未予理睬，以致這股歪風繼續蔓延。北魏時，貴族河間王元琛以富有著稱一時。他家的後花園建有一座迎風館，極盡奢華之能事，「牕戶之上，列錢金鎖，玉鳳啣鈴，金龍吐珮。素柰朱李，枝條入檐，伎女樓上，坐而摘食」。他家的廳堂裡擺滿了金瓶、銀甕、水晶缽、瑪瑙琉璃碗、赤玉巵等數百種珍寶。他曾極其自負地對人說：「不恨我不見石崇，恨石崇不見我。」當年石崇的那場比富鬧劇，一直到兩百年後，仍是餘音繞梁。

另一方的代表則是以竹林七賢

為代表的一批名士。在魏晉時期，這些崇尚清談的名士，堅守氣節，注重操守，視金錢如敝屣，為人們帶來了一股清新的空氣。

山濤是西晉「竹林七賢」中的重要成員，雖官居尚書吏部郎，卻貞慎儉約，俸祿薪水大多散於鄰里，被時人稱為「璞玉渾金」。由於他根本不事積蓄，以致常常阮囊羞澀。為了幫助他解決生活困難，魏文帝不得不專門特批從國庫裡調撥錢二十萬、穀兩百斛。

竹林七賢中的另一位名士阮籍，一生好酒，卻不能常得，每獲得一筆錢，就以百錢掛在杖頭，步行到酒店，獨自暢飲，一醉方休。由於他「性簡任，不修人事」，結果「家無儋（擔）石之儲」。

還有一個隱士郭文，也是一個超然物外的另類之人。他在吳地餘杭大辟山中隱居時，有一天看到一隻麞鹿被猛獸追殺於庵側，急忙告訴附近的農家。農人取而賣之，所得之錢，分了一部分給這位有發現之功的隱士。郭文的態度卻出人意料，他說：「我若須此自當賣之。所以相語，正以不須故也。」

當時，不僅文人們如此，富門豪族、朝廷官員也不乏超脫、率真之輩。晉元帝時的司空郗愔好聚斂，家產達數千萬之巨。郗愔的

山濤畫像

兒子郗超卻與父親的愛好完全相反，性好施捨。有一天，郗愔突發豪興，打開庫門讓郗超任意拿取，郗超也毫不客氣，一日之內，將數千萬家產全部散與親戚鄰里故舊。其散錢時的豪情，使得在比富場上霸氣十足的石崇顯得多麼渺小和猥瑣。晉穆帝時的中軍將軍殷浩，雖然率兵北伐曾以失敗告終，但是他喜思辨，善玄言，對錢的認識也不同於常人。一次手下有人問他：「將得財而夢糞，何也？」殷浩回答：「錢本糞土，故將得錢而夢

穢。」將錢比作糞土，一時成
為廣為流傳的名言。南朝劉宋
的柳元景，家有數十畝菜園，
守園人將多餘的菜賣了，得錢
三萬，專程送到柳宅。柳元景
見錢大怒：「我立此園種菜，
以供家中啖耳，乃複賣以取
錢，奪百姓之利耶。」翻開魏
晉時期的古籍，此類故事可謂
不勝枚舉。

　　魏晉時期的這兩種極端
對立財富觀，沿著各自的軌
跡，為後人演繹出豐富生動的

阮籍畫像

故事。之所以會出現這一現象，原因在於魏晉時期是一個多元化的時代，政
治經濟上長期的分裂割據，導致思想文化上的多元化，這些各不相同的思想
文化既相互矛盾、爭鬥和抵消，又相互依存、影響和互補，由此，在中國思
想文化史上留下了色彩斑斕的一頁。各種思想、各種學說、各種觀念各領風
騷，同時又相互牽制，相互影響，使之不至於走得太遠，始終止步於社會所能
承受的範圍之內，對於財富的觀念也是如此。

　　魏晉時期，世家大族勢力和門閥政治惡性發展，社會的政治資源和經濟
資源為一些世家大族所壟斷，對社會財富窮凶極惡的侵占，成為這些人所追求
的唯一價值取向。石崇、元琛等就是這些人的典型代表。當然，正如西晉大臣
傅咸所說的，任由這種行為發展對社會將是一場莫大的災難。社會因此需要有
另一種觀念對其予以制衡，制止它的惡性發展，以竹林七賢為代表的那種崇尚
清心寡欲、名節操守的財富觀念，就是為順應這一需要而發展起來的。這種觀
念實質上是對石崇等人財富觀念的批判和抵制，它阻滯了石崇等人財富觀念惡
性發展的步伐，使之最終未能演變成為毀滅社會的災難。竹林七賢們的財富觀
念也是在貧富差距愈演愈烈之情況下，給心理上備受煎熬的平民百姓帶來些許
安慰，使之感到社會對於他們還存有些許希望，他們原來的幻想還能繼續保持
下去，由此緩和了漸趨激烈的社會矛盾，最終使得維繫社會平衡的鏈條不致斷
裂。恢弘而矛盾的魏晉氣象其形成的原因，總體上大概也與此有關。

7 隋五銖：
見證了一代王朝的興衰

　　「隋五銖」是隋建國之初便鑄行的貨幣，隋五銖曾經為隋統一幣制、穩定社會經濟秩序、促進經濟的發展立下了汗馬功勞。到後期，隨著盜鑄之風越演越烈，隋五銖開始劣變，為隋的滅亡滋長了推波助瀾的作用。隋五銖歷史作用的變化，正是隋王朝由興盛走向衰亡的縮影。

　　西元581年，楊堅從年幼的北周靜帝手中接管政權，建立了隋朝，史稱隋文帝。西元589年，隋發兵南下，順利攻下建康（陳的都城，今南京），陳後主被俘，陳亡。魏晉以來的分裂局面宣告結束。隋文帝即位以後，革新政治，推行了一連串與民休養生息的政策，如減輕刑罰和徭役、減免租調、推行均田、整頓幣制等，社會經濟很快得到恢復和發展，隋王朝一度呈現了興盛的氣象。全國耕地畝數迅速增加，國家糧庫充盈，僅洛口倉即達兩千四百萬石，史稱：「開皇之初，比於漢之文景，有粟陳貫朽之積。」宋代的蘇東坡也曾說，自漢以來，人丁之蕃息，於倉廩府庫之盛，莫如隋。西晉時，全國人口為一百四十七萬戶，隋建國僅十餘年，到隋煬帝時，全國戶口激增至八百九十萬餘戶。

　　在隋文帝的各項改革中，整頓幣制是一項十分重要的改革。隋統一前，南北分裂，南方和北方朝代更迭頻繁，錢幣制度紊亂，嚴重阻礙了商品的流通和社會經濟的發展。開皇元年（西元581年），隋文帝便下令鑄行隋五銖，作為全國唯一流通的貨幣。隋五銖，「重如其文」，一枚重約3.168克。並且製作精美，周廓厚重，筆畫精細，「五」字的交股處稍曲而圓，體現了南北書法藝術的交融。但由於當時北周、北齊等貨幣在北方地區流通已久，如北周的「五行大布」、「永通萬國」，北齊的「常平五銖」等，廣為流通，一時難以禁絕。隋文帝遂頒布一連串法令，禁止舊錢。開皇三年（西元583年），詔「四面諸關，各付百錢為樣。從關外來，勘樣相似，然後得過。樣不同者，即壞以為銅，入官」，「京師及諸州邸肆之上，皆令立榜，置樣為準」。次年，再一次下令，地方官吏禁舊錢不力者，扣除半年俸祿。開皇五

年（西元585年），「又嚴其制」。隋政府還採取各種措施，打擊盜鑄活動。隋政府的這一連串舉措，使新的貨幣制度終於很快得以確立，隋五銖「所在流布，百姓便之」。貨幣的統一，對於隋初社會經濟恢復和發展的作用是不言而喻的。對於隋初曾經擁有的輝煌，隋五銖功不可沒。隋文帝在統一貨幣的過程中，嚴令收繳歷朝歷代的貨幣，全部予以銷毀，用來鑄行隋五銖，成效明顯，這為後來的考古發掘所證實。在隋以前的墓葬中，隨葬的錢幣一般都是幾個朝代的錢幣混雜在一起的，而隋代墓葬中隨葬的錢幣基本都是隋五銖。另外，隋五銖在中國南北方許多地方的考古發掘中都有發現，反映當時隋五銖的流行範圍十分廣泛。

有人對隋文帝銷毀古往今來的錢幣用來鑄行隋五銖的做法予以批評。明代大思想家顧炎武就認為隋文帝的這一舉措對於古錢是一場浩劫，他強調隋文帝所銷毀的不是亂七八糟的銅錢，而是一種文化。更有甚者，將隋文帝此舉比作是秦始皇的焚書。如果僅僅從文化傳承這一角度來看，顧炎武等人的看法也許不無道理；但若從理順社會的貨幣制度，穩定社會的經濟秩序，促進社會經濟發展這一角度來看，顧炎武等人的看法不免就有失偏頗了。這是一個魚和熊掌能否兼得的古老話題，不免有些為難這位隋代的開國皇帝了。事實上，隋文帝當時也不可能將隋之前的貨幣盡行銷毀，從先秦到隋的各種貨幣今天還是幾乎一樣不少的在博物館或在錢幣收藏家們那裡熠熠生輝。

隋從開皇元年起開始鑄造五銖錢，之後曾多次鑄行。基本可分兩個階段：一是隋文帝開皇六年至仁壽四年（西元581～604年）鑄行「開皇五銖」，又稱「置樣五銖」；二是隋煬帝大業年間（西元605～618年）鑄行「五銖白錢」。

五銖白錢大概為隋煬帝大業年間（西元605～618年）所鑄，也有人認為隋煬帝身為晉王時在揚州就開始鑄造五銖白錢了。此錢，因幣材配有錫、鉛等其他金屬，錢色發白，被稱為「白錢」，其形制大小、輕重與開皇五銖相同。五銖白錢的製作工藝精細，精緻規整。錢文筆畫較細，秀美優雅，頗有陳五銖的風采，反映了南方文化對北方的影響。隋五銖的鑄造技術有了較大的改進，已由範鑄改為母錢翻砂鑄錢。

談到五銖白錢，不能不提及隋煬帝，由於隋王朝葬送於隋煬帝的手中，隋煬帝自然成為歷史罪人，幾乎成為苛貪殘暴、揮霍靡費、窮兵黷武的代名詞。其實，隋煬帝是個十分複雜的歷史人物，對於隋王朝來說，隋煬帝既是

隋「五銖白錢」

罪人又是功臣。

開皇九年（西元589年），年僅二十歲的楊廣（隋煬帝）作為隋軍的前線統帥，率五十餘萬大軍一舉突破長江天塹，滅掉了江南的陳朝，完成統一大業。楊廣率領的軍隊軍紀嚴明，對百姓「秋毫無犯」，對於陳朝庫府貲財「一無所取」，受到廣泛的讚揚。楊廣曾以揚州大總管鎮守江都，十年間，他積極地推行文化懷柔政策，對南北文化的融合和發展做出了重要的貢獻。

隋煬帝當政之後，主持開挖修建了南北大運河。大運河這一浩大工程，無疑給當時的百姓帶來了沉重的負擔。不過，我們應該看到大運河將錢塘江、長江、淮河、黃河、海河連接起來，也就是將黃河流域和長江流域這兩個不同文明的地域連接了起來，對於促進全國經濟的聯繫和發展，鞏固統一具有非凡的意義。有人將隋煬帝修建大運河比作是當年秦始皇修築長城，其實，從經濟角度來看，修建大運河的意義遠在修築長城之上……因此，講到隋的歷史地位，與楊廣這一名字是分不開的。

與此同時，我們也不能不看到，由於隋煬帝的好大喜功，多項大工程同時並舉；由於他的窮兵黷武，屢屢挑起邊釁，尤其是先後發動了三次對高麗的戰爭，使百姓的負擔空前增加，「天下死於役而家傷於財」；同樣由於他的剛愎自用，他身邊的一些親信忠臣不是被殺，就是離他而去，最終使他成為孤家寡人……當時又恰逢水旱災荒，社會問題加劇，從而引發了隋末農民大起義。隋王朝很快在農民

大起義的烈焰中轟然倒塌，隋煬帝最終成爲一個悲劇性的人物，隋王朝也因此成爲一個悲劇性的王朝，曇花一現，前後不到四十年，成爲繼秦皇朝之後又一個短命的王朝。

隋五銖的命運幾乎與隋王朝的命運如出一轍。且不說隋文帝鑄造的開皇五銖，就是隋煬帝主持鑄造的五銖白錢，也曾擁有過輝煌的歲月，不僅製作精美，且流通有序，享有很高的信用度，爲隋中期社會經濟的發展做出了不可磨滅的貢獻。但由於隋煬帝的好大喜功，大興土木，東征西伐，國家財政因此捉襟見肘，中央政府的控制能力逐步減弱，隋五銖由此陷入了崩潰的境地。隋朝後期，物價上漲，斗米千錢，錢幣私鑄盛行，錢幣越來越輕，隋初一千錢重達四斤二兩，到隋末僅重二斤，甚至輕至一斤。不少地方還出現了剪鐵、裁皮、糊紙爲錢的現象，隋五銖終於迎來了自己的末日。當時民間曾流傳一種說法，隋五銖的「五」字左邊多了一條豎線，旋轉過來看像一個「凶」字，人們由此認爲隋五銖是凶錢，象徵了楊廣是萬古凶人，注定沒有好下場。這不過是人們利用古代的讖緯迷信，發洩發洩對隋煬帝的不滿而已。

隋五銖是古代五銖錢最後的輝煌，隨著隋五銖退出歷史舞臺，延續了近七百年的五銖錢宣告壽終正寢。唐初通寶錢的誕生，開啓了中國古代貨幣史上的新篇章。

8 明代年號錢上的政治風雲
——從錢幣看明代的宮廷之亂

從宋代開始，新皇帝登基之後，在頒行新年號的同時，都要鑄行相應的「年號錢」，明代基本沿襲了這一做法，除了洪熙、正統、天順、成化等幾個朝代由於種種原因沒有鑄造錢幣，其他每個朝代或多或少都鑄有自己的年號錢。明代是中國封建社會發展的一個重要階段，專制的中央集權統治進一步強化，與此同時，宮廷內部的權力爭鬥也空前激烈，為了爭奪帝位，叔侄之間、兄弟之間成為不共戴天的對手；梃擊案、紅丸案、移宮案等成為剪不斷理愈亂的千古疑案。透過建文、景泰、泰昌三朝年號錢的鑄與毀、鑄與未鑄，人們看到的是當年充斥在明朝宮廷裡的腥風血雨。

建文通寶與靖難之役

朱元璋建立明朝以後，將長子朱標立為太子，其餘二十三個兒子都封王建藩。朱元璋規定，如遇奸臣專權，藩王可以聲討奸臣，甚至可以發兵「清君側」。他的本意是以皇室的血緣關係維護皇權，殊不知事與願違。

由於太子朱標於洪武二十五年（西元1392年）英年早逝，按照嫡長子繼承制，長孫朱允炆被立為皇儲。洪武三十一年（西元1398年）朱元璋病逝，朱允炆即位，是為建文帝。出生於洪武十年（西元1377年）的朱允炆，時年剛二十出頭，溫文爾雅，但缺少了祖父與叔父們在戰火中磨練出來的雄才大略和草莽習氣。建文帝即位後，那些分封於各地的藩王們，根本不把這個年輕的侄皇帝放在眼裡，個個擁兵自重。建文帝面臨了身為皇叔的藩王們的嚴重威脅，遂與親信大臣齊泰、黃子澄、方孝孺商量削奪藩王的權力。可惜，建文帝根本不是叔叔們的對手，藩王中勢力最大的燕王朱棣率先發難，以「清君側」為名，於建文元年（西元1399年）七月發動了「靖難之役」，名義是討伐權臣齊泰、黃子澄等，矛頭卻直指建文帝。建文四年，燕王朱棣攻下當時的首都南京，建文帝下落不明，有說自焚而死，有說削髮為僧逃亡，

朱棣如願登上了帝位。朱棣爲了標榜自己稱帝的合法性，自然必須否定建文帝的合法性。他既不給建文帝應有的謚號，也不承認建文的年號，把建文四年改稱洪武三十五年，表示他不是承繼建文帝的帝位，而是直接繼承於父親朱元璋。第二

建文通寶

年（西元1403年）改元爲永樂元年。爲了徹底消除建文帝在歷史上的痕跡，朱棣還下令將建文帝時期鑄行的錢幣「建文通寶」全部收集起來，盡行銷毀。

當時凡鑄有建文字樣的銅鐵器物也難逃厄運，全部被銷毀，史籍上也不准提及建文年間曾鑄過錢的事，因此很多人以爲建文年間未曾鑄過錢幣。不過，朱棣想把已經進入流通領域的建文通寶一網打盡，也未免過於天眞。一些建文通寶還是躲過了朱棣的羅網，留了下來。我們今天見到的建文通寶小平錢，字跡細秀，與洪武小錢相仿。據說還有一種建文折二錢留世。留存至今的建文通寶，似乎尙在向人們訴說著明初所發生的那一場叔叔向侄子爭奪帝位的血腥戰爭。

空缺的景泰年號錢與奪門之變

景泰是明代宗朱祁鈺的年號。代宗當政八年，由於當時「將錢折鈔」，一直未鑄行銅錢。嘉靖時，世宗曾下令補鑄自洪武至正德各朝的年號錢，此事後來雖未能正式實施，但嘉靖擬補鑄的年號錢中唯獨沒有景泰的年號錢。這是因爲在嘉靖看來，代宗已經「出廟」，景泰年號被列入另類，自然無須爲其補鑄年號錢。按照同一邏輯，代宗去世以後，被葬在北京西郊的金山口，而未能葬入明代的皇家陵園——十三陵。代宗的出廟，

景泰陵碑亭（北京昌平天壽山）

完全可說是明宮廷內部權力鬥爭的結果。

明正統十四年（西元1449年）八月，蒙古瓦剌部興兵南下，向明發動進攻。明英宗在宦官王振的挾持下，匆促率軍迎戰，結果在土木堡遭到瓦剌軍的襲擊，英宗被俘，王振為亂軍所殺，明五十萬大軍全軍覆沒。土木堡之變後，留守北京的兵部侍郎于謙等擁立英宗弟郕王朱祁鈺為帝（即明代宗），改年號為景泰，遙尊英宗為太上皇。代宗上臺之後，于謙等組織軍民積極備戰，取得了北京保衛戰的勝利。次年，英宗獲釋歸來，被幽禁於南宮。于謙是明代著名的民族英雄，明代官場難得的清官。他曾以著名的〈石灰吟〉表明自己的氣節：「千錘萬鑿出深山，烈火焚燒若等閒。粉身碎骨渾不怕，要留清白在人間。」于謙在任京官前，每次進京奏事，從不帶任何禮品。有人勸他說：「您不送金銀財寶，哪怕帶點手帕、蘑菇、線香之類土產也好呀！」于謙甩甩兩隻袖子，表示只有兩袖清風，成語兩袖清風由此流傳開來。于謙還特意寫〈入京〉詩以明心志：「手帕蘑菇與線香，本資民用反為殃。清風兩袖朝天去，免得閭閻話短長。」

景泰八年（西元1457年）正月，景帝病重，不能臨朝，太監曹吉祥等於十六日夜間發動政變，奪宮門，廢景帝，英宗重新登上帝位，史稱「奪門之變」；其後他們又以謀逆罪將于謙等人殺害。可憐在北京城下威風八面擊退幾十萬瓦剌大軍的一代民族英雄，竟死於宦官和權臣之手。二月，廢景帝仍為郕王。英宗的後代們自然不希望他們祖上這一段不光彩的歷史給後人留下話柄，千方百計地將景泰這八年的歷史抹去。景泰帝因此「出廟」，掃除出先帝先祖的行列，死後不得葬入十三陵，更不可能為其補鑄年號錢等等，歷史被篡改得面目全非。透過空缺的景泰年號錢，不由讓我們深深領略了王室家族內部爭權奪利的無情。

泰昌通寶與紅丸案

「泰昌通寶」是明代第十四任皇帝光宗朱常洛的年號錢，不過泰昌通寶並非朱常洛生前所鑄。朱常洛僅僅當了二十九天皇帝就去世了，泰昌通寶是他死後由他的兒子熹宗朱由校補鑄的。朱由校當了皇帝後，在鑄造自己的年號錢「天啟通寶」之同時，補鑄了「泰昌通寶」。

光宗朱常洛堪稱是明代眾多皇

天啓通寶 泰昌通寶

帝中的一位倒楣蛋。他是萬曆皇帝與皇太后宮中的王姓宮女所生，由於是長子，皇后膝下無兒子，便被立爲太子。但萬曆並不喜歡這位太子，總想讓其寵愛的鄭貴妃生的兒子朱常洵取而代之。因此，朱常洛從小受盡冷遇。萬曆四十八年（西元1620年）七月二十一日，萬曆皇帝病死，朱常洛提心吊膽的日子總算熬盡，順利繼承了帝位，改年號爲泰昌，八月初一舉行了登基大典。

正當朝野上下盼望朱常洛這位在逆境中長大的新君能爲當時的政局帶來一些新鮮空氣的時候，不想登基大典後僅十天，朱常洛就一病不起，八月十一日的萬壽節（皇帝生日慶典）也因此取消。其後，僅僅二十天時間，朱常洛便撒手西去，從登基到駕崩不過一個月，成爲明代在位時間最短的皇帝。

至於光宗朱常洛的死因，歷來有多種傳說。有人說鄭貴妃是罪魁禍首，她別有用心進獻美女八人，朱常洛因縱慾過度而生病；有人說是內官崔文升用了反藥，朱常洛腹瀉不止，以致不治；也有人說是鴻臚寺丞李可灼進獻的紅丸送掉朱常洛的命，僅僅服用了兩粒紅丸，朱常洛就一命嗚呼……種種說法，撲朔迷離，在當時已是一團謎。光一件紅丸案，前前後後就爭吵了八年，成爲當時黨爭的重要話題，最後仍是不了了之。可以肯定的是，朱常洛是當時政治鬥爭的犧牲品，是當時層層包裹下的宮廷黑幕導致了他的非正常死亡。

熹宗朱由校即位以後，改明年爲天啓元年。好在朱由校恪守孝道，他設法保留了泰昌年號，創造性地以萬曆四十八年七月以前爲萬曆四十八年，八月到十二月爲泰昌元年；他還補鑄了泰昌年號錢，這些算是還給了倒楣而短命的朱常洛些許歷史的「公道」。

從錢幣上看孫中山革命風雲

孫中山先生領導的辛亥革命推翻了千年帝制，揭開中國近代史的嶄新一頁。或爲了籌集革命的活動經費、或爲了紀念新紀元的開始、或爲了激勵鬥志，辛亥革命前後，革命黨人在革命過程中發行了一連串貨幣，這些錢幣承載著孫中山先生領導革命的動人故事，既體現了孫中山先生等革命先輩堅定的革命信念，又反映了當時民眾對於孫中山先生領導之革命活動的鼎力支持。底下介紹其中的幾則故事。

中華民國金幣券

孫中山先生自西元1894年11月在檀香山創立興中會，爲了解決革命經費，先後於1895年、1904年、1905年、1906年在國外發行多種籌餉票券。這些票券，嚴格說屬於集團與私人間借貸關係的憑執。西元1911年5月，孫中山先生再次前往美國舊金山，籌募軍餉，爲此專門設立「洪門籌餉局」，並精心印製了名爲「中華民國金幣券」的籌餉券。中華民國金幣券共有拾元券、佰元券、仟元券三種。拾元券寬19.5公分、高8公分，正面中段爲陸皓東設計的「青天白日滿地紅」旗幟，四角上下分別印上中文與阿拉伯文「10」數字，左面署「中華革命黨本部總理孫文」，右面署「中華革命軍籌餉局會計李公俠發」字樣。下面註明：

「中華民國成立之日，此票作爲國寶通用，交納稅課，並隨時如數向國庫交換實銀。」該券背面除上幅「中華民國金幣」及左右兩行「壹拾圓」數，全爲英文，正中圖案爲「青天白日」旗幟。

中華民國金幣券的印行十分

中華民國金幣券

愼重，金幣券正面的騎縫裁根處均蓋有圓形的「總理」章及方形的「中華革命軍籌餉局印」，並在背面騎縫裁根處用墨筆書寫代號，壹拾元、壹佰元、壹仟元券分別用「中」、「華」、「民」字作代號，代號下面寫有中文編號。

　　孫中山先生在美國舊金山發行的這批金幣券，是在一無政權、二無銀行、三無質物抵押的前提下發行的。券面上的「中華民國」還是革命黨人為之努力奮鬥的一個理想目標；「中華革命黨本部」、「中華革命軍籌餉局」等也並無實體。但在孫中山等人的努力下，中華民國金幣券在美洲發行十分順利，廣大華僑踴躍認購，短短三個月的時間，就募集到美金一百四十四萬多元，獲得了極大成功。許多華僑更表示，不必償還，留著紀念，以表愛國之意。

　　中華民國金幣券的成功發行，首先歸功於孫中山等革命黨人堅定的革命信念，正是他們必勝的革命信念感染和激勵了廣大華僑，其次應歸功於廣大海外華僑的愛國熱情和對於反對封建帝制革命的認同。辛亥革命能以雷霆之勢迅速在境內取得勝利，與廣大海外華僑的支持是分不開的。

　　「中華民國」成立以後，孫中山先生在任臨時大總統期間，中華民國金幣券大多數已償還，對未及償還的極少數「金幣券」也在西元1935年至1947年間由中華債務調查委員會驗明後加蓋登記章兌換收回銷毀。目前中華民國金幣券存世已極為稀有。中華民國金幣券成為孫中山先生領導辛亥革命的歷史見證，成為近代珍貴的革命文物。

江西辛亥革命大漢銅幣

　　西元1911年10月10日，辛亥革命在武昌爆發，全國革命黨人聞風響應，紛紛舉行起義。江西的革命黨人於十月下旬分別在九江和南昌發動起義，推翻了清在江西的統治。江西辛亥「大漢銅幣」便是在這場暴風驟雨般的大革命中誕生的。

　　江西辛亥大漢銅幣幣質為紅銅，正面中央鑄一陰文「贛」字，外環鑄「大漢銅幣」及珠圈，上緣鑄有「江西省造」，下緣鑄有「當制錢十文」，左右兩側鑄有干支紀年「辛亥」；背面的基本圖案為十八星圖，在十八星圖的正中，鑄有一極小的太極圖，外飾以珠圈一道，在十八星圖外面，襯以細

江西辛亥「大漢銅幣」

密的網紋。十八星圖是辛亥革命中革命軍的軍旗圖案，它是由當時的革命團體「共進會」在起義前設計的；十八顆星象徵了當時的十八個省，十八顆圓星連成一體，寓有全國人民團結戰鬥之意。十八星軍旗作為革命軍的軍旗，在武昌起義勝利後，曾迎風飄揚在黃鶴樓前。而把革命軍軍旗的圖案鑄在銅幣上，使辛亥大漢銅幣烙上了鮮明的時代特色，寓意革命烽火已經在全國遍地燃燒。

　　江西辛亥大漢銅幣由南昌造幣廠鑄造，是全國最早體現新生革命政權建立的鑄幣，它的問世，距辛亥革命不過兩個多月的時間。由於時間倉促，這枚銅幣的設計和製作顯得比較粗糙，但這絲毫無損於它所擁有的特殊價值。在辛亥革命

勝利不過兩個多月的時間，江西辛亥大漢銅幣就帶著革命的餘溫出爐了，這充分體現了辛亥革命那種迅雷不及掩耳的氣勢，反映全國人民革故鼎新、改朝換代的強烈願望。江西辛亥大漢銅幣由此成為忠實記錄中國封建制度最後被埋葬這一特殊時期歷史風雲的珍貴文物。

孫大元帥獎賞票

　　辛亥革命勝利以後，西元1912年1月1日孫中山先生在南京就任臨時大總統，中華民國宣告成立。同年3月11日，孫中山頒布《中華民國臨時約法》。由於受到帝國主義、封建勢力的壓力，以及革命黨本身的渙散無力，孫中山被迫辭去臨時大總統一職，讓位於袁世凱。此

後，孫中山為宣傳民生主義、捍衛共和制度和《臨時約法》，進行了堅持不懈的奮鬥。

1917年7月，段祺瑞為首的北洋軍閥解散國會並廢棄《臨時約法》。孫中山隨即聯合西南軍閥在廣州建立軍政府，同年9月被推舉為大元帥，展開護法戰爭。期間，由於受到軍閥、政客的排擠，孫中山曾一度辭去大元帥職務。1920年11月，孫中山回到廣州，重新舉起護法大旗。次年5月，在廣州就任非常國會推舉的非常大總統，以兩廣為根據地，積極準備北上討伐北洋軍閥。1922年6月，廣東軍閥陳炯明發動叛亂，打亂了孫中山的北伐步驟。經過幾年的努力，軍政府終於平定了陳炯明的叛亂，為北伐掃除了障礙。

孫大元帥獎賞票是在討伐陳炯明的過程中發行的，是孫中山平定陳炯明叛亂的歷史見證。孫大元帥獎賞票是委託美國鈔票公司印製的，票面正中印有孫中山先生頭像，像的下端均加印有「孫大元帥獎賞」的黑色大字和稻穗圖案；票的左右兩側分別印有「愛國紀念」、「保存貨幣」幾個字，字為隸體。票背上下亦皆添印有「COMMEMORATION NOTE」及「NOT FOR CIRCVAION」的黑色英文字，標明此票是紀念券不用作流通。目前所見只有伍元、拾元兩種，未見有其他面值。西元1924年8月16日，中央銀行在廣州成立，在成立慶典上，孫中山對當時廣東軍政府官員發表演說後，親自將孫大元帥獎賞票分賞下屬，當時僅限賞給討伐陳炯明有功的軍政人員，純粹是一種紀念品，而不是流通貨幣，凡領受此票者，視其為軍功的象徵，引為殊榮。孫大元帥獎賞票在當時有效地激勵了士氣，凝聚了人心，幫助孫中山領導的軍政府最終順利平定陳炯明的叛亂，鞏固了革命的後方。

10 貨幣千年載春秋

——從中國貨幣發展史看歷史人物的功過

貨幣自它誕生之日起，在社會經濟生活中的作用一直是舉足輕重，中國歷代統治者無不把它作為自己的護身符，在貨幣上深深刻上了各自的烙印。由此，當我們把中國自古以來的貨幣一一排列在一起的時候，無異是打開了一部活生生的二十四史。

打開中國貨幣史，首先不能不提到姜太公姜子牙。人們也許更熟悉「姜太公釣魚，願者上鉤」的故事，當年姜太公佯裝在渭水岸邊釣魚，待價而沽，果然遇到了周文王，君臣兩人一見如故，姜太公就此成為周文王的股肱大臣，他的政治軍事才能得到了充分的發揮。周文王死後，他又鼎力輔助周武王，正是他力排眾議，抓住了戰機，周才取得牧野之戰的勝利，最終推翻了商王朝。其後，他又受命東征，建立了赫赫戰功。正由於此，周武王將齊作為姜太公的封地。姜太公到齊地以後，尊重當地的風俗習慣，減輕老百姓的負擔，發展社會生產，促進貨物流通，齊由此強大起來，到春秋戰國時期成為東方的大國。姜太公的又一大貢獻是為西周制定了貨幣制度。據《漢書・食貨志》記載，當時太公制定了《九府圜法》，「錢圜函方，輕重以銖」，這是圓形方孔的銅錢首次出現在歷史記載中。儘管有學者認為《漢書・食貨志》的這一記載並不確實，圓形方孔銅錢是後來才有的。但《漢書・食貨志》的記載並非捕風捉影，西周已經就貨幣制定相應的制度雛形應是事實。

秦始皇是統一中國的第一人，儘管他的焚書坑儒之舉留下了千古罵名，「坑灰未冷山東亂，劉項原來不讀書」，是對他的最好諷刺。但是他在中國歷史上的作用是無與倫比的，他不僅統一了中國，還統一了文字、法律和度量衡，為大一統國家的鞏固奠定了基礎。談到中國的貨幣發展史，也不能不提到秦始皇。他在剛剛實現統一的秦帝國的版圖內統一了全國貨幣。據史書記載，西元前210年，秦始皇頒布了貨幣改革令：「以秦法同天下之法，以秦幣同天下之幣」，以原流通於秦國之圓形方孔秦半兩錢作為唯一的流通貨

幣，其他如珠玉龜貝銀錫等貨幣則全部退出流通領域。秦始皇此舉不僅促進了社會經濟的發展，還有利於國家的統一，並且對後世貨幣體制產生了深遠的影響。秦半兩這種圓形方孔的銅幣形制從此被

漢武帝「五銖錢」

固定下來，流行了兩千多年，還影響到其他國家和地區。

當我們的貨幣史翻到漢代，漢武帝便突現在我們的面前。這位雄才大略的帝王以南征北戰的壯舉在正史上書寫威武雄壯篇章的同時，在中國貨幣史上也留下了濃墨重彩的一筆。西元前118年，在總結了前兩次鑄幣經驗教訓的基礎上，漢武帝下令鑄造「五銖錢」，錢文五銖，重如其文，標準重量為4克。五銖錢繼承了秦半兩錢的形制，圓形方孔，錢徑2.5公分、厚0.12公分，四周有廓，是一種輕重大小適度的銅幣。

漢武帝還將貨幣的鑄造和發行權收歸中央政府。漢武帝鑄行五銖錢，是中國貨幣史上一次里程碑式的改革。自此一直到唐朝初期，五銖錢流行了整整七百三十九年，形成了中國貨幣史上罕見的五銖錢體制時期。在此後的兩千多年中，鑄幣權成為歷代封建統治者鞏固其統治的重要法寶，一直影響到近代。

漢武帝之後，西漢王朝開始走向了下坡路，到西漢末年，已處於風雨飄搖之中。外戚、宦官弄權，「豪強大姓，蠶食無厭」，老百姓「有七亡而無一得」、「有七死而無一生」，各地紛紛爆發農民起義。正是在這一特殊的歷史條件下，王莽改制被推上了政治舞臺。王莽是元帝皇后王政君的侄子，這種特殊的外戚身分既是他進入權力巔峰的一條捷徑，同時又是極易遭到世人詬病的一個把柄。

王莽改制並非純粹是一齣復古倒退的鬧劇，其實，王莽是個相當有政治眼光的政治家，他的改革目標很清楚，就是要解決當時嚴重的奴婢和土地問題。王莽的改革措施不能說都不對，只是由於當時的統治已病入膏肓，加上王莽用復古來包裝他的改制，反而擾亂了人們的思想，支持者對此望而卻步，反對者卻因此理直氣壯，最後讓他的這番改革很快以失敗告終。王莽改制中一項重要內容便是幣制改革，他的本意是透過幣制改革將地主豪強手中的財富轉移到政府手中，以鞏固新朝的統治。但由於他的輕率多變，最終使

幣制改革走向了相反之路。執政八年，王莽先後四次改革幣制，且幣種眾多，其中第三次改革幣種多達六名（六種材質）二十八品，繁雜多變的幣制嚴重影響了貨物的流通和經濟的發展，給老百姓的生活帶來極大不便。

不過，今天當我們面對王莽遺留下來的眾多新莽貨幣時，還是應該對王莽當年的幣制改革有個全面的分析和認識。就新莽貨幣本身來講，其中有不少是藝術精品。比

如，王莽的「金錯刀」，形狀與先秦的刀幣接近，由於貨幣上的文字用黃金填充，所以稱金錯刀。

金錯刀工藝精緻，是上等的藝術珍品。一次，北宋文人劉敞請詩人梅堯臣喝酒，為助酒興，拿出自己珍藏的齊國刀幣和王莽的金錯刀。事後，梅堯臣寫詩稱讚：「探懷發二寶，太公新室錢。……次觀金錯刀，一刀平五千。精銅不盡蝕，肉好鉤婉全。」另據近人研究，王莽有一品鏟形布幣，底寬

王莽「大布黃千」

王莽「幺布二百」

王莽「序布四百」

王莽「差布五百」

王莽「第布八百」

王莽「次布九百」

王莽改幣時鑄行的一些錢幣

2.38公分，肩足間距3.85公分，兩者相除爲
0.61818，恰是著名的黃金分割係數，黃金
分割係數被運用於貨幣的鑄造之中，反映當
時人們的審美觀念已經達到很高的水平，也
反映了王莽幣制改革時貨幣鑄造工藝之精
湛。如果說，王莽的幣制改革純粹是爲了聚
斂民脂民膏的話，大概他在鑄造貨幣時絕不
會如此投入，絕不會留下這麼一批讓千古讚
嘆之精品貨幣的。

王莽鏟形布幣

　　王安石是北宋時期著名的改革家，他在
宋神宗的支持下，主持變法八年，先後推出
了均輸法、青苗法、免役法、市易法、方田均稅法等。八年之後，王安石被
趕下臺，變法以失敗告終。對王安石變法的評價，歷來是見仁見智，也有人
認爲王安石變法的出發點是好的，改革的目標也是正確的，只是所用非人，
最後走向不一樣的結果。其實，王安石失敗不等同於他的變法失敗，王安石
變法對於推動北宋社會經濟發展的作用是十分明顯的，這從北宋鑄造錢幣的
數量可以得到有力的印證。北宋是中國歷史上錢幣鑄行量最大的時期。唐朝
全國的鑄幣量一般年分大概就是十幾萬貫，最多的一年曾達到一百萬貫。到
了宋朝，情況發生很大變化，宋眞宗時銅錢年鑄行量已超過一百萬貫，此後
不斷增加，基本維持在每年鑄行三百萬貫的水準；到宋神宗時期，更達到每
年五百萬貫。有人作過測算，如果將五百萬貫銅錢一枚一枚排列起來，足可
以繞地球三圈。貨幣鑄行量的激增反映了社會經濟的迅速發展，社會經濟發
展了，商品流通發達了，必然需要增加貨幣的供給。改革之前，面對國庫空
虛、國用不足的窘況，王安石與保守派代表司馬光之間曾有一場爭論。司馬
光認爲當務之急是要節省政府的開支；王安石則認爲，關鍵在於善於理財，
做到民不加賦而國用足。王安石八年變法的結果確實做到了「民不加賦而國
用足」，據史書記載，在老百姓並未增加負擔的情況下，當時朝廷府庫空前
充盈，僅免役寬剩錢一項一年就結餘13,926,765貫，寬剩率達68％。神宗時
期，每年高達五百萬貫的鑄錢量，充分反映了當時社會經濟發達的盛況。斯
人雖去，其法雖廢，但王安石變法確確實實推動了北宋社會經濟的發展。

古代的年號與年號錢

「漢興」年號錢

　　年號是古代帝王爲其在位期間而設立的一種名號，並以此來紀年，年號錢則是用帝王年號命名的新鑄錢幣。年號和年號錢是中國古代社會特有的一種現象，是封建專制統治的象徵。年號錢反映了貨幣在中國古代不單純是一個經濟價值符號，還是封建統治機器重要的組成部分之一，它表明中國的貨幣文化深深烙上了封建政治的印記。

　　漢武帝劉徹是中國歷史上的一代雄主，他統治期間的疆域空前統一，國勢空前強盛，他透過獨尊儒術，使中央專制集權統治達到了一個空前的高度，正是這位漢武帝開創了設立帝王年號的先河。西元前140年，漢武帝登基，設年號爲建元，是年爲建元元年。其後，一直到袁世凱竊國稱帝，建洪憲年號止，帝王設年號紀年的現象前後在中國綿延了兩千多年。

　　帝王設年號紀年首先是爲了進一步宣揚強調帝王的權威，新桃換舊符，以此標示一個新紀元的開始；同時也是希冀用一個吉祥的年號，佑助自己的統治長治久安。因此，歷代帝王若遇重大事件，常常會改元。如西元前110年漢武帝到泰山封禪，他便把這一年定爲元封元年。西元229年，有人向吳主孫權報告武昌出現黃龍，於是便定該年爲黃龍元年，過了十年，又有人報告出現珍禽，孫權便改元赤烏。也有的帝王眼見自己的統治難以維持，希圖透過更新年號來改變垂危的命運，如陳後主亡國前兩年，將年號由「至德」改爲「禎明」。正由於這些原因，有的統治者在位期間頻頻更改年號，如北宋仁宗在位四十一年，先後採用了九個年號。有的象徵吉祥的年號則被眾多帝王重複使用。有人統計，在七百多種帝王年號中，被兩個以上帝王重複使用的年號達一百七十三個，占總數的24%。其中重複使用五次以上的有十七種。

　　隨著社會經濟的發展，貨幣在社會生活中所居地位越來越重要，封建統治者開始認識到，貨幣對於鞏固自己統治的作用已經不僅僅局限於經濟範疇，年號錢就是在這麼一種情況下誕生的。

　　西元338年，西晉流民起義領袖宗族李特的侄子李壽在成都建立政權，國號爲漢，以「漢興」爲年號，同時開始鑄行「漢興」年號錢（見左頁圖），這是中國歷史上的第一枚年號錢。西晉後期的流民起義與弱智皇帝晉惠帝司馬衷有十分密切的關係，這個弱智皇帝除了尋歡作樂之外，其他事一概不懂也不問。一次他在華林園遊玩，聽到一片蛙聲，就問內侍道：「這呱呱亂叫的聲音，到底是爲官事還是爲私事？」還有一次，各地鬧饑荒，老百姓沒有飯吃，司馬衷對此大惑不解，問：「沒有飯吃，爲什麼不吃肉糜？」弄得人們啼笑皆非。正是在他的統治期間，長達十六年的「八王之亂」加劇了當時的社會問題，激起大規模的流民起義。

　　漢興年號錢誕生後，南北朝時期，曾鑄行過若干年號錢，到西元666年唐高宗的「乾封元寶」開始，鑄行年號錢終於成爲沿行不替的傳統，一直延續到民國時期。年號錢從它誕生之日起便帶有濃重的政治色彩，歷代統治者的目的完全是爲了「布正朔，宣威德」，鞏固自身的封建統治。從宋開始，鑄錢明明要賠大錢，統治者還是堅持要鑄行年號錢，其完全出於政治上的需要。中國古代的年號錢共有一百六十多個，其中兩宋鑄有四十五種年號錢，約占了三分之一。

　　鑄行年號錢的風氣也波及農民起義建立的政權。北宋的王小波、李順鑄行過「應運元寶」，元末的陳友諒鑄行過「大義通寶」，朱元璋鑄行過「大中通寶」，明末的李自成鑄行過「永昌通寶」等。農民起義軍鑄行年號錢，在經濟上有利於解決當時財政上的燃眉之急，在政治上有利於宣揚自己的合法性。與此同時，我們也不能不看到農民政權用這種方法來顯示自己的正當性，從思維方式和具體措施來講，跟原來的統治者並無二致，正由於此，決定了農民起義軍最終必然將重蹈革命對象的覆轍，要麼失敗，要麼演變爲一個新的封建政權。

　　年號錢的鑄行增加了貨幣的發行量，客觀上促進了商品的流通和社會經

陳友諒「大義通寶」　　　　朱元璋「大中通寶」　　　李自成「永昌通寶」

徐壽輝「天啓通寶」　　　　　　　　　　　明代「天啓通寶」

濟的發展，也大大豐富了古代的貨幣發展史。與此同時，我們不能不看到，年號錢的鑄行有時往往成爲封建統治者聚斂財富的一種手段，成爲老百姓的新負擔，並造成社會經濟的混亂，這在明朝特別明顯。明世宗嘉靖大鑄嘉靖錢，規定政府機關稅收時只收嘉靖錢，上行下效，民間也只收用嘉靖錢。以後，只用在位皇帝年號錢的風氣盛行。萬曆時，已有人指出：「（嘉靖時）其舊錢及洪武、永樂、宣德、弘治諸錢皆廢矣。未幾易以隆慶，又未幾易以萬曆，每一更易之際，列肆兌錢者資本一日消盡，往往吞聲自盡，而小小市販輩皆虧折其母錢。」由於年號錢的地位極不穩定，人們握在手中往往提心吊膽，生怕皇帝一旦死去，自己的財產將遭受損失。

每一枚年號錢的背後往往都隱藏了一個或喜或悲、或辛或酸的歷史故事，底下介紹其中的三則故事。

其一，兩個「天啓」年號錢的故事。

元朝末年，徐壽輝領導的農民起義軍在蘄水（今湖北浠水）建立政權，國號天完，年號治平，後又改爲天啓，並鑄行了「天啓通寶」錢。西元1620年，明熹宗即位，正準備建元，恰好在司鑰庫所存的古錢中發現了大小數枚天啓通寶。司鑰庫不知是哪個朝代的錢幣，便送呈給熹宗。熹宗朱由校問遍大臣，歷史上誰用過天啓年號？誰知當堂的大臣們竟對前朝末年的歷史一無所知，瞠目結舌，沒有一個說得清楚。有人爲此寫詩譏諷說：「少府呈錢次第看，重出年號何曾見；當朝宰相不讀書，徐鑄天啓無人辨。」第二天，熹宗的乳母客氏入見熹宗，妄說這是天降祥瑞，是錢源不絕的預兆。就憑乳母這麼一句荒誕不經的話，熹宗一高興，下詔第二年爲天啓元年，鑄行「天啓通寶」。由此，中國古代歷史上便有了兩種天啓年號錢。

　　明代天啓錢鑄行不久便爆發了李自成領導的農民大起義，熹宗天啓年號錢的誕生經過，實際已預示了明王朝的滅亡。

　　其二，關於李自成與「永昌通寶」的故事。

　　西元1644年（農曆甲申年）三月正午，李自成頭戴笠帽，身穿青衣，騎著烏駁馬，氣宇軒昂地進入北京，他的身後是林立的刀槍劍戟和高高飄揚的大順旗幟，宣告了明王朝的終結和一個新時代的開始。此前兩個月，李自成在西安已建立了大順政權，並鑄行永昌通寶，以後還多次鑄行。永昌通寶小平錢和折五大錢傳世出土頗多，小平錢的版別多達約二十種，可見當年鑄行的規模十分可觀。

　　李自成進入北京僅一個多月，吳三桂「沖冠一怒爲紅顏」，引清兵入山海關，李自成不得不撤軍西走，在其後一年多的時間裡轉戰陝西、湖北，最後在湖北九宮山遭到當地民團的襲擊身亡，一場驚天動地的農民起義漸漸偃旗息鼓。在這過程中，永昌通寶一直伴隨著李自成的農民起義軍在起義地區流通。近代以來，在陝西、河南、青海等地多次發現鏽跡斑駁的永昌小平錢，反映了永昌通寶是李自成起義軍轉戰各地的重要經濟支柱，也見證了李自成起義軍曾經擁有的短暫輝煌，同時它又與郭沫若先生的《甲申三百年祭》一起，促使後人去思考，爲什麼曾經爲人民開了大門翹首以盼的李闖王，竟會像流星一樣在歷史的天空一劃而過？

　　其三，短命的祺祥錢與晚清宮廷政變的故事。

　　西元1861年8月22日，咸豐皇帝在熱河行宮的病榻上，詔託肅順等八大臣爲顧命大臣，輔佐六歲的太子繼位，不久便一命嗚呼。戴淳繼位後八大臣主政議事，取年號爲「祺祥」，同時開始鑄行年號錢。戴淳的生母西太后慈禧不甘寂寞，拉攏奕訢等，聯絡掌握軍權的僧格林沁，於同年11月1日發動軍事政變。慈禧以小皇帝名義發布上諭，羅織了八大臣的罪狀，將肅順推到菜市口斬首，賜戴桓、端華自盡，其餘五位大臣或革職或充軍，由此西太后垂簾聽政，執掌了朝廷的實權，並改年號祺祥爲同治。「祺祥」年號錢從鑄行到廢止，歷時僅四個月。伴隨著祺祥錢的黯然退場，開始了慈禧將近半個世紀的統治。恰恰是這半個世紀，中國歷史上寫滿了屈辱和辛酸。

祺祥重寶

12 貨幣：民族融合的見證

——從新視角來看貨幣

貨幣從誕生之日起，就在古代社會發展過程中扮演了一個十分獨特的角色。它既是社會發展的助推器，同時又是社會發展的見證。在中國這個多民族國家形成發展的過程中，貨幣同樣是不可多得的歷史見證。

西元前221年，秦皇朝的建立標誌了東方世界第一次實現了統一。不過，當時的政權並未能對周邊的少數民族，特別是北方地區的少數民族實現有效的統治。在其後兩千年的歷史中，經過多次統一和分裂的較量、和平與戰爭的博弈，中原地區的漢民族與周邊的少數民族最終從相互的共同利益出發，泯滅恩怨，逐漸走向融合，促進了中華民族大家庭的建立。

魏晉南北朝是秦以來的第一次大分裂時期，歷史的發展有時恰是反向相成，南北間的暫時分裂，卻促進了民族間的融合。當時在北方先後建立的北魏、北齊、北周等政權，都是由北方地區的少數民族進入中原以後建立的。這些少數民族入主中原地區以後，在帶來一股生氣和活力的同時，又無不認同了更為先進的漢文化，紛紛推行漢化政策，其中以北魏的孝文帝最為典型。北魏是由鮮卑族建立的政權，孝文帝執政以後，將北魏的首都由山西大同遷到中原心臟地區洛陽，他還發布命令改用漢姓、漢語、漢服，下令學習南朝的官制禮儀，全方位汲取漢族的先進文化，其中一項重要措施便是比照漢政權的傳統鑄行錢幣。孝文帝先後鑄行了「太和五銖」和「永安五銖」，

| 北周三泉 | 北周三泉之一：
北周布泉 | 北周三泉之二：
五行大布 | 北周三泉之三：
永通萬國 |

孝文帝還允許民間鑄錢，將官員的俸祿也由絹改爲錢。這些措施順應了中原地區恢復發展社會經濟的需要，也有利於鮮卑族社會的進步。北魏之後的北齊和北周都鑄行了自己的貨幣。其中以北周鑄造的「北周三泉」最爲著名：「布泉」、「五行大布」、「永通萬國」。正是因爲這三種錢幣製作精美，才被稱爲北周三泉（見左頁圖）。

　　布泉是仿照王莽的布泉，但錢文則由王莽的懸針篆改爲豐腴圓潤的玉箸篆。所謂玉箸篆是指筆畫兩頭肥瘦均勻，末端不出筆鋒，猶如玉箸。五行大布用的也是玉箸篆。永通萬國的錢文用的則是從玉箸篆中脫穎而出的鐵線篆，筆畫細硬如鐵，首尾如線，十分可愛。北周三泉的問世，說明進入中原地區的鮮卑貴族已完全融入了中原地區的傳統文化，甚至大有青出於藍勝於藍的趨勢，民族間的融合揭開了新的篇章。

　　五代十國是中國歷史上又一個分裂時期，宋雖然實現了統一，但它的有效統治僅局限於長城以南的中原地區；長城以北的廣大地區由契丹、党項、女眞等少數民族所建立的遼、西夏、金等所控制，與宋遙相對峙。這種對峙非但沒有阻斷民族間的交往和融合，反而促進了這種交往和融合。活躍於對立雙方統治地區的貨幣便是最好的見證，如「開元通寶」在宋和遼、西夏、金廣泛流通。

　　建立遼國的游牧民族契丹生活在遼河流域，在正式建國之前，已仿照漢制，鑄造錢幣，其中有一種所謂契丹文大錢「大泉五銖」，錢文生拙難辨，箇中原因是由於契丹本無文字，便以漢文字任意增加或減少筆畫，而鑄就的一種奇異錢文。這恰恰說明，契丹在其正式建國之前早開始了漢化的過程。西元916年，耶律阿保機建立遼，隨即鑄行了遼的第一種年號錢「天贊通寶」。其子耶律德光繼位後，所鑄行的年號錢「天顯通寶」，工整自

五代十國「開元通寶」

遼代「大安元寶」

然，古樸可愛。據統計，遼存世一百七十八年，先後經歷八帝，共鑄行年號錢十九種，如「大安元寶」與「乾統元寶」等。

據有關專家研究，遼所鑄的錢，數量不多，主要不是為了流通，而是為了顯示自身統治權力，其境內大量行用的還是唐宋錢。無論是行用唐宋錢幣，還是按照唐宋的傳統模式鑄造錢幣，都反映契丹民族對漢傳統文化的推崇和認同。這說明儘管雙方當時還處於對立和戰爭的狀態，但民族間已經湧動著交流融合的潮流。

西夏是由羌的一支党項族建立的政權，在西北地區（今陝西、寧夏一帶）與宋對峙。在西夏存世的一百九十年中，與宋的戰事不斷，但民族間的交流、學習、融合，一直是一種不可阻遏的潮流。党項是個十分善於學習的民族，其仿照北宋建立了整套統治機構，還重用漢族的知識分子，積極吸收漢文化的精華，在經濟方面則依照漢制鑄行貨幣。現傳世的西夏貨幣有：福聖寶錢、大安通寶、貞觀寶錢、元德通寶、乾祐寶錢、天慶寶錢等。錢文既有西夏文的，也有漢文的。其中大安通寶和元德通寶為漢文錢。大安年間鑄行的大安通寶，錢文「大安」用的是楷書，「通寶」用的則是隸書，形制可與中原的銅錢比美，顯示了很高的工藝水準。其後鑄造的貨幣越來越精整規矩，頗得貨幣鑄造技術的精髓，反映了党項族的漢化已經達到較高的水準。

西夏「大安通寶」

金章宗「泰和通寶」

　　起源於白山黑水間的金是由女眞人建立的政權，統治東北地區長達百多年。金十分注意對漢文化的學習吸收，它的漢化程度遠在遼和西夏之上，這在貨幣的鑄造上也得到充分的反映。西元1115年女眞首領完顏阿骨打建立了金，但金在相當一段時間並沒有鑄行貨幣，而是採取拿來主義，在境內繼續使用宋、遼的銅錢，這反映了金對於敵對政權在經濟文化上的一種主動認同。一直到西元1158年，金才鑄行了第一枚年號錢「正隆元寶」。金的貨幣，不鑄則已，一鑄便出手不凡，出了不少精品，其中以金章宗時鑄行的貨幣尤負盛名。

　　金章宗極其喜愛漢的傳統文化，特別是漢的書法和繪畫，他專門設立了書畫院。金章宗本人潛心模仿宋徽宗的瘦金體，可稱惟妙惟肖、逼眞傳神。他爲晉代顧愷之的《女史箴圖》所寫的跋，用的便是瘦金體。金章宗執政期間，積極推行漢化政策，還制定禮樂、修訂法律、推行科舉、修建孔子廟等。金章宗時鑄行的貨幣也反映了他對漢文化的摯愛，他在泰和四年（西元1204年）鑄行了「泰和重寶」和「泰和通寶」。

　　泰和重寶是當十大錢，該錢體態渾厚，製作精美。面文爲玉箸篆書，由著名書法家党懷英書寫，字體灑脫典雅，清純俊秀，給人有不能增損之感。泰和通寶傳世有小平、折二、折三、折十四種，面文皆爲楷書，爲瘦金體，應是金章宗親自所書，錢文章法華美，端莊精湛。金章宗把錢幣與藝術融爲一體，達到了新的境界，這是他注意吸取宋錢優點的結果。金章宗的貨幣因此與王莽的貨幣以及宋徽宗的貨幣，被同稱爲中國貨幣鑄造史上的三絕。

　　遼、西夏、金所鑄造的貨幣充分說明，五代十國以來中國歷史上雖處於又一個分裂時期，但實際上卻醞釀著民族融合的又一次高潮。

八思巴文「大元通寶」　　　　　　　　背鑄梵文「大元通寶」

元結束了五代十國以來的分裂，實現了中國歷史上的又一次大統一。蒙古族建立規模空前的多民族大帝國的過程，實際是民族間不斷融合的過程，元統一以後，民族融合的趨勢得到進一步發展。元統治者明白馬上能得天下，馬上卻不能治天下。他們學習漢法，提倡文治，任用漢族官僚和知識分子定朝儀、制禮樂、設學校、建官制、獎勵農桑、興修水利等，對各民族的文化也採取兼容並蓄的態度。北京居庸關雲臺的券洞壁上有一元代的石刻，上面用了梵文、藏文、漢文、西夏文、維吾爾文、八思巴文等六種文字。元代的錢幣也兼容多種文字，如刻有八思巴文的「大元通寶」與背鑄梵文的「大元通寶」。

元代詩人「胡人有婦解漢音，漢女也解調胡琴」的詩句正反映了這種民族間文化的交流。元代至元年間鑄行的「至元通寶」也反映了這一趨勢。至元通寶的正面為「至元通寶」四個漢字，其背面的「至元通寶」則由四個不同民族的文字組成，據錢幣學家彭信威研究，分別是蒙文的「至」、女眞文的「元」、回文的「通」、西夏文的「寶」，也有專家提出別的解釋，但對屬於不同民族的文字這一點沒有任何疑義。至元通寶錢文的這一表示方法，是對各民族的尊重，是民族融合的一個重要標誌。

由滿族建立的清是中國歷史上又一個少數民族建立的政權，滿族是一個漢化程度相當高的民族，大清王朝的建立實際標誌了多民族國家的最終形成。大清的錢幣也反映了這一點，無論是入關前鑄行的年號錢「天命通寶」，還是入關後鑄行的年號錢「順治通寶」等，與前朝鑄行的錢幣毫無二致。清雖然是中國銅錢鑄造史上的尾聲，但無論它的鑄造技藝，還是書法藝術等，都是銅錢鑄造史上的瑰麗篇章。

13 錢幣：中外經濟文化交流的見證

　　貨幣作爲社會發展過程中最活躍的因子，在中國古代與周邊各國經濟文化交流過程中發揮了重要的作用，常常成爲各國經濟文化交流的先鋒。與此同時，在雙方交流的過程中，各國的貨幣相互影響，在形制、錢文以及製造方式等方面都烙上了對方的印記，由此促進了貨幣自身的發展，使得流傳至今的貨幣長卷更加豐富、更加燦爛。

與中亞的交流留在貨幣上的印記

　　中國與中亞各國在經濟文化上的交往源遠流長，西漢的張騫和東漢的班超兩次出使西域，開通了與中亞、西亞地區的聯繫，並從此誕生了一條充滿傳奇色彩的絲綢之路。絲綢之路的主角無疑是絲綢，絲綢等商品在流通中卻離不開貨幣。而陪伴著絲綢之路上商隊繁忙的腳步，中國古代的貨幣尤其是西部地區的一些貨幣，由於長期浸染於西風西雨，不由深深帶上了中亞等地區的印記，成爲中國古代貨幣領域裡的奇葩。最有代表性的就是「和闐馬錢」與背鑄梵文的「大元通寶」以及「伊藩吉昌」錢。

　　和闐馬錢是中國新疆地區鑄行最早的貨幣，它有兩點值得注意：其一，中國古代的錢幣基本都是澆鑄的，和闐馬錢則是沖製的，而古羅馬的錢幣也是沖製的，和闐馬錢的製作工藝明顯受到古羅馬的影響；其二，和闐馬錢的錢文有兩種文字組成，一種是漢文，通常爲「六銖」、「銅錢重二十四銖」，另一種文字，經專家研究確認是佉盧文，這是一種當時流行於和闐一帶的文字，因此和闐馬錢又被稱爲「漢佉兩體錢」。和闐馬錢的鑄行時間大約在東漢後期至魏晉南北朝時期，它的誕生，顯然與絲綢之路的開闢分不開，是中國古代與中亞地區經濟文化交流的結晶。

　　背鑄梵文的大元通寶是元代鑄行的貨幣。元代是由蒙古族建立的多民族朝代，蒙古族入主中原後，強制推行不兌換的寶鈔制，紙幣成爲基本的貨

幣制度。元代偶爾也鑄行銅錢，但
數量很少。元代銅錢錢文的讀法、
文字等出現了一些新特點，有的錢
上鑄有蒙、漢兩種文字，有的錢文
爲八思巴文，反映了多民族共處的
現實景況。值得一提的是，有一種
正面爲漢文、背面爲梵文的大元通
寶。梵文是古印度的文字，這種特
殊的大元通寶的鑄行，反映了元朝
和古印度之間經濟文化上的交流十
分頻繁，很顯然其正是爲順應雙方
交流的需要而誕生的。面對著大元
通寶上的梵文，我們似乎看到了當
年在絲綢之路上不停奔忙的兩國商
隊，似乎聽到了常年叮噹作響的悠
長駝鈴聲。

　　「伊藩吉昌」錢的形制與大
元通寶相近，錢文爲眞書，挺拔
俊秀，類似北宋書法家黃庭堅的字
體。多數專家認爲伊藩吉昌錢是元
代時伊兒汗國的貨幣。

　　成吉思汗建立的蒙古帝國到
他的孫子們時最後定型。元帝國爲
大汗轄區，此外，還有服從大汗宗
主權的四個相對獨立的汗國：欽察
汗國、察合臺汗國、窩闊臺汗國和
伊兒汗國。伊兒汗國是由成吉思汗
孫子旭烈兀西征後建立的，東濱阿
姆河，西臨地中海，北臨裏海、黑
海、高加索，南至波斯灣，以中
亞、西亞爲中心，地跨歐、亞兩

「伊藩吉昌」錢

洲，境內農業發達，商業和手工業
也很繁榮。伊兒汗國與元朝一直保
持密切的關係，伊藩吉昌錢的形制
和錢文反映了伊兒汗國受中原地區
的影響很深。伊藩吉昌錢在中國內
地屢有發現，反映了元與遙遠的伊
兒汗國當時在經濟上的交往和聯繫
十分頻繁。

深受中國影響的東亞諸國貨幣

　　東亞的日本與朝鮮，跟中國是
一衣帶水和一江之隔的近鄰，自古
以來雙方在經濟文化上的聯繫和交
往十分密切，並且在交往中互相學
習借鑑，促進了各自社會的發展。
雙方的貨幣是這種聯繫、交往、學
習、借鑑的最好見證。

　　首先來說說日本的「寬永通
寶」。中國古代的銅錢對日本的影
響很大，日本鑄行的銅錢無論在形
制、名稱還是錢文上，都與中國差
不多。比如，日本的銅錢幾乎也都
稱作通寶、大寶、元寶、神寶等，

日本「寬永通寶」

日本也有中國的年號錢，有些甚至錢的名稱亦一模一樣，如日本也有開元通寶、乾元重寶等。有一段時間，日本從中國引進了大量的銅錢。元代，日本爲了建造天龍寺，就曾多次派遣商人持黃金來中國換取銅錢，甚至規定派來中國的商船，不管盈虧，回去每船均須繳納銅錢五千貫。當時揚帆渡海來中國換取銅錢的日本商船絡繹不絕，成爲一道獨特的風景。

日本銅錢中「寬永通寶」是鑄造數量最大、持續鑄行時間最長、版別最多的一種錢幣。它始鑄於寬永三年（西元1626年），西元1636年開始大量鑄造。

寬永通寶的輪廓端正，錢文較細，形制等與當時中國明代的銅錢十分相近。隨著中、日兩國間的貿易交往，寬永通寶大量流入中國，在某些地區還成爲一種流通貨幣，其數量之多，甚至超出了某些明代錢，中、日兩國在經濟上聯繫之密切，從中可見一斑。

再來看看朝鮮的「常平通寶」。中國與朝鮮的經濟文化交流源遠流長，朝鮮各地出土有不少中國戰國時期的明刀錢，表明早在兩千多年前，兩國的經濟交往就已經相當頻繁。由於缺乏銅、錫等資源，朝鮮在西元十世紀前從未鑄過錢幣，大額交易用白銀，日常交易以米和布作爲中介，間或使用中國的銅錢。隨著社會經濟的發展，對貨幣的需求越來越迫切，西元996年，朝鮮仿照中國的銅錢開始鑄行「乾元重寶」，由於數額很少，遠不能滿足需要。西元1223年，宋朝出使高麗的使者徐兢在開城看到，市場上仍是流行實物交換。直到西元1633年李朝仁祖時，才開鑄常平通寶。其後歷朝均有鼓鑄，數量

朝鮮「常平通寶」

頗大，版別甚多。常平通寶如同中國的「五銖錢」和唐代的「開元通寶」，既不是國號錢，也不是年號錢，其大小輕重適宜，民眾樂用，行用達兩百年之久。常平通寶受中國的影響十分明顯，常平的名稱便富有中國特色，寓有平抑市場和物價的意思。它的鑄造方法越過了範鑄的階段，直接引進了中國當時母錢翻鑄的技術，製作精美，可與中國同時期的銅錢媲美。常平通寶在中國多有發現，甚至它的母錢也流入中國，反映了當時中、朝兩國的經濟文化關係之緊密。

中國古代貨幣的翻版：安南貨幣

安南（今越南）在古代與中國經濟文化的交流同樣是源遠流長。古代安南的貨幣幾乎是中國古代貨幣的翻版，通寶、元寶、大寶等稱呼應有盡有，年號錢、國號錢也是一樣不少，有些年號錢讓專家們也一時犯了迷糊。安南的「天啓永寶」錢等就曾讓有關的錢幣專家忙活了好一陣子，才弄清楚它的原委。

元末的紅巾軍領袖徐壽輝建立的政權曾經以「天啓」作為年號，還鑄行了「天啓通寶」。時隔兩百多年，明熹宗朱由校即位時在國庫中發現「天啓」錢數十枚，滿朝大臣無一知曉其來歷。乳母客氏聞訊入見，妄稱天降嘉瑞，是財源不竭之徵兆。朱由校聞言信之，決定第二年（西元1621年）改元「天啓」，並鑄天啓通寶錢。中國歷史上由此出現了兩種天啓通寶，昏庸無知的明熹宗及其大臣們由此成為後人茶餘飯後的笑料。誰知後世又出現了兩種天啓錢：「天啓永寶」和「天啓正寶」。有些專家沿著徐壽輝和朱由校曾經發生的故事，希望能有類似的新發現，結果是費盡心機，無功而返。最後，錢幣專家馬定祥老先生等根據《東亞泉志》提供的線索，從周邊鄰國去查找，由於天啓永寶和天啓正寶的「寶」字均是簡寫的，而這正是明清之際安南的習俗，由此推斷天啓永寶和天啓正寶應是安南的貨幣。再查安南的貨幣史，果然不錯，最終為天啓永寶和天啓正寶找到了真正的娘家。天啓永寶、天啓正寶跟錢幣專家所開的玩笑，恰恰反映了中國古代與安南曾經有過的密切聯繫與交往。

第三章

錢幣上的書法藝術

大觀通寶

錢幣書法春秋

——小舞臺上的大藝術

秦半兩（小篆體）

　　中國古代的錢幣從春秋戰國開始就鑄有文字，或表示貨幣的名稱和種類，或表示貨幣的稱量，或表示貨幣鑄行的年代，這一現象前後持續了兩千多年，一直到清代末年才宣告結束。把兩千年來的銅錢排列起來，銅錢上的文字篆、隸、楷、行、草體應有盡有，百花齊放，各臻其妙，無疑是一部生動的書法演變發展史。

　　春秋戰國時期，青銅鑄造的布、刀、圓、蟻四大錢幣相繼問世，錢幣上有大量的文字，文字書體保留了「金文」、「甲骨文」等的風韻。這些錢文反映當時文字書寫已注重章法和布局，開始講究字體的形態美。

　　秦統一至西漢早期，書體流行的是小篆，這在錢幣上也有所體現，如有些秦半兩就是刻小篆體。小篆是秦始皇統一中國後對大篆體改革創新的成果，其對漢字的規範發展起了重大作用。秦始皇鑄行的秦半兩就是用小篆書寫的，字體狹長，勻圓柔整，雄豪有力。

　　漢代盛行隸書，但是由於錢幣書法的滯後性，兩漢四百多年間，錢幣書法基本上仍以小篆為主，至漢文帝前元五年的「四銖半兩」筆畫才由圓折轉為方折，隸書的筆法初見端倪。篆書在王莽的錢幣中達到了高峰，王莽用懸針篆書寫的貨泉、布泉等為錢幣中的珍品。

　　三國時期的錢幣書法開始出現篆、隸並用的趨勢。蜀國早期所鑄「太平百錢」有篆、隸兩種，其後來所鑄「定平一百」全為隸書。三國中魏、吳兩國的錢幣還是用篆書，不過篆書錢文變得粗壯有力，一改原來纖細秀美的風格。

　　南北朝是中國錢幣書法史上的一個轉折點，從秦到南北朝，錢文多用篆書，而南北朝以後則多用隸書和楷書。

　　唐朝是隸書最輝煌的時期。唐朝初年高祖鑄行的「開元通寶」為初唐書

王莽布幣（懸針篆書）

三國・蜀「太平百錢」（篆體）

唐初「開元通寶」　　　　　　北宋「靖康元寶」隸書　　　　　　南宋「建炎重寶」篆書

法家歐陽詢用隸書（八分書）所寫，其中含有楷體的意蘊，雍容華貴。「開元通寶」的鑄造前後持續了三百年，對後世影響深遠。

　　宋朝的三百年間，錢幣書法藝術達到鼎盛時期。北宋錢幣上的文字，篆、隸、行、眞（繁體正楷）、草幾乎無體不備，爭奇鬥豔，各領風騷。雖然從書法發展史看，宋朝的書法藝術成就遠遜於唐代，但其錢文書法藝術卻是唐朝所無法比擬的。隸書如「靖康元寶」、「太平通寶」等，延續唐風遺韻，發展到了極致。篆書藝術則進入最後一個高潮期，可稱絕唱，誕生了一批精品，如「建炎重寶」等。特別是宋徽宗的「瘦金體」（又稱「鐵線書」），鐵畫銀鉤，遒勁有力，體勢舒展，爲宋代的錢幣書法藝術添上了靚麗的一筆。

　　到了金代，篆書在錢幣上仍占有一席之位，如金章宗鑄行的「泰和重寶」。

金代「泰和重寶」篆書　　　　　元代蒙文「元貞通寶」母錢

　　元朝以紙幣爲基本貨幣制度，錢幣藝術進入一段蕭條期，但也出現一部分文字深竣、鑄工精美的錢幣。如刻有蒙文的「元貞通寶」與漢文「大朝金合」、「至正通寶」。

　　明清兩代，紙幣大量被使用，白銀廣泛流通，銅錢淪落爲賤金屬，鑄量遠遠小於宋錢，逐步走向衰落，錢幣書法藝術也漸漸被冷落。西元1840年鴉片戰爭爆發後，隨著先進的機製幣技術的引進，傳統鑄幣技術走向末日，與此相聯繫的錢幣書法藝術也終於走到了盡頭。

　　在中國錢幣書法發展史上有幾種書體影響重大，值得一書。

　　其一，**小篆**。小篆是秦始皇統一六國以後，實行「書同文」，所推出的一種字體。小篆源自於大篆，當時由丞相李斯等人經過對大篆的「或頗省改」，所創造的一種

新字體。小篆點畫均爲線條，粗細一致，圓起圓收，字體偏長，勻圓齊整，疏密得當，勁健有力。秦始皇在巡行全國過程中，用小篆刻石於嶧山、泰山、琅琊、芝罘、碣石等處，在宣揚秦王浩浩皇權的同時，意在全國加緊推廣普及小篆。

　　秦始皇鑄行的秦半兩的「半兩」錢文，由著名書法家丞相李斯用小篆書寫，體式修長，遒勁有力，並由此開啓由書法大家書寫錢文的先河。李斯是秦代著名的政治家，對秦的統一及其大一統封建政治制度的建立做出了不可磨滅的貢獻。他的書法造詣也極受後人推崇，秦始皇留在嶧山等地的石刻相傳均爲李斯所寫。可惜的是，秦始皇死後，李斯屈從於趙高篡權，導致了秦皇朝二世而亡，他本人最終亦落了個被腰斬的下場，是一個不折不扣的悲劇人物。當我們面對秦半兩上俊秀的小篆「半兩」錢文之

元代「大朝金合」　　　　　　　　元代「至正通寶」

時，禁不住對李斯的一生感嘆唏噓。

其二，**懸針篆**。懸針篆是小篆的分支，見於王莽時期所鑄造的貨幣之中。王莽時製作的錢幣極爲精緻，可與機製的錢幣媲美。其貨布、布泉上的篆體文字末尾尖如懸針，圓如垂露，故稱懸針篆。整個字體線條細長，工整纖秀，用筆變化多樣。杜甫對懸針篆有很高的評價：「仰看垂露姿，不崩亦不騫。」意思是懸針篆的筆觸好比垂露欲滴未滴，收放自如，恰到好處。王莽的懸針篆錢幣和宋徽宗錢幣、金章宗錢幣被稱之爲中國古錢的三絕。面對王莽的懸針篆貨布以及他的其他精美貨幣，對照王莽混亂的幣制和鬧劇般的改制，不由讓人深深感嘆歷史的複雜和多樣。

其三，**八分書**。八分書是漢隸的別稱，是篆書向隸書演變過程中的一個重要里程碑。魏晉時已出現楷書，爲有別於篆體，人們沿襲先例仍稱之爲「隸書」，由於漢代隸書的筆畫有波折，爲相區別，遂將漢隸稱「八分書」。「八分」者，言其「字方八分」，又似「八字分散」，其筆勢如八字「左右分布相背然也」。唐初的開元通寶便是由大書法家歐陽詢用八分書書寫的。

「開元通寶」是中國錢幣發展史上一個十分重要的轉折點，儘管它仍沿用外圓內方的形制，但它結束了以重量命名錢幣的做法，改成「通寶」、「元寶」、「重寶」等；開元錢每十文重一兩，帶起了後世關於「一文錢」的叫法；開元錢還爲後世奠定了銅幣鑄造的基本成色標準。開元錢的誕生，標誌了五銖錢時代的結束，由此打開了中國錢幣發展史上的新時代。以開元通寶爲標誌，中國古代的錢幣書法也發生了重要變化。開元通寶之前，錢文幾乎是小篆獨領風騷，由開元通寶開始則變爲隸書和楷書。歐陽詢的書法特色可用「險勁」二字來概括，用筆凝重沉著，轉折處乾淨俐落，結構緊湊，在雍容大度中又現險勁，「歐體」因此成爲中國書法史上有重要影響的一大

流派。歐陽詢用八分書書寫的「開元通寶」氣宇軒昂，加上其製作精良，不由讓人懷想起大唐帝國的昔日雄風。

其四，**瘦金體**。瘦金體是宋徽宗趙佶對前人書法學習創新的成果。宋徽宗是中國歷史上可數的幾個政治昏庸卻又多才多藝的帝王之一。其在位期間，重用奸臣，大肆搜刮民財，荒淫無度。專門搜刮奇花異石的「花石綱」便是他的傑作。宋代的方臘、宋江起義就發生在徽宗統治期間。面對金的南下，他先是與金訂立盟約，企圖將禍水引向遼國。待到金打到家門口，他又一躲了之，傳位於趙桓（欽宗）。靖康二年，他與欽宗一同被金兵俘虜，書寫下宋史上的恥辱一頁——靖康之變。其對北宋社會的影響有詩為證：「隨營木佛賤於柴，太樂編鐘滿市排，擄掠幾何君莫問，大船渾載汴京來。」宋徽宗在金羈押了九年，受盡侮辱，最後客死他鄉。他曾寫詩反映在俘虜營裡的淒涼生活：「徹夜西風撼破扉，蕭條孤館一燈微；家山回首三千里，目斷山南無雁飛。」宋徽宗在書畫領域裡不比治國，倒有頗多建樹，他擅長行、草、楷書，瘦金體更是一絕。其瘦金體將書、畫兩者糅合，寫字如畫蘭竹，運筆犀

利挺勁，輕落重收，撇如匕首，撩如切刀，堅鉤如鑄，當代大書法家啟功的書法與之頗為相近。清代的王文治曾寫詩讚嘆宋徽宗：「不徒素練畫秋鷹，筆態沖融似永興（唐代大書法家虞世南官至永興公），善鑑工書俱第一，宣和太子太多能。」宋代的「大觀通寶」、「崇寧通寶」等皆為宋徽宗用瘦金體所書，是歷代貨幣收藏家和書法家喜愛的珍品。

今天當我們欣賞著大觀通寶上宋徽宗熠熠生輝的瘦金體時，耳邊卻不由響起了他在北國荒原寒風中悲愴的吟詩聲。如果宋徽宗像歐陽詢那樣畢生鍾情於書畫，那麼中國歷史上將會多一位傑出的書畫家，北宋也可能將因此免去一場可怕的浩劫，可惜歷史不能假設，遑論從頭再來。

大觀通寶（瘦金體）

2 北宋的御書錢與錢文書法的輝煌

宋代是中國古代貨幣發展史上的輝煌一頁，它所鑄行的錢幣數量和種類是歷代之最；它在鑄行銅錢的同時，鑄行了大量的鐵錢，宋代還誕生出中國古代的第一張紙幣。特別是宋代錢文的書法藝術達到了有史以來的巔峰。在小小不足方寸的錢幣上，眞書、行書、草書各種書法爭奇鬥豔，當時一大批書法名家投身於錢文書法這一園地，在這一園地裡甚至還出現了帝王的身影。帝王們書寫的御書體錢文，成爲宋代錢文書法中的奇葩，並以其特有的影響力推動了宋代錢文書法藝術的發展。

宋太宗趙光義（趙炅）是御書體錢文的首創者。宋太宗趙炅是宋太祖趙匡胤的弟弟，於西元990年繼位。宋太宗篤愛書法，十分重視收集整理古代書法作品，宋淳化三年（西元992年），他命翰林侍書學士王著將當時宮廷所收藏的歷代書法精品彙編成冊，取名《淳化閣帖》，作爲學書者的法帖。

《淳化閣帖》收錄了先秦至隋唐一千多年來的書法墨跡，包括帝王、臣子和著名書法家等一百零三位的四百二十篇作品，被後世譽爲中國法帖之

《淳化閣帖》

冠和「叢帖始祖」。《淳化閣帖》的編纂是中國書法史上的一件盛事，對於整理、保存、弘揚書法藝術的作用非比尋常。宋太宗自己也是潛心翰墨，習書十分刻苦。有這樣一個故事，宋太宗寫了字，便叫人給王著看，王著幾次都說：「未盡善也。」宋太宗並不介意，只更加勤於臨書。有人認為王著的做法太過分，王著解釋：「主上始攻書，驟稱其善，則不復留心。」過了很久，見到宋太宗的書札，王著才予以肯定：「功已至矣，非臣所能及。」大書法家米芾對宋太宗的書法有很高的評價，稱其為：「真造八分，草入三昧，行書無對，飛白入神」，是「草書冠絕」。淳化元年（西元990年），鑄行「淳化元寶」，宋太宗親自用真（楷）、行、草三種書體書寫淳化元寶的錢文，成為第一位書寫錢文的帝王。

有人稱淳化元寶上的御書錢文，其真書（楷書）隱含隸意，行筆沉著穩健，渾厚端莊，筆力含蓄。行、草二體點畫飛動，筆走龍蛇，暢達俊逸，張弛有致，如駿馬馳騁。觀其錢文，尤見窈窕淑女，舞姿嫵媚，豐腴遒勁，令人回味無窮。宋太宗御書的淳化元寶，在當時便名揚四海，被視為珍品。淳化時有個叫王元之的官吏，被免職之

淳化元寶（草書）　　淳化元寶（楷書）

後，困頓之間，還因口袋中僅剩的淳化元寶而感到欣慰。他寫詩道：「謫官無俸突無煙，惟擁琴書盡日眠。還有一般勝趙壹，囊中猶貯御書錢。」趙壹是東漢的名士，拒絕為官，一生清貧。王元之以名士自比，但又不甘清貧，便在御書錢上尋找安慰。王元之的詩句無意中說明了御書錢的價值確實非同一般。

宋太宗之後，宋徽宗的「瘦金體」御書錢更是為宋代的錢幣書法藝術增添了新的輝煌。身為皇帝，宋徽宗不善治國，他屏棄忠良，任用奸佞，最終國破身辱，客死他鄉，給國家和人民帶來了一場莫大的災難。作為一個文人，宋徽宗又不愧是個才華橫溢的藝術大師，金石、書畫、辭賦、聲歌、吹彈可謂無不精通。他在位時廣收古物和書畫，擴充翰林圖畫院，並讓人編輯《宣和書譜》、《宣和畫譜》、《宣和博古圖》等，大大地推動了當時繪畫藝術的發展。他用瘦金體

書寫的「大觀通寶」、「崇寧通寶」等錢文，鐵畫銀鉤，纖細挺秀，別具一格，不失爲宋代錢文藝術中的瑰寶。近代錢幣鑑賞家張可中先生給予了極高的評價，稱之爲「範各一體，體各一態，或如美女簪花，自然窈窕，或如天女織錦，色彩斑斕。若宣和、政和、大觀、崇寧、聖宋、重和等，摩不骨秀格清，令人意遠，吾人收羅此泉數百種，陳覽於綠窗綺几之間，直無異展開一部瘦金字帖也」。

宋徽宗對錢幣的鑄造亦頗用心，崇寧四年（西元1105年）特制定了錢綱驗樣法，規定鑄錢要「赤仄（側）烏背，書畫分明」，赤仄是以紅銅爲外緣，以防盜鑄。後來還頒行了《大觀新修錢法》。宋徽宗時，鑄錢必須進呈小樣，以備修改，有人稱當時木雕小樣錢上的文字，精美的程度勝過銅錢。因此，宋徽宗時鑄造的崇寧通寶和大觀通寶等品質上乘，無一不是精品，成爲後人競相收藏的珍品。此外，據有關專家研究，宋眞宗、宋仁宗、宋神宗等也鑄行過御書錢，由於史書對此缺乏明確的記載，其書法成就也不如宋太宗和宋徽宗，這裡就不多介紹了。

在帝王們御書錢的帶動下，宋代一大批文人墨客加入了書寫錢文的行列。如蘇東坡、米芾、司馬光、蔡京等等，都曾在當時的錢文中留下他們的墨跡，由此，使北宋成爲中國歷史上錢文書法形式豐富、風格多樣、精品迭出的時期。北宋的錢文篆、隸、眞、行、草各體俱備，品種繁多，各具特點，圓熟精醇的「淳化元寶」和「至道元寶」、大方豁達的「景德元寶」和「祥符元寶」、渾厚遒勁的「崇寧通寶」和「大觀通寶」……爲我們呈現了一頁又一頁北宋錢文書法藝術的輝煌篇章。這些差不多一千年前流通的錢幣，在今天化成爲精美的藝術品和珍貴的文物。南宋建炎以後，錢文的書體就再沒有行、草書了，南宋紹熙以後，連篆書也少見了。

清代著名錢幣學家翁樹培對北宋的錢幣書法給予了極高的評價：「字體不同，而模範特精，筆畫飛動，飄逸如活，能肖其神，各臻精妙。」北宋錢文書法所呈現的百花齊放和美輪美奐的局面，在中國貨幣文化史上確實是

至道元寶（行書）

空前絕後的。

錢文書法自古以來就是貨幣文化的重要組成部分，但是從來沒有像北宋那樣，錢文書法受到全國上下如此的推崇，甚至連貴為天子的皇帝也參與書寫錢文的行列，譜寫下中國錢文書法史上的瑰麗篇章。其中的原因大致有如下幾點：

一是與北宋政府重文輕武的統治政策有關。宋代的開國皇帝宋太祖趙匡胤是在一幫握有兵權的武將兄弟們擁戴下經過兵變，皇袍加身，登上皇帝寶座的。他目睹了唐後期以來，武將擁兵自重，割據一方，危及中央政權的種種歷史教訓，登基之後，做的第一件事情便是以杯酒釋兵權，用金錢和土地換取了以往那些武夫莽漢兄弟們手中的兵權，解除了對皇權的威脅。接著，他又制定一連串制度，從機制上防止軍人危及中央政權。與此同時，宋太祖有感於五代以來重武輕文風尚的危害，大力倡導重文輕武。由此，宋初啟蒙讀物《神童詩》中說的「天子重英豪，文章教爾曹，萬般皆下品，唯有讀書高」，逐漸成為一種風氣。北宋後來的皇帝紛紛遵循宋太祖的做法，熱中賦詩作文、寄情翰墨丹青漸漸成為一種時尚，並因此使之得到空前的發展。而錢文書法作為書法藝術的重要領域，必然受到君主和文人墨客的青睞。

二是與社會經濟的發展狀況有關。北宋時期，商業和手工業得到空前的發展，商品交換空前繁榮，社會對貨幣的需求量急遽增加，金屬鑄幣的數量、品種等都達到鼎盛。同時隨著商業和手工業的發展，市民階層迅速壯大，文化重心開始向市井轉移，社會趨於世俗化。這種變化使得帝王放下了九五之尊的身分，親自為錢幣書寫錢文，並以此為樂事，由此造就了宋代錢幣史上的一段佳話。

三是與社會文化發展的自身規律有關。唐宋是中國古代文化發展史上的高峰，文學、詩詞、繪畫、書法等的成就令人矚目，湧現了一批傑出的文學家和書畫家，可謂星光燦爛。宋在唐的基礎上，文學藝術又得到進一步的發展。唐宋八大文學家中，宋代占了六家，除了歐陽修、蘇洵、蘇軾、蘇轍、王安石、曾鞏這六大家外，宋代著名的文學家、詞人、書畫家可謂是不勝枚舉。宋代的書法藝術呈現了集前代之大成的趨勢，產生了以蘇軾、黃庭堅、米芾、蔡襄四大家為代表的一群書法名家。正是這些，為宋代錢文書法藝術的輝煌奠定了基礎。

錢幣文化史上的瑰麗篇章

——南唐和兩宋的對子錢

　　對子錢，是指同時鑄造的錢文相同、書體相互對稱的一種錢幣。對子錢一般是以篆書字體的一枚爲主，配以其他書體（如眞、隸、行、草）的另一枚錢，兩枚錢除文字書體不同之外，錢文內容、錢制大小、錢身厚薄、輪廓狹闊、穿孔大小、文字位置、字體大小、筆畫粗細、深淺，乃至銅質、鏽色、製作風格等幾乎完全一樣，成雙成對呈現在世人的眼前，因此又被叫做「對錢」、「對書錢」和「偶錢」。對子錢以其特有之兩兩相對的對稱美，以及製作的精良，成爲古代錢幣園地裡的一支奇葩。

　　對子錢最初誕生於五代十國時期的南唐。五代十國，鑄幣量總體比較少，唯建都金陵的南唐政權銅錢鑄造頗豐，曾先後鑄行了「大齊通寶」、「保大元寶」、「永通泉貨」、「唐國通寶」、「大唐通寶」、「開元通寶」等六種貨幣。其中，西元958年（南唐顯德五年）中主李璟所鑄行的永通泉貨有篆、隸兩種書體的錢文，但其文字和錢形大小都不一致，尚非嚴格意義上的對子錢。西元959年，李璟廢永通泉貨，鑄行唐國通寶，其篆隸或篆楷相互對應，由此誕生了中國貨幣史上第一套對子錢。南唐還鑄行了開元通寶對子錢，據有關專家研究，南唐開元通寶對子錢的篆體錢文爲後主李煜的大臣徐鉉所書，其鑄行的時間晚於唐國通寶。南唐開元通寶作爲對子錢，更加嚴謹和規範，但南唐的對子錢與兩宋比較，整體上尚嫌拘謹、呆板。

　　南唐是值得一提的特殊政權，前後維持了三十八年，是五代十國時期存世時間較長的一個政權，其在政治表現上十分平庸，甚至可說是昏庸，而在文化上卻是異常輝煌。南唐先後經歷了三個統治者：李昇、李璟和李煜。前期，社會經濟有所恢復和發展，國力得到增強，統治的地盤一度擴大到江東、江西、湖北以及浙江和湖南的部分地區；後期，由於統治者昏聵腐敗，國力迅速衰弱。尤其是後主李煜當政時，熱中於談經論道、賞畫作詞，治國領軍完全是門外漢。當北宋軍隊在長江上搭起浮橋，大軍過江即將兵臨城下時，他仍自以爲：「此舉近於兒戲，江上架橋，亙古未聞，怎麼可能會

《韓熙載夜宴圖》

成功呢？」最終城破國亡，肉袒請降，淪爲可憐的亡國奴。但是南唐的詩詞書畫等卻是佳作迭現、名家輩出，成爲中國文化史上的燦爛一頁。中主李璟和後主李煜都是當時頗有成就的詞人。如李璟的「細雨夢回雞塞遠，小樓吹徹玉笙寒」，李煜的「獨自莫憑欄，無限江山，別時容易見時難」等都是傳頌千古的佳句。後主李煜還能書善畫，宋人陶谷對李煜的書法給予了很高的評價：「作顫筆樛曲之狀，遒勁如寒松霜竹，謂之『金錯刀』」。在李璟和李煜的推動下，南唐文化呈現了一派難得的興旺發達景象。南唐畫家顧閎中的《韓熙載夜宴圖》是中國十大傳世名畫之一，畫家受後主李煜的派遣到大臣韓熙載家中以目識心記的方法，畫下了韓熙載家庭生活的情景。

一次普普通通的查訪，卻留下了一幅千年名畫，南唐繪畫藝術的高超和文化發展的盛況從中可見一斑。帶有濃厚文化色彩的對子錢誕生在南唐這樣充滿文化養料的土壤中，也就成爲再正常不過的事情了。

北宋是對子錢最爲發達的時期。北宋初年的「宋元通寶」和「太平通寶」都是單一文體，並沒有承襲南唐對錢形制。西元994年，宋太宗鑄行「淳化元寶」，便仿照南唐鑄行對子錢，親自爲淳化元寶書寫了眞、行、草三種書體。宋太宗趙炅由此開創了兩項紀錄，一是御書體錢文的紀錄，二是用行書和草書書寫錢文的紀錄。由此一發而不可收，鑄行對子錢成爲兩宋的一種風尙。淳化以後，每逢改元易號，必鑄新錢。除一部分錢幣沒鑄對錢外（如：景德、咸平、祥符、天禧、康定、慶曆

行書　　　　　　　　眞書　　　　　　　　草書

「至道元寶」三體對錢

等），絕大部分年號錢或非年號錢均鑄有對子錢，或篆眞相配、或篆隸相配。據統計，兩宋先後有九位皇帝、二十六個年號鑄行了對子錢。直到南宋孝宗淳熙七年（西元1180年）改鑄紀年錢，對子錢的鑄行才告停止。

　　兩宋的對子錢按錢文書體大致可分爲四大類：第一類眞、行、草三書體配對的，計有兩種，即「淳化元寶」和「至道元寶」；第二類篆書與眞書配對的，計有四十四種；第三類篆書與隸書配對的，計有十七種；第四類篆書與行書配對的，計有十六種，如「元佑通寶」。兩宋對子錢紛繁多姿，精采紛呈，成爲中國數千年貨幣文化史上的瑰麗篇章。後世有大量的宋代對子錢出土，極大部分製作精美。

　　兩宋的對子錢還影響到周邊的其他地區，南宋建炎年間，在濟南自稱齊王的劉豫，所鑄行的「阜昌元寶」等也是對子錢，其錢文均爲篆楷成對，書法精妙，堪與兩宋對子錢相媲美。在西北邊境與宋對峙的西夏也曾仿照宋的形制，鑄行過對子錢，反映了党項族學習借鑑漢族文化的進程。

　　對子錢出現於南唐和兩宋並非偶然，乃是社會經濟文化發展到一定階段的產物。

　　其一，它是古代對稱藝術在錢幣鑄造領域裡的反映。對稱美是中國美術和文學的基本要素之一，是中國傳統的美學基礎。古代的文字、陶器、青銅器、瓷器、雕刻、繪畫、絲織品等器物上的紋飾，帝王的宮殿、民宅、廟宇，陵墓前神道兩旁的石

北宋「元佑通寶」對子錢

像、亭臺樓閣、畫棟飛檐、花草樹木以及詩詞、楹聯等等，無不講究對稱之美。對稱美學運用到錢幣鑄造的領域，便形成了對子錢，對子錢大大增添了錢幣的觀賞性和收藏價值。

其二，唐宋是中國古代書法藝術發展十分重要的時期。書法大家輩出，篆、隸、真、行、草以及九疊篆、瘦金書等各種書體齊備，這為南唐和兩宋錢文書法的發展，以及以不同錢文書體配對為主要特徵的對子錢之誕生提供了必不可少的條件。

其三，古代鑄錢工藝的改進，為保證對子錢的藝術性和觀賞性提供了技術上的保證。宋代在鑄錢工藝上有顯著改進，發明了先進的母錢翻鑄法，合金配比也更為科學合理，於提高鑄錢效率的同時，大大提高了鑄錢的品質。

對子錢的誕生和繁榮對於錢幣文化來說無疑是件好事，為中國瑰麗的錢幣文化史再增添了燦爛的篇章。不過對於錢幣本身的發展來說，卻並不一定是件幸事。錢幣，從本質上講是一種價值符號，是商品交換的媒介，如果我們過度賦予文化或其他意義於錢幣的話，它的價值難免會扭曲，作用難免會發生異化，最終走向本來目的的反面。

兩宋銅錢短缺，錢荒嚴重，其原因是多方面的；對子錢的流行，致使大量的錢幣被收藏，不能不說是其中的一條重要原因，這大概便是對子錢僅僅只流行兩百多年時間便匆匆收場的重要原因。

同樣，南唐中主李璟和後主李煜、北宋的太宗和徽宗等，由於他們個人的愛好和提倡，對於對子錢的流行發展可謂是功不可沒，但是身為一個君王，過分寄情於書畫並不是一件幸事。南宋高宗時的著名詩人康與之曾為高宗對書畫的過分鍾愛而憂心忡忡，他曾寫詩道：「玉輦宸遊事已空，尚餘奎藻繪春風。年年花鳥無窮恨，盡在蒼梧夕照中。」在康與之描述的「蒼梧夕照」中，我們分明聽到了後主李煜在北宋俘虜營裡的感嘆「問君能有幾多愁，恰似一江春水向東流」，我們分明聽到了宋徽宗在北國荒原上的哀號「家山回首三千里，目斷山南無雁飛」。我們不能不說李煜他們在異國他鄉這些有感而發的詩句寫得淒婉動人，不失為絕世佳句。不過，一想起當時國家社稷跟他們一起所經歷的種種磨難，不由讓人又想起清代沈雄帶有諷刺性的幽默詩句「國家不幸詩家幸，話到滄桑語始工」，實際上這對於國家和詩家都未見得是件幸事。

第四章

錢幣與民俗

錢與人的生前身後

　　中國古代社會，錢從它誕生的這一天起，便與人結下了不解之緣。錢在作為商品交換的媒介的同時，在人的生老病死、婚喪嫁娶中扮演了特殊角色，發揮了特殊的作用。底下試舉幾個典型例子。

男錢

　　中國古代是個典型的小農經濟社會，男子在這種經濟結構中的地位舉足輕重，一個家庭的男丁多被視為是家族興旺的象徵。為此，婦女從結婚懷孕開始，便想方設法，希望一朝分娩的是個男天使。在這過程中，錢幣曾成為打開此一希望之門的金鑰匙。

　　王莽時鑄行的「布泉」，也許由於它的做工精緻，也許因為它的材質特殊，傳說婦女佩戴了布泉就會生男孩，因此被稱為宜男錢。

　　東晉、十六國時期，後趙石勒於西元319年鑄「豐貨」有篆、隸兩種錢文，其篆書錢文寫得粗壯有力，頗有陽剛之氣，傳說婦女佩戴了豐貨錢，也

王莽「布泉」

會生男孩，因此也被稱爲宜男錢。布泉和豐貨的這種特異功能眞實與否已無從考證，但佩戴布泉和豐貨錢確實曾經是一種時尚。唐代詩人段成式在一首詩中曾寫道「私帶男錢壓鬢低」，反映當時的女子在婚嫁以前就將男錢當作飾物來佩戴了。

洗兒錢

人誕生以後，都希望能無病無災，健康成長。爲此，古人們除了精心哺育以外，常常會借用外部的力量來實現這一目的，此時錢又一次粉墨登場，扮演了一個特殊的角色。比如，古代有一種習俗，嬰兒誕生第三天或滿月的時候，要舉行隆重的沐浴儀式，親朋聚集，香湯盛於澡盆，盆裡置入纏有彩線的錢幣，還放有棗子、栗子、蔥、蒜等具象徵意義的喜慶吉祥之物。在嬰兒洗澡的過程，圍聚周圍的親朋還要不停地往澡盆裡撒錢，稱之爲添盆，盆中之錢和所添之錢便是洗兒錢。

洗兒錢實則是爲新生嬰兒祈福避邪，希望其平平安安地健康成長。大詩人歐陽修的〈洗兒歌〉對此有如下描述：「翁家洗兒眾人喜，不惜金錢撒閣裏。」可見洗兒錢在當時是種十分普遍的習俗。

洗兒錢

生肖錢

生肖錢又稱本命錢、生辰錢，其作用與洗兒錢差不多。生肖錢一般一面爲十二地支，旁鑄所屬生肖動物，即子爲鼠，丑爲牛，寅爲虎，卯爲兔，辰爲龍，巳爲蛇，午爲馬，未爲羊，申爲猴，酉爲雞，戌爲狗，亥爲豬；另一面則鑄有星官與龜鶴，或繞花紋或星雲。據有關專家研究，十二生肖起於東漢，是中國延續時間最長的民俗之一，唐代開始就有人開始在錢幣上鑄生肖圖案。民間認爲，佩戴與自己屬相相同的生肖錢（即「本命錢」）可祛災除禍，逢凶化吉。因此小孩子一生下來，大人就會給他佩上一枚生肖錢，以保佑一生平安。這種習俗一直流傳到今天，每逢本命年人們往往頸掛玉雕的生

康熙「萬壽錢」

肖墜子，或身繫紅繩、或身穿紅色的內衣內褲，以祈求平安順利。

還有一種生辰錢，其實是一種特製的祝壽祈福錢，錢上往往鑄有「長命富貴」、「福德長壽」、「加官進祿」、「龜鶴齊壽」、「天下太平」等字樣。在清康熙皇帝六十壽辰的時候，朝廷專門為其精心鑄造一批小平銅錢「康熙通寶」，稱為「萬壽錢」，以作紀念。此錢即為鼎鼎大名的羅漢錢。

壓歲錢

壓歲錢是長輩在除夕之夜給小輩的紅包，這種習俗緣起於唐宋，其作用與洗兒錢、生肖錢接近。

壓歲錢的起源有多種說法，其中有種說法是，古時候有一種小妖，名字叫「祟」，每年的年三十夜裡出來害人，尤其看準孩子，他的手摸了熟睡中孩子的頭，孩子就會發燒得病，燒退病去以後，聰明機靈的孩子往往會變成痴呆瘋癲的傻子。人們怕祟來害孩子，就點亮燈火團坐不睡，稱為「守祟」。嘉興府有一戶管姓人家，夫妻倆老年得子，視為掌上明珠。到了年三十夜晚，他們怕祟來害孩子，就逼著孩子玩。孩子用紅紙包了八枚銅錢，拆開包上，包上又拆開，一直玩到睡下，包著的八枚銅錢就放到枕頭邊。夫妻倆不敢闔眼，挨著孩子徹夜守祟。半夜裡，一陣大風吹開了房門，吹滅了燈火，當祟用手摸孩子的頭時，孩子枕邊的銅錢迸裂出一道亮光，祟急忙縮回手逃跑了。管家用紅紙包的八枚銅錢嚇退祟的事傳揚開來後，大家也都學著在年夜飯後用紅紙包上八枚銅錢給孩子放在枕邊，果然，以後祟就再也不敢來傷害小孩子了。據說這八

枚銅錢是由八仙變的，暗中裡把祟嚇退。人們由此把這錢叫「壓祟錢」，又因「祟」與「歲」諧音，隨著歲月的流逝就被稱爲「壓歲錢」了。

從壓歲錢的起源，可以看到它實際是長輩送給小輩一種避邪祛祟的護身符，後來壓歲錢漸漸演變爲長輩對小輩的一種希望和祝福。現時的壓歲包上大都寫有「學業進步」、「平安長大」之類祝福期盼的話，而近年來壓歲錢也有一些創新，比如以壓歲言、壓歲書等取代壓歲錢，不過似尚難以眞正取代源遠流長的壓歲錢。

撒帳錢

古往今來，結婚向是人生的一件大事，不管將來的人生道路將會演繹出怎樣的故事，男女雙方在決定成爲夫妻的時候，想必都是眞誠的，想必都希望永結同心、生活和諧。但要眞正做到這一點並不容易，人們爲此做了種種努力。在西方，有面對牧師的莊嚴承諾；在中國，則有對天地、對父母以及夫妻相互之間的三跪九拜。但這似乎還不足以令人放心，中國的古人以自己的聰明才智又爲之加上了多種保險措施。此時，錢又一次受到了青睞，婚禮中的撒帳錢應運而生。在婚禮進行過程中，新人坐在床上，人們向新人拋撒撒帳錢成爲必不可少的一道儀式。唐朝詩人梁鋐曾寫詩對當時的婚禮作了非常具體的描述：「羅綺明中識，簫韶暗裏傳。燈攢九華扇，帳撒五銖錢。交頸文鴛合，和鳴彩鳳連。欲知來日美，雙拜紫微天。」在眾多的婚慶禮儀當中，「帳撒五銖錢」成爲一項重要的儀式。後來還有特製的撒帳錢，錢文均與新婚相關，如「夫婦齊眉，兒孫繞膝」、「夫妻和合，萬事吉祥」、「夫妻和諧，松柏常青」、「夫妻偕老，琴瑟永調」、「夫妻偕老，福如東海」等等。其實，這些撒帳錢除可說是對新人的祝福和期待外，或許也可說是一種道德的灌輸和說教。

冥錢和鎮墓錢

古人們關心今生，同時對身後和來生抱有同樣的關切，這集中體現在人們對於葬禮的關注之中。錢（冥錢和鎮墓錢）又一次成爲滿足人們這一心理訴求的道具。

純金冥錢

北宋「太平通寶」

　「冥錢」是古代死者入葬時隨葬的泥、陶製貨幣仿製品，也有的是用純金來製造。活著的人們以此告慰亡靈，買通地下，使死者得以安息。墓葬中的冥錢，有的含在口中，有的則放在胸部或握在死者手中等，以喻死者在亡後仍享有榮華富貴。舉世聞名的馬王堆漢墓就曾出土數百枚泥製的冥錢（郢稱）。隨葬冥錢的習俗一直沿用至今，現在人們送葬時往往用紙剪一些象徵性的圓形方孔「紙錢」，沿途撒放，買通道路，以讓逝者在歸去之路上多得到一些關照。專門燒給亡者的紙質冥錢，則是大概為了使逝者在陰曹地府也能享有生前的生活水準。

　「鎮墓錢」同樣是用來殉葬的，與冥錢不同的是，它不是泥製的，而是由金、銀或銅鑄就的，它也不像冥錢僅僅只是作為財富的象徵，而有祈福避邪的作用，所以稱作鎮墓錢。為了圖個吉利，人們往往選取有吉利文字的錢幣，古代一般平民百姓都選現成流通的北宋「太平通寶」作為鎮墓錢，祈求逝者和生者都能平平安安。

　有錢人家則用金銀仿製「太平通寶」作為鎮墓錢。舊上海逝者出殯，走在出殯隊伍最前面的人往往身掛一個特製的太平通寶錢，手執如意和算盤，這種太平通寶錢的用途與古代的鎮墓錢應差不多。

② 錢與人的衣食住行

錢幣自它誕生之日起便深深融入中國社會的各個方面，小小一枚錢幣，成為數千年來社會風貌的重要見證。值得注意的是錢的作用常常被異化，它超越了作為交換商品的一般等價物，在人們的衣食住行之中發揮了特殊的作用。

漢代蝶形五銖花錢

佩飾錢和連錢錦

「佩飾錢」是用來佩戴的錢幣或錢幣的仿製品。一般認為，佩飾錢起源於漢代。最初人們仿照錢幣的形狀鑄造一些特殊的飾品來佩戴，或作為髮簪、或作為佩飾、或作為掛墜，故也被稱為花錢。後來佩飾錢上面逐漸增添了各種圖案或吉語，如「日入千金」、「長毋相忘」等，或者將名號鑄於錢上。早期的佩飾錢多呈菱形，佩戴以後仍可保持文字的上下位置。再後來，人們直接將一些製作精良的銅錢予以適當加工作為佩飾錢，有人認為鏤空花錢其實也是一種佩飾錢。

龜鶴配飾花錢

蘆塘飛雁十二生肖配飾花錢

五代人物高浮雕花錢

唐人和凝曾在《宮詞百首》對古代人們的妝飾有形象的描述：「碧羅冠子簇香蓮，結勝雙銜利市錢。花下貪忙尋百草，不知遺卻寎金蟬。」其中「結勝雙銜利市錢」，

本命星官肖虎背道符花錢

花錢種種

張獻忠「大順通寶」

說的就是佩飾錢。元代婦女喜歡用金銀小錢作為首飾佩戴，稱之為「春錢」。明末農民起義軍張獻忠占領四川以後所鑄行的「大順通寶」，由於色澤金黃，製作精良，質地遠勝於當時流通的明錢，當地的男子便紛紛將其釘在帽子頂上，作為一種特殊的裝飾品，女子則用其作為髮簪。光潤的人順通寶在陽光下熠熠閃光，成為當時當地的一道風景。一直到民國初年，每逢五月初五，蘇浙一帶還有把錢編為虎頭形繫在小孩肚兜上的習俗，傳說這樣可以驅除傳說中的五月毒氣和邪氣。

古代編織的帶有錢形花紋之布足也備受人們的喜愛，這種錦布被稱為「連錢錦」。《世說新語》中記載了一則故事，有個叫王濟的騎馬好手，一次騎了披掛著簇新的織有錢形花紋的障泥（一種披掛在馬身上的織物）外出，路途上為一條河流所阻。由於擔心河水濺濕障泥，他便停下馬，收藏好障泥，才騎馬過河。大詩人李白曾就此事寫道：「臨流不肯渡，似惜錦障泥。」恰反映了當時人們對錢形織物的崇尚和珍惜。史書中更有不少關於穿著織有錢形花紋衣服的記載，比如明人王世貞就曾在詩中寫道：「清心玉映五銖衣，可是朱顏有溫祗。為道皋蘭秋月下，流蘇帳底見明妃。」當然五銖衣是一種身分地位的象徵，整日為溫飽而操勞的平民百姓是無緣問津的。

年飯綴金錢

古人還有用錢幣來裝扮食品的習俗，最為常見的便是年飯綴金錢。據清代有關筆記記載，古時候人們為了營造年節的喜慶氣氛，對每年的年飯特別講究，一般都用金銀米燒煮，飯上還點綴有錢、棗、

清代阿彌陀佛金錢

栗、龍眼、香枝等，綴成一幅充滿喜氣的圖案。這種經過精心加工的年飯一般要保存到正月初五，敬過財神以後，大家才能分享。

北方過年有包餃子習俗，古人還要專門精心包製一種特殊的財神餃子。餃子裡要加包小錢，還要給這種餃子捏上花邊，這雖然頗為費事，可是人們不敢有絲毫懈怠，絕不能讓餃子咧嘴散餡兒露財。南方過年時則有在湯圓裡包入小錢的習俗，無疑這種湯圓也是經過精心包製的。誰吃到了包有錢幣的餃子和湯圓，無不喜出望外，這預示了一年之中將財運連連。這種習俗也一直流傳到現代。

鎮宅錢

古人對房屋的建造十分重視，建房前，首先要請風水先生選擇一塊風水寶地，其後還要選擇一個黃道吉日破土動工。房屋建造的過程中，還有種種講究和忌諱。但這些還不足以讓人放心，這時錢作為鎮宅之寶，又一次受到人們的青睞。人們在建房奠基或上梁的時候，或將一定數量的錢幣置於地基或牆體之中，或將銅錢懸掛於正梁之上，祈福避邪，保佑平安，這種錢因此被冠名為「鎮宅錢」。

上海松江的天馬山上有一座名叫「護珠寶光塔」的千年斜塔，建於北宋元豐二年（西元1079年），距今已有九百二十八年之久。南宋紹興二十七年（西元1157元），宋高宗賜五色佛舍利藏於此塔。乾隆五十三年（西元1788年），因燃放爆竹，燒去塔心木及扶梯、樓板等，塔梯、腰檐、平座也都毀壞，僅剩磚砌的塔身。後有人在磚塔下發現宋代元豐錢幣，遂不斷拆磚覓寶，在塔底西北角轉身處

古代鎮宅錢

形成約兩公尺直徑的窟窿，致使塔身逐漸朝東南方向傾斜。據測量，護珠寶光塔比世界奇觀比薩斜塔還傾斜一度多，可稱世界第一斜塔。人們在塔下發現的元豐錢就是當年建塔時用的鎮塔錢（鎮宅錢）。有人認爲，護珠寶光塔歷經火災和拆毀，儘管塔身嚴重傾斜，但至今屹立不倒，應歸功於這些鎮塔錢。

鎮宅錢的習俗一直流傳至今，現在人們裝修房屋的時候，往往會在地板底下撒些硬幣，無非也是希望入住以後能平安順遂。

遊戲錢

古代的錢幣還曾被作爲遊戲的玩具，給人們的日常生活平添了幾分樂趣。最常見的以錢爲玩具的遊戲，是意錢（或稱攤錢）。據有關記載，早在漢代就已經流行「意錢之戲」。意錢的玩法一般是以手握拳，猜錢的有無、正反或多少。

唐代有人在詩中寫道：「騁望登香閣，爭高下砌臺。林間踏青去，席上意錢來。」可見這種遊戲多麼方便簡單，隨時隨地都能進行，因此十分普遍。終年在風浪中漂泊的行船人，玩意錢更是消遣時光的最好遊戲。大詩人杜甫對此曾有十分生動的描述：「蜀麻吳鹽自古通，萬斛之舟行如風。長老三年長歌裏，白晝攤錢高浪中。」眞是何以解悶，唯有攤錢。意錢（攤錢）這一遊戲方式一直流傳到今天，現代不少球類比賽正是透過猜錢的正反面來決定挑邊和發球權的。

錢的另一種常見玩法是擲錢，在地上豎一鐵條，利用銅錢的方孔，以擲錢套中鐵條爲贏。這種遊戲一直流傳下來，近代許多年輕人擲鏢和射擊的本領也許最初都是在擲錢這一遊戲中獲得的。

宋代還曾有一種以馬錢（或稱打馬格錢）爲玩具的具有博弈性質的棋賽。馬錢是一種特製的錢幣，

打馬格錢（正面）

打馬格錢（背面）

工藝精湛，一般由官爐鑄造。打馬遊戲有點像今天的高爾夫球，屬於貴族遊戲。宋代女詞人李清照曾稱其為「博弈之上流」、「閨房之雅戲」，大概在民間並不普及，因此明清以後這一遊戲也就失傳了。

另外還有一種娛樂用的錢牌，在宋代也十分流行。

宋代八仙娛樂錢牌

掛燈錢

掛燈錢也是一種特製的錢幣，專用來懸掛於燈籠的下方。自古以來，中國在春節元宵有掛燈籠的習俗，到了晚間燈籠內還要點燃蠟燭，元宵觀燈是每年必不可少的一檔節目。由於北方春節期間風大，燃有蠟燭的燈籠一旦傾翻，禍在不測，為保持燈籠的穩定，皇宮內便在宮燈的下面掛上一串大銅錢。掛燈錢在防備宮燈搖晃傾翻的同時，平添了幾分吉祥喜慶的氣氛。為此，錢局專門為皇宮特製了用於掛燈的大制錢。清代乾隆、嘉慶、道光三朝製作的掛燈錢，型大厚重、銅色金黃，不失為一種極佳的裝飾和點綴。

皇宮中掛燈錢的習俗很快在民間流傳開來。近幾年流行的大紅中國結，往往綴有或掛有一枚仿古的大銅錢，這大概便是當年掛燈錢的一種遺風。

龍鳳雙面大型掛燈錢

宮錢：咸豐通寶・一統天下　　　　　宮錢：光緒通寶・天子萬年

宮錢

　　宮錢是古代宮廷內使用的一種特製錢幣，專供皇宮節日慶典、裝飾、墜帳、掛燈、上梁、賞賜等所用。

　　北宋、南宋、清朝等均鑄有宮錢。宮錢鑄造技術精良，幣質優異，字體藝術性高，發行量少，流通面窄，被稱爲貴族錢幣。宮錢也有紅杏出牆的時候，有時被皇親國戚們帶出宮外而流入民間，由於是宮中之物，散發出一種與生俱來的貴族氣息，便成爲吉祥之物，成爲身分地位的象徵，人們往往用來隨身佩戴，既是一種炫耀，又是一種企盼。結果宮錢在民間，不是厭勝錢，其身價卻遠遠勝過厭勝錢。

　　近年發現的南宋「重華萬壽」錢，直徑7.2公分，錢文與黃山谷體相近，筆力遒勁，是南宋孝宗晚年的祝壽宮錢，當是慶典期間用來懸掛的。「重華」是孝宗晚年所居住的宮殿名，該宮殿原爲秦氏家廟。當年秦檜權勢顯赫，專請風水先生挑選了一塊風水寶地，建起家廟。秦檜死後，秦氏家廟被皇室沒收，經擴建成爲皇帝的別宮。重華萬壽錢反映了當年南宋小朝廷的奢靡。

「重華萬壽」錢

3 錢與人的福祿壽喜

「乾封泉寶」背福德長壽吉語錢

　　自古以來，福如東海、加官進祿、壽比南山、喜伴終身，被人們視作是最完美的人生境界。儘管不是人人都能達到這一境界，但是人們還是對其孜孜以求，樂此不疲。除了自身的努力以外，古人們更相信運氣、相信吉兆，希冀自身以外力量的幫助。這時，「錢」這位特殊的夥伴又受到了人們的青睞，在古代的貨幣家屬中由此誕生了一支特殊的分支──吉祥錢。有些流通中的貨幣則由於種種原因被人們賦予特殊意義，作為一種吉祥之物，同樣寄託了人們對於富裕平安生活的憧憬。

　　吉祥錢便是人們為了祈求「福、祿、壽、喜」專門鑄造的一種特殊錢幣，並不用於流通。吉祥錢基本都用錢文和相關的圖案花紋來象徵福、祿、壽、喜。吉祥錢有分別祈祝福、祿、壽、喜的，但更多是交叉綜合在一起的。

　　首先是**福錢**。由於人們喜福、愛福，因此吉祥錢中數福錢最為常見。福錢中的吉語錢文離不開一個「福」字，如「福壽雙全」、「福德長壽」、「福海壽山」、「多福多壽多子孫」、「福如東海」、「福壽延年」、「萬福來臨」、「福星高照」、「福隨左邇」等等。

　　福錢一般都輔以蝙蝠的圖案或紋飾，由於蝙蝠「蝠」字的諧音是福，蝙蝠也就成了象徵福氣的吉祥之物。另外，還有一種珍貴的「百體福字」錢，簡稱「百福錢」，包含了數十種不同書體的「福」字，彙歷代的書法精品和名家手筆於一體，映現了人們對於「福」的期待。

　　再來看**祿錢**。祿，指俸祿，即古代官吏的俸給、薪金等。這在古代社會，是人生價值的最高體現，「高官厚祿」曾為多少

百福錢

祿錢

人所垂涎。祿錢就是爲了滿足人們這方面的祈求,儘管今日可能尚不得意,但一枚祿錢在手,明日就有了希望。祿錢上的吉語主要有「加官進祿」、「狀元及第」、「一路連科」、「平升三級」等吉語。而且每枚祿錢上都有諧音「祿」的吉祥物——鹿的圖案,有鹿便有祿。有的時候鹿還與猴、蝙蝠、靈芝、桃子等吉祥物合鑄在同一枚錢上,寓意更爲廣泛。

除福錢與祿錢之外,還有**壽錢**。一般用來慶祝壽誕,錢文有「龜齡鶴壽」、「福德長壽」、「千秋萬歲」、「福如東海,壽比南山」、「長命百歲,百福百壽」、「吉人天相,福貴壽考」等等。壽錢上的圖案多爲南極仙翁(即老壽星)、靈龜、仙鶴、青松等象徵長壽的圖案。還有一種百壽錢,如同百福錢一樣,反映了人們對長壽的期盼。

百壽錢

皇帝生日的壽錢則是專門爲之鑄造的,由於皇帝的生辰稱爲萬壽節,這種壽錢也就被稱爲萬壽錢。萬壽錢無論是用料還是鑄造工藝非一般壽錢能比,是壽錢中的精品。

最後介紹**喜錢**,喜錢中常見的圖案是「喜鵲」和「喜蛛」。因喜鵲俗稱報喜鳥,俗諺云「喜鵲叫,喜事到」,象徵喜事臨門。又有一種體細長、色暗褐的長足蜘蛛,被稱爲喜蛛,人們認爲見到喜蛛就是見喜。所以在喜錢的圖案中,鑄有梧桐(諧音同)喜鵲爲「同喜」,鑄有竹梅喜鵲爲「竹梅雙喜」,鑄有一豹一喜鵲爲「報喜」,鑄兩喜鵲在錢(諧音前)穿(即錢眼)旁爲「喜在眼前」,鑄梅(諧音眉)花梢上落‧喜鵲爲「喜上眉梢」,鑄一獾(諧音歡)在下、一喜鵲飛翔在上爲「歡天喜地」,鑄一人物眼前上方下垂一喜蛛爲「喜在眼前」、「喜從天降」。另外鑄橫豎都喜笑顏開的四童子,爲「四喜人」,鑄兩童子笑顏相對,爲「喜相逢」。

福、祿、壽、喜的吉語和圖案常常交叉和合併使用。比較典型的是「福祿壽喜‧五福」錢和篆書「二十四體福壽」錢。如錢上鑄有蝙蝠、鹿、桃(或壽星)、喜鵲等圖案,藉以代表「福、祿、壽、

喜」五福齊全。

　　由於各種原因，流通中的某些錢幣也被人們當作吉祥錢，人們希望這些錢幣能夠帶來好運，能夠帶來風調雨順的年景和富裕安康的生活。

後趙石勒「豐貨錢」

　　其一，「豐貨錢」。東晉時期，羯族首領石勒建立趙國，史稱「後趙」。儘管石勒由於殘暴無道在歷史上留下的名聲並不好，但他所鑄造的豐貨錢卻備受人們的喜愛。

　　西元319年，後趙開始鑄造貨幣，石勒給它取了個既好聽又吉利的名字——豐貨。「豐」的涵義有多且豐富、豐收的意思，「貨」則指的是貨幣和貨物，「豐貨」即是財物豐饒的意思，這不正是人們苦苦追求的目標嗎？因此，豐貨錢一誕生就受到了人們的喜愛。人們對於豐貨錢寄寓了太多的憧憬，便爲它附會了許多美麗的傳說。豐貨錢被視作能幫助人發跡富貴的錢，有人便徑稱這種錢爲富錢。家中擁有幾枚豐貨錢，如同栽了搖錢樹，財源將會滾滾而來。豐貨錢由此成爲人們四處搜求的寶貝，這一習俗在唐代就已十分盛行。唐朝杜佑在《通典》中曾記載：「豐貨，徑一寸，重四銖，人謂之富錢，藏之令人豐富也。」

　　人們對豐貨錢的偏愛，在明清時期有增無減。清代著名的錢幣收藏家戴熙收藏的錢幣無數，獨缺豐貨錢。一次，來了一位客人，送給他一枚豐貨錢。戴熙喜出望外，專門致信感謝再三：豐貨錢爲富錢，得了此錢我將家資巨萬，這都是先生所賜。正因如此，豐貨錢在清代身價百倍，二、三十兩白銀才能換取一枚豐貨錢，以致僞造豐貨錢成爲某些人的生財之道。

　　其二，「常平五銖錢」。西元550年，東魏大將高洋篡奪了東魏皇帝的寶座，改國號爲齊，史稱「北齊」，並改年號爲「天保」。高洋廢除了東魏「永安五銖」，自行鑄造貨幣。但他沒有以當時通行的方法用年號「天保」來命名貨幣，而是取名爲常平錢。

　　常平之名取之於西漢官府的糧倉——常平倉。常平倉在西漢是一種調劑豐歉、平抑糧價的一種經濟措施。據史書記載，漢宣帝五鳳年間（西元前57～前54年），關中地區連續數年大豐收，糧價低廉，每石僅值五錢，「農人少利」。時任大司農中丞的耿壽昌建議：在西北邊郡建築糧倉，穀賤的時候以高於市價的價格買入，以

常平五銖錢

保護農民的利益；穀貴的時候則以低於市價的價格賣出，以避免因糧價上漲可能引起的社會動亂。這種主要用於調劑市場餘缺的糧倉被稱之為常平倉。西漢推行常平倉制度之後，「民便之」，取得了較好的效果。高洋將其鑄行的五銖錢冠名為常平錢，用心良苦，他希望常平錢像當年的常平倉一樣，能夠幫助他調劑餘缺，平抑物價，理順當時混亂的經濟秩序，促進社會經濟的平穩發展，並最終幫助北齊能夠走出當時政權頻繁更迭的惡況。常平錢不僅名字特殊，而且製作精美，其錢文用玉箸篆書寫，用筆圓潤流暢，結體整齊，間架端正。常平錢問世以後，其精美質地，尤其是它的常平名稱，迎合了亂世之中老百姓的心理期望，很快受到人們的歡迎，成為一種吉祥錢，受到當時和後世的珍愛。只是由於高洋自身的殘暴，常平五銖錢並未能幫助他的政權長治久安，北齊存世二十八年就被北周取而代之，常平錢也因此成為短命的貨幣。

其三，「周元通寶」。周元通寶始鑄於周世宗柴榮顯德二年（西元955年），是五代時期鑄行最多、質地最好的一種銅錢。

由於當時銅材緊缺，周世宗下令毀佛鑄錢，但遭到佛教徒和滿

周元通寶

朝大臣的反對。聰明的周世宗以其人之道還治其人之身，他搬出佛教中摩訶薩青「捨身飼虎」的典故，強調佛是造福眾生的，像摩訶薩青活著的時候，為了救人，真身都可以毀去，又為何捨不得銅像呢？據史書記載，周世宗一聲令下，天下佛寺三千三百餘所盡被毀，一尊尊銅佛像化為一枚枚金光閃閃的周元通寶。周元通寶的製作精良，錢文整肅端莊。由於周元通寶是用銅佛鑄造，自然而然帶上了神和佛的靈氣，由此被人為地生發出種種特異功能。傳說周元通寶能賜福祛病，能祛癧順產，並且言之鑿鑿。周元通寶由此成為人們追逐的吉祥錢，身價陡升，以至於一枚周元通寶賣到一千文錢。明清時期，由於傳世的周元通寶供不應求，還出現了仿製假冒的周元通寶。說周元通寶由於染有佛的靈氣故能治病消災，這純粹是一種良好的願望。若說周元通寶中含有某種微量元素，具有藥用價值，有利於人的強身和治病，這也許尚有可能。

4 從「見錢眼開」說起
——關於古錢幣與疾病的防治

「見錢眼開」是一則人們耳熟能詳的成語，專門用來諷刺那些見利忘義的人。據有人研究「見錢眼開」最初的涵義與此並無關係，它反映的是古錢幣治療眼病的特異功能。據有關典籍介紹，用古銅錢刮薑汁點滴患處，對於治療赤目腫痛等有顯著療效，甚至眼睛「數日不能開」的患者，也一點逐癒，藥到病除，見錢眼開。

中國古籍上關於古錢幣防治疾病的記載，不勝枚舉，有人說是科學，有人說是迷信。如何看待這一現象，下面略作介紹和分析。

古代著名的中醫典籍，如葛洪的《肘後方》、孫思邈的《備急千金要方》、宋政和年間的《聖濟錄》、寇宗奭的《本草衍義》、朱橚的《普濟方》、李時珍的《本草綱目》等，都有以古錢為藥的記載。此外，有關的史書、筆記小說等亦頗多關於古錢幣藥用價值的記載。古籍中提到的曾被用作藥的古錢幣有秦半兩、漢莢錢、漢大小五銖、三國吳的大泉五百和大泉當千、宋代的四銖和二銖、梁的四柱、北齊的常平五銖、唐高祖的開元通寶、五代後周的周元通寶等。

至於古錢幣治療的疾病幾乎遍及內、外、婦、

唐代「開元通寶」

三國・孫吳「大泉五百」、「大泉當千」、「大泉二千」、「大泉五千」（由左至右）

兒、五官各科，李時珍的《本草綱目》中共列舉了二十二種以古錢入藥的處方。治療的疾病主要有瘧疾、霍亂轉筋、眼赤生瘡、赤目浮翳、目卒不見、傷水喘急、咳嗽多痰、心氣痛、時氣溫病、心腹煩滿、橫逆心腹、中暑、慢脾驚風、腋下狐臭、小兒急驚、骨折、跌打損傷、難產、下血不止、赤白帶下、小便氣淋、沙石淋痛等。

古錢幣入藥時的用法也是多種多樣，有用銅錢刮磨肌膚的刮痧治療，有用來刮薑汁治療眼疾的，有打碎或磨碎後用來食用的，有和其他藥物一起熬製湯藥服用的，有作為墜件佩戴的等等。古人對用來服用的古錢幣有相當深入的研究，熬製和服用的方法也十分講究。據李時珍的《本草綱目》記載，用來「治翳障、明目、療風赤眼」的古錢幣需用「鹽鹵浸用」；用於「婦人生產、橫逆心腹、月膈痛、五淋」的古錢幣，則須「燒以醋淬」；治療心腹痛，則須和薏苡根煮汁服用；治療急心氣痛，則需古文錢一枚，打碎，大核桃三個，同炒熱，伴醋一碗沖服；治療霍亂轉筋，則需青銅錢四十九枚，木瓜一兩，烏梅炒五枚，水兩盞，煎分溫服等。其他還有伴用酒、麝香、豬油、蜜、甜瓜子等，根據不同的疾

病，往往採用不同的配料和不同的製作方法。

在用作藥的古錢幣中，五代後周世宗周榮所鑄的「周元通寶」最負盛名。歷時近千年，周元通寶一直是古錢幣市場和藥材市場上熱捧的對象，身價令人咋舌。周元通寶始鑄於周世宗柴榮顯德二年（西元955年），是五代時期鑄行最多、品質最佳的銅錢。當時，經歷了多年的戰亂，社會經濟凋敝，銅材緊缺，周世宗便決定用寺廟裡的銅佛像來鑄錢。此舉遭到佛教徒和滿朝大臣的反對，才智過人的周世宗柴榮，利用佛祖「捨身飼虎」的典故為毀佛鑄錢尋找根據。他說：「佛祖提倡以自己為輕，以造福眾生為重。佛祖為了救人，連自己的真身都可毀去，何況佛的銅像呢？」由此，在全國之內順利地展開了大規模的毀佛鑄錢活動。史書記載周世宗將全國三千多所寺廟裡的銅鑄佛像全部銷毀用來鑄錢。

周元通寶自誕生之後，它的藥用價值便隨之流傳開來。明末周亮工的《因樹屋書影》記載，某地某年瘧疾流行，情急之下，人們發現手中持有周元通寶的人，瘧疾往往不治而癒，於是人們紛紛仿效，一場瘟疫就此被遏制住了。該書還記載手握此錢，可幫助孕婦順利生

產。清代乾隆時王棫的《秋燈叢話》中具體提及，清順治初年孝感皇后體弱多病，後聽從民間的偏方，手持周元通寶一枚，身體竟漸漸好起來了。這一消息傳開之後，周元通寶的身價頓時暴漲了一千多倍。周元通寶也因此被神化，成爲類似於「護身符」之類的佩飾錢，被認爲能逢凶化吉、遇難呈祥。直至近代，有些人以脖子上能佩戴一枚周元通寶爲榮。

唐初的開元通寶在疾病防治中也有特殊的地位。據清人俞樾的《茶香室叢鈔》等古籍記載，開元通寶在火中焙燒時有水銀溢出，可治小兒急驚。也有古籍指出，焙燒中溢出的不是水銀，而是錫或蠟，但其對於小兒急驚的療效卻是許多古籍都予以認同的。背帶指甲痕的開元通寶對於慢脾驚風的療效也十分顯著。開元通寶還被用來治療骨折。清代著名錢幣學家戴熙在其所著的《叢話》中記載，青銅錢幣的銅屑可以用來治療骨折，其中以開元通寶的效果最佳。唐代張鷟的《朝野僉載》中記載了這樣一個故事：定州人崔務因墜馬導致脛骨骨折，大夫讓他取銅末和酒服下，遂得痊癒。崔務死後十餘年改葬他處，家人視其脛骨骨折處，「有銅束之」。顯然，崔務的骨折之所以能痊癒，環繞骨折處的類似銅屑的物質功不可沒。古代醫藥書中也提到自然銅有「散瘀止痛、續筋接骨」的功能，可用來治療跌撲骨折、瘀滯腫痛等。據有關研究指出，自然銅並非銅，而是天然硫化鐵礦石。《朝野僉載》中所說的「有銅束之」的銅，是銅還是硫化鐵或是其他什麼物質，尚不得而知。不過，以開元通寶爲代表的古錢幣所具有的續筋接骨之作用，卻是眾多古籍公認的。

用銅錢來刮痧也許是流傳最爲久遠的一種治療方式，其用銅錢蘸上一些香油，刮磨皮膚，刺激經絡，從而起到醒神救厥、解毒祛邪、清熱解表、行氣止痛、健脾胃的效用，對感冒、發燒、中暑、頭痛、腸胃病、落枕、肩周炎、腰肌勞損、肌肉痙攣、風濕性關節炎等療效明顯。到了近代，由於銅錢日益稀少，刮痧漸漸改用瓷質的湯匙。據說法國針灸學家泰馬史嘉還將銅錢刮痧法帶到了國外。

上面所介紹關於錢幣的藥用價值只是古籍眾多記載中的一鱗半爪，古籍中大量的相關記載，有的是從醫藥科學之角度講的，有的是從民俗之角度講的，有的時候兩者又是混同在一起的，眞假虛實往往令人難以辨別。由於時過境遷，今人已難以對此進行科學的驗證，因此對古籍中記載的古錢幣的藥理作用一直存在分歧的看法。有人認爲完全是封建迷信、荒誕不經，不值得相信。

其實，對於古錢幣的藥理作用，我們既不該不加分析地通盤接受，也不應簡單地全盤否定。本文前面提到的那些古代醫學著作，大多是富有科學性的嚴肅學術著作。古人對錢幣的藥理作用曾作過大量的科學研究，經過反覆的實驗，比如，蘇東坡在《物類相感志》中說的「銅錢與胡桃一處嚼之，錢易碎」，以及「荸薺煮銅則軟，乾草煮銅則硬」等，如果沒有經歷過多次的實驗，是不可能產生這一認識的。值得一提的是著名的醫藥科學家李時珍，為了編寫《本草綱目》，歷時二十七年，腳穿草鞋，身背藥簍，訪醫採藥，足跡遍及黃河和長江南北的廣大地區，走了上萬里路，傾聽了千萬人的意見，參閱了大量的書籍。為了正確反映一味草藥，他常常為之翻山越嶺，可全然相信，對於近在咫尺的古錢幣，若非經過親身體驗，他絕不會輕易採信前人意見的。在古代，人們在鑄造錢幣時極大可能混入某些稀有元素，這些稀有元素具有某種防治疾病的功能亦是完全可能的。因此，我們千萬不要因為銅或錫或鋅等不具有防治疾病的作用，就輕易否定古錢幣的藥理所用。

當然，我們也得承認古籍中關於古錢幣藥理作用的記載存在隨意

誇大的現象，有的甚至有些匪夷所思。王莽的布泉被稱作是男錢，婦女佩戴布泉，便能生男孩。有人寫詩說：「布泉徑寸字針懸，鼓鑄難忘居攝年。傳話深閨消息好，佩來個個是男錢。」不過即使對於這種「傳話深閨消息好，佩來個個是男錢」的現象，我們也不宜輕易斥之為迷信。以王莽的布泉為例，造成這一現象的大致有如下幾種原因：一是人們可能把偶然現象當作了必然現象；二是由於王莽的布泉是錢幣中的珍品，錢文遒勁有力，富有陽剛之氣，布泉雖然不是厭勝錢，卻勝似厭勝錢；三是由於人們出於對錢的崇拜，不由自主地誇大了錢的作用，錢已經不僅僅是商品交換的媒介，而是成了一種文化符號，成為人們祈求某種目的的一種寄託。

5 羅漢錢・厭勝錢

　　改編自名作家趙樹理之小說《登記》的現代滬劇《羅漢錢》在近半世紀來曾經流傳一時。《羅漢錢》以農村姑娘張艾艾和她母親兩代人不同的婚姻遭遇，揭示了傳統婚姻制度在往昔婦女心靈刻下的重重創傷，感動了千千萬萬剛剛跨入新社會的中國人民，有力推動了當時新婚姻法的實施。《羅漢錢》講的是農村姑娘張艾艾與同村青年李小晚相愛，互贈小方戒和羅漢錢作爲信物。但是，他倆的愛情卻遭到有守舊思維的村長等人的反對，村裡傳開種種流言蜚語。艾艾的母親小飛蛾風聞這些閒話，一度曾經動搖，但當她發現女兒身上藏著的一枚羅漢錢時，不由揭開了自身情感上的傷疤。她情不自禁打開了自己的首飾匣子，取出珍藏二十載的那枚情人所贈的羅漢錢，頓時百感交集。這枚羅漢錢見證了小飛蛾年輕時曾編織過的一場同樣美麗的愛情夢幻，但由於父母的干涉，她被迫嫁給非己所愛且素不相識的張木匠爲妻，留下了終身的隱痛。最後，在同村思想進步的燕燕姑娘鼓勵支持下，小飛蛾決心不讓女兒重複自己的淒苦和辛酸，不讓自己的悲劇在女兒身上重演，支持女兒去爭取實現自己的愛情之夢。恰巧此時官方頒布了婚姻法，艾艾和小晚在法律的保護下，在雙方家長的支持下，終於結成美滿姻緣。

　　《羅漢錢》以兩代人的婚姻遭遇控訴了傳統婚姻制度的惡性，表達人們對自由婚姻的追求。劇中的羅漢錢成爲貫穿兩代人愛情故事的一條主線，成爲兩代人愛情的見證。爲什麼艾艾和她母親兩代人的愛情信物都是羅漢錢？它憑什麼能作爲純潔愛情的象徵，讓人終身珍藏？羅漢錢究竟是一種什麼錢？

　　羅漢錢是清康熙時期鑄行的「康熙通寶」錢的一種，但它比普通的康熙通寶製作精良，且銅質金黃光亮。

　　關於羅漢錢的來歷，民間有不少傳說。一說是十六世紀初，康熙皇帝派兵進西藏平叛，途中缺軍餉，便向佛寺徵集銅佛鑄錢，爲了湊數，連同獻繳的十八尊金身羅漢，被一爐熔化鑄錢，因而此錢金光燦爛，故稱羅漢錢。

正面 　　　　　　　　　　　　　背面

羅漢錢

二說是清代道光年間，杭州淨慈寺有羅漢像五百尊，一位虔誠的信徒偶然在羅漢像的背洞裡掏出這種康熙通寶，認爲是神靈所賜，如獲至寶，興奮之餘便將摸出的銅錢稱爲羅漢錢。也有專家認爲，羅漢錢是專爲康熙皇帝六十壽辰而鑄的一種祝壽錢。康熙是清代在位最久的皇帝，長達六十一年，康熙五十二年（西元1713年）三月，正是他六十大壽，特命戶部寶泉局（當時的造幣廠）精鑄一批「萬壽錢」作爲壽辰紀念，錢幣背面左右爲滿文「寶泉」兩字，表示北京戶部寶泉局製造。今日我們已無法說清哪種說法更正確，也許我們根本就無須去弄清楚其中原委，圍繞羅漢錢身世的那些朦朧神祕的傳說，也許更能夠寄寓人們對未來的祝願和希望。

正是由於羅漢錢的做工精美，特別是那神祕的身世，使它擁有了不一般的文化涵義，超越了作爲一般等價物的貨幣，成爲一種信物、一種象徵、一種寄託。後人因此把羅漢錢或當作壓歲錢賜予晚輩，或在女兒出嫁時作爲壓箱錢，或作爲男女定情時的信物……這種習俗流傳久遠，以致直到半世紀前，艾艾和她的母親都依然將羅漢錢作爲自己定情的信物。

其實，把某種特製的錢幣作爲吉利品或避邪品的習俗在中國由來已久，早在漢代就已經出現了所謂的厭勝錢。「厭勝」是由古代方士的巫術演變而來，當時人們認爲運用厭勝法可以制伏他們想要制伏的人和物。厭勝錢就是人們比照厭勝法，爲避邪祈福而製造的一種類似錢幣的飾物，供佩戴賞玩，以厭服邪魅、求取吉祥。據《漢書・王莽

傳》記載，王莽改制後期，各地紛紛起兵反抗，王莽的統治岌岌可危，在這種情況下，王莽親自跑到南郊，用五擔黃銅澆鑄了一個長二尺五寸、狀如北斗的大銅錢，欲以厭勝眾兵。王莽的舉措無疑是徒勞的，正如杜甫所說「自古雖有壓勝法，天生江水向東流」。此後不久，王莽政權便垮臺了。

厭勝錢的種類繁多，表相內容從讚美吉祥到附庸風雅、從婚喪嫁娶到誕辰祝壽、從辟邪除惡到因果報應、從佛教經文到道教符咒、從飛禽走獸到神仙鬼怪、從花草樹木到亭臺樓閣、從歷史故事到詩詞曲賦……幾乎涵蓋了人們日常生活的各個領域，內容豐富多彩，是中國民俗文化的集大成者。民間將厭勝錢俗稱為「花錢」、「玩錢」，又有將其稱作「民俗錢」的。

厭勝錢官方與民間均有鑄造，但以民間私鑄為主。材料一般是金、銀、銅、錫、象牙等，其中尤以銅質居多。厭勝錢經魏晉南北朝，到宋遼金元，得到了全面發展。明清兩代，厭勝錢幣的鑄造和流傳達到鼎盛時期，其形制、銘文、紋飾堪稱是精美絕倫。羅漢錢正是在這一背景下產生的，儘管羅漢錢並非真正的厭勝錢，但由於籠罩在其身上的種種神祕色彩，使得它雖非厭勝錢，卻勝似厭勝錢，成為一種吉利的象徵，一種希望的寄託，成為青年男女定情的信物。

以錢幣作為愛情的信物在中國也是古已有之，如唐代所鑄「開元通寶」、「乾元重寶」銅錢，背面有各種紋飾，或月、或星、或日、或雲。有一種背面的圖案則是同心結，十分奇特。同心結是中國傳統結飾的一種，

鏤空雙龍花錢

由兩股彩繩連環相綰再抽緊而成，因其形態是兩繩交相盤繞於結的中心，所以被賦予了「永結同心」的涵義，從而象徵男女恩深情長，心心相印。在隋朝，相傳隋煬帝曾賜與夫人金盒子，盒中裝的就是數枚同心結。

到了唐代，同心結更是盛行一時。在當時的婚儀上，它曾是不可缺少之物，據史料載，整個儀式要三度用到它：其一是「牽巾」，新娘被迎至男家後，兩家各出彩緞綰一同心結，男女相牽而行；其二是「合髻」，男女各剪一縷頭髮綰成同心結式樣的「髻」，拋擲於床下；其三是「交杯」，用一同心結連接兩只杯子，男女互飲交杯酒。銅錢背面所鑄的同心結，位於穿孔上方正中位置，多用陽文，突起於錢背，略低於內部外輪。兩股繩索綰起的結兒高聳、厚實而又美觀，宛若兩葉小舟托起一團祥雲，立體感十足。紋飾雖鑄於方寸之間，但十分生動，與錢背的輪、廓搭配得非常和諧，透露出一股清雅別致之美。據有關專家研究，在同心結盛行的唐代，這種背鑄同心結的銅錢是一種在婚慶典禮上作賀禮或撒帳用的喜慶錢，是一種特殊場合的用錢，為的是討一個口彩，圖一個吉利，預示新婚夫婦將永結同心。由

於這種錢幣面文、大小及材質與常品無異，因而逐漸流入了市面，而又由於鑄額有限，流傳於今並不多見。

羅漢錢的命運與這種背鑄同心結的開元通寶十分相像，儘管它們都是一種普通的貨幣，但又都肩負了厭勝錢的使命，承載了人們對於未來的太多期盼。一枚小小的羅漢錢，儼然成為中華民族傳統文化的代表。

說到這裡，我們再來看看滬劇《羅漢錢》，劇作者在改編趙樹理小說《登記》的時候，把羅漢錢作為貫穿全劇的主線，甚至將羅漢錢直接作劇名，使該劇承載了沉重的革新歷史之使命，帶來了爭取婚姻自由、追求純潔愛情這一新希望。

6 錢幣的別名和俗稱

　　中華文化源遠流長，語言文字豐富多彩，往往對同一事物從不同的角度給予不同的稱呼，留給人們豐富無限的想像空間。這在錢幣的稱呼上表現尤為明顯，自古以來對錢幣的稱呼特別豐富，正式的稱呼就有貨、幣、錢、泉、錢幣、貨幣等，每一種稱呼都深深烙上特定歷史時期的印記。「貨」最早既是指貨物，同時也是指貨幣，反映當時處於物物交換的時期，貨物與貨幣並沒有太明顯的區別。「幣」原是指充當禮物的帛，進而被作為禮物的通稱，後來才漸漸用來專稱錢幣。「錢」則原是一種挖土的鏟子，春秋時的布幣就是仿照其形制鑄造的，在錢成為貨幣的稱呼之後，反而失去了它原來所擁有的意義。至於「錢幣」和「貨幣」，則意義相近，泛指龜、貝、布、帛、珠、玉、金、銀、銅、錫、牛、羊、皮、果、粟、茶、鹽等一切可以用來等價交換的物品，反映了貨幣作為一般等價物逐步確立的漫長過程。除此以外，錢幣還有許多別稱，如孔方兄、阿堵物、鄧通、上清童子、白水真人、榆莢、青蚨等。這些別稱往往更為生動地反映了錢幣在當時社會中的地位和作用，反映當時人們對於錢幣的認識。

　　「孔方兄」是人們最熟悉的錢幣別稱了。孔方兄的稱呼起源於東晉魯褒的〈錢神論〉，〈錢神論〉中對於錢幣有一段生動形象的文字：「錢之為體，有乾有坤，內則其方，外則其圓。……故能長久，為世神寶，親愛如兄，字曰孔方，失之則貧弱，得之則富強。無翼而飛，無足而走，解嚴毅之顏，開難發之口。錢多者處前，前少者居後。……錢之所在，危可使安，死可使活；錢之所去，貴可使賤，生可使殺。」魯褒的這一段話反映了人

榆莢半兩錢

們對於錢既愛又恨、無可奈何的一種矛盾心態。孔方取之於銅錢外圓內方的形制，由於在日常生活中錢與人們情同手足，不可須臾相離，因此被親切地稱為孔方兄。但是，孔方兄自誕生之日起所引起的拜金主義，又使得人們在交往之中，少了一分溫情，多了一分勢利，甚至弄得兄弟鬩牆、骨肉分離，於是人們在稱呼孔方兄的時候不免又多了一分苦澀。

自從魯褒提出孔方兄這一稱呼之後，由於它的生動、貼切，又迴避了古代文人所不齒的「錢」，得到了歷代文人墨客的喜愛，很快流行開來。北齊顏之推的《顏氏家訓》中就稱：「言食則糊口，道錢則孔方」，反映了孔方兄這一稱呼在當時已經得到人們廣泛的認同。宋代黃庭堅有詩云：「管城子無食肉相，孔方兄有絕交書。」這是一對絕妙的調侃聯語。前一句「管城子」指的是毛筆，細細長長，這裡以此借喻文人，缺乏富貴之相；後一句則是借用了嵇康曾因山濤追求榮華富貴，背棄前盟，而寫下〈與山巨源絕交書〉的典故，諷刺了金錢的勢利和世態的炎涼。元朝曹伯啓的「孔兄正羞澀，趙趄色鼠盦」，則生動刻劃出了一副人們因阮囊羞澀而失魂落魄的模樣。

「阿堵物」是古代人們對於錢的又一別稱。南朝劉義慶的《世說新語》中記載了這麼一個故事，西晉有個叫王衍的大臣，平時喜好老莊之學，表面上清心寡欲，口中從不言錢，也不接觸錢。有一天他的妻子突發奇想，趁王衍上床睡覺之際，令僕人在他的床邊圍了一圈銅錢，試探他的反應。第二天清早王衍醒來，見銅錢圍著下不了床，便大聲招呼僕人「舉卻阿堵物」。「阿堵」為六朝時口語，即「這個」意思，「舉卻阿堵物」就是搬走這個東西。王衍最終還算是堅持住了自己的原則，口不言錢，而言阿堵物。《世說新語》在這裡辛辣諷刺王衍這種假裝清廉、假裝不食人間煙火的迂腐舉止。這正如詩人陸游所諷刺的「家能常食粥，口固不言錢」。其實，口不言錢、手不碰錢並不等於心不愛錢，王衍的妻子恰恰對錢就有特殊的癖好。透過王衍這一故事，錢的新稱呼「阿堵物」漸漸流傳開來，也許這一稱呼特別符合古人對於錢的一種矛盾心理需求，用表面上的淡漠來掩蓋心靈深處的鍾愛。

「鄧通」也是錢幣的別稱。鄧通是人名，原是漢初皇宮裡的黃頭郎，專職掌管行船。一天，漢文帝做夢上天，卻無論怎樣都登不上

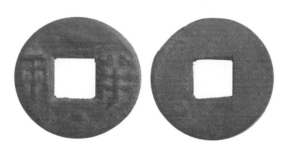

鄧通半兩錢

去，這時一個黃頭郎從後面把他推了上去，他回頭看到黃頭郎穿了一件橫腰的單短衫，衣帶繫結在背後。夢醒後，文帝前往未央宮西側蒼池邊，尋找夢中推他上天的黃頭郎，恰巧鄧通的衣帶從後面穿結，正如夢中所見。當聽說其姓鄧名通，文帝十分高興，因鄧通音近「登通」，與漢文帝夢中的意境相符。鄧通由此得到寵幸，漢文帝還將鄧通家鄉的銅山賞賜給他，並允許他用開採出來的銅鑄錢。

由於鄧通所鑄的錢分量足、品質好，上自王公大臣，中至豪商巨賈，下到販夫走卒，無不喜愛鄧通錢。鄧通錢由此流遍全國。一時間，「鄧通」便也成了錢的代名詞。直到明代的小說《金瓶梅》中還寫道：「富貴必因奸巧得，功名全仗鄧通成。」

上清童子原是神異故事中的一個年輕道士，這個故事與唐太宗時代的宰相岑文本有關。一天，岑文本午睡醒來，有道士求見。岑文本平素喜歡道教，聽是道士求見，就請進來。進來的是個不滿二十歲的小道士，仙風道骨，超凡脫俗，自稱上清童子。兩人圍繞道教經典，相談甚歡。接連幾天，每天岑文本下了朝，小道士便來，兩人總談個沒完沒了。後來岑文本發現，小道士出了山亭門，往東沒走幾步，在牆根下便眼睜睜地不見了。岑文本心知小道士不是凡人，便讓人就地挖掘，挖地三尺挖到了一座古墓，墓中沒有別的東西，就只一枚古錢。自從得了這枚古錢之後，岑文本錢財越積越多，官也越做越大。人們因此把上清童子稱作送財童子，「上清童子」慢慢也就成了錢的別稱。

錢被稱作「白水真人」則與東漢初年光武帝時期流行的讖緯迷信有關。劉秀早年起兵於南陽白水鄉，建立東漢政權以後，貨幣仍襲用王莽時代的貨泉。「貨泉」這兩個字用隸書書寫後，正好變成「白水真人」四個字，劉秀

喜出望外，認爲這是自己身受天命登基治國的象徵，乃爲一種吉兆。而劉秀身邊那些阿諛奉承的官員們爲了討得他的歡心，便把這一時期的所有貨幣都稱作「白水眞人」。

錢被稱作「榆莢」起始於漢初。榆莢是早春榆樹在長葉子前所開的一種白色花朵，形狀與圓形方孔銅錢相近，因此人們便紛紛把榆莢與錢聯繫起來。比如北周的庾信在〈燕歌行〉詩中寫道：「桃花顏色好如馬，榆莢新開巧似錢。」唐代的岑參在詩中寫道：「道旁榆莢仍似錢，摘來沽酒君肯否？」據《漢書‧食貨志》記載，西漢初年，由於秦半兩太重不便於流通，政府便下令民間鑄造一種重三銖的錢，這種錢比較輕小，類似榆莢，「榆莢」也就慢慢成爲錢的又一種別稱。

以「青蚨」指代錢，源於漢代以來流傳的「青蚨還錢」之神祕故事。晉朝人干寶寫的《搜神記》裡記載了一則神話，南方有一種昆蟲叫青蚨，其形狀似蟬而比蟬稍大。青蚨產子必定產在草葉上，取走牠的幼蟲，幼蟲的母親就會跟蹤飛來，不管在什麼地方均能找到。如果用幼蟲母親的血塗在八十一文銅錢上，把幼蟲的血塗在另外八十一文銅錢上，然後用塗了幼蟲

王莽貨泉

血的錢去買東西，而把塗了其母親血的錢留在家裡，則事後那些花掉了的錢會自己飛回來。反過來，用塗了幼蟲母親的血去買東西，而把塗了幼蟲血的錢留在家裡，結果也一樣。這就是說，誰擁有了用青蚨母子的血塗的錢，誰的錢就永遠也花不完。大概由於這一神話太有誘惑力了，以致後來「青蚨」便成了錢的代名詞，因爲誰都希望手頭的錢永遠也花不完。唐代詩僧寒山在詩中寫道：「囊裏無青蚨，篋中有黃絹。」清代詩人袁枚則在詩中寫道：「我有青蚨飛處好，半尋煙柳半尋花。」可見，「青蚨」作爲錢的別稱已被廣泛使用。半世紀以前，中國有不少店舖的名稱中都有「蚨」字，北京的「瑞蚨祥」就是一例。商家無不希望自己的客戶去了又回來，生意永遠興隆。

第五章

錢幣與文學

1 手頭無錢不為貧
架上有書便是富
——楹聯錢話趣談一

　　寫楹聯、對聯在古代是一項受到朝野上下廣泛歡迎的文化活動。一副對聯的上下聯，形式上要對仗工整、平仄協調，內容要上下呼應，要有一定的思想內涵，還要善於運用各種典故，頗不容易。由此，一副好的對聯往往在文化史上留下了一段段佳話，融入中國傳統文化的寶庫。由於錢在日常生活中的特殊性，自然也就出現在對聯和與對聯相關的酬對活動之中，或被用來表達思想情操，或被用來鞭撻貪官汙吏，或被用來反映人們對於對聯的評價和看法。由此，產生了種種趣話。

　　其一，朱元璋重賞酒店老闆的巧對。
　　明初，太祖朱元璋決心革新政治，為此，常常微服私訪，查看民情。一天，朱元璋帶了大臣劉三吾微服出遊。晌午時分，不覺到了城外三十里的一處地方，君臣兩人飢腸轆轆，忽見前面不遠處有幾間茅屋，門前斜掛的小旗上面寫有

明代銀錠

「酒」字，便走了進去。鄉村小店沒什麼下酒之物，不過是些花生米、茴香豆之類。兩人要來白酒，便對飲起來。
　　幾口下肚，朱元璋不由皺起眉頭，原來那酒又濁又淡，自然比不得宮中的御酒。他越喝越覺得沒味道，看看桌上又沒有下酒菜，便放下酒杯，長嘆一聲：「小酒店三杯五盞，沒有東西。」坐在一旁的劉三吾也覺得不好喝，由於擔心暴露身分，他拉拉朱元璋的衣袖，勸其將就，兩人便又對飲起來。
　　此時，正在一旁的店老闆，全聽在耳中。其實，從朱元璋君臣進店的一刻起，店老闆就感到此二人非等閒之輩。聽了朱元璋的上聯，更感到必有來頭。店老闆讀過幾年書，人又聰明詼諧，便接口應道：「大明國一統萬方，不分南北。」

　　店老闆的下聯與朱元璋的上聯對得恰到好處，其內容尤其討得朱元璋的歡心，「小酒店」對應「大明國」，特別符合微服出訪的朱元璋此刻的心境。特別可貴的是，店老闆的下聯，使得朱元璋大白話一樣的上聯，頓時成為絕世佳句。朱元璋一聽此聯，心情分外舒暢，濁酒成了美酒，花生米、茴香豆成了難得的佳餚，他端起酒杯一飲而盡。臨走，賞給店老闆許多銀子。

　　後來，朱元璋到小酒店喝酒的事很快傳開了，店老闆請來高手書寫此聯，高高張貼在小店裡，客人紛紛慕名前來。店老闆的巧對，給他自己帶來了滾滾財源。

　　其二，徐達百金求徵下聯。

　　南京有一座瞻園，園中風景秀美，別具一格，朱元璋稱帝前曾居住於此，被稱作吳王府。徐達是朱元璋手下的一員大將，一生跟隨朱元璋，轉戰南北，戰功卓著，但功高不矜，被朱元璋譽為「萬里長城」。明朝初年，為了獎勵徐達的功績，朱元璋特將瞻園改建後賜給他，作為他的府邸花園（太平天國時期，瞻園曾是東王楊秀清的府邸，現為太平天國歷史博物館）。瞻園南、北、西三面為假山，山洞曲折幽深，山峰挺拔聳立。東邊迴廊水榭，「工」字廳一面臨水，一面為花臺、綠地，紅綠相襯，美不勝收。

　　面對如此庭院和浩蕩皇恩，徐達打天下、坐江山的激情澎湃，不由也想附庸風雅，便命人拿來筆墨，一書胸臆。徐達揮筆疾書，上聯很快便寫好了：

　　　　大江東去，浪淘盡千古英雄。問樓外青山、山外白雲，何處是唐宮漢闕？

　　這一上聯借景寓情，在表達對瞻園之鍾愛的同時，抒發了一個勝利者、

瞻園景一

瞻園景二

一個政治新貴志得意滿的心情。可是徐達畢竟行伍出身，肚裡文墨有限，書完上聯，卻再也書不出令自己滿意的下聯。於是，他在府邸門口貼了一張求徵下聯的告示，告示中赫然寫上他的上聯，稱「有能對者，懸百兩黃金酬之」。告示貼出之後，府邸門前人影攢動，熱鬧非凡，不少人前來圍觀。但幾個月過去了，人們大多不敢輕率前來應對，也有的雖然對上了，但內容平庸，徐達都不甚滿意。一日，來了一位普通的讀書人，在徐達府邸前，略加思索，揮筆寫下下聯：

> 小苑春回，鶯喚起一庭佳麗。看池邊綠樹、樹邊紅雨，此間有舜日堯天。

這一下聯，不但描繪了瞻園的佳麗、春色美景、綠樹紅花，而且還用舜日堯天比喻明王朝開國的天子將相。在形式和內容與上聯對得十分貼切，尤其迎合了明代開國君臣當時的心理冀求。徐達看了，異常興奮，傳令下去賞黃金一百兩，並把這副對聯刻寫在府邸的楹柱上。

其三，何孟春以「書富」巧對「錢貧」。

李東陽是明代天順進士，官至禮部尚書兼文淵閣大學士，同時

瞻園景三

瞻園景四

還是明代著名的文學家和書法家。何孟春是明代弘治進士，官至吏部侍郎。在明代風雲變幻的政治舞臺上，李、何兩人屬於較耿介正直的官員。何孟春年輕時師從李東陽，在名師的指點下，學業突飛猛進。何孟春自幼聰明過人，又酷愛讀書。李東陽家藏書極多，何孟春如魚得水，每日在知識海洋裡遨遊，其樂無窮。李東陽在傳授知識的同

時還教給他許多做人的道理。一日，何孟春正在李東陽的書齋裡查閱資料，李東陽借題發揮，出了一條上聯，要何孟春對下聯。李東陽的上聯是：

　　　　手頭無錢不為貧。

何孟春看了看滿屋的藏書信，口答道：

　　　　架上有書便是富。

李東陽聽了，不住地點頭，極為讚賞何孟春對於錢財和貧富的認識。過了幾天，恰逢中秋節，師生二人臨窗賞月。但見星月皎潔，銀河在天，李東陽感慨說道：

　　　　窗上一輪明月，這般清趣少人知。

何孟春若有所思地應對道：

　　　　案上幾部詩書，那裏精微皆自得。

由「明月」到「詩書」，由「清趣」到「精微」，反映了何孟春這些年在李東陽的教誨下，無論是學問還是人品，其進步之大令人刮目相看。李東陽十分高興，從此更是精心栽培。何孟春最終不負師望，脫穎而出，於弘治丙辰科高中進士。

　　其四，乾隆百兩紋銀贖一字。

王杰是乾隆二十六年的進士，先後擔任兵部尚書和軍機大臣。和珅擅權時，王杰曾與之據理力爭。嘉慶繼位後，和珅倒臺，王杰得到重用。

王杰為人聰明自信，傳說乾隆以百金為其贖還一字的故事，頗能說明這一點。當年王杰赴京趕考，途中銀兩用罄，食宿無著，書僮為之擔憂，王杰卻毫不介意。一天，他們走過一個小鎮，王杰命書僮從行囊裡取出筆墨，揮筆寫了斗大一個「子」字，然後讓他拿到當舖當五十兩紋銀，以充路上食宿之用。書僮將信將疑地找到一家當舖，當舖的小伙計聽說一個字要當五十兩紋銀，以為是天方夜譚，馬上拒絕。正在爭執不下之時，掌櫃聞聲趕來，問明情況，又看了看王杰那遒勁蒼涼的書法，當即付銀五十兩。王杰依靠這五十兩銀子來到京城，通過殿試，中了頭名狀元，得到乾隆的重用。

　　有一天乾隆命群臣為金鑾殿擬寫一副對聯，要求上下聯各三個字，橫額五個字，既要頌揚皇帝聖

清代銀錠（五十兩）

德，又要囊括萬里河山。群臣聽了，面露難色，這時大臣中有人對王杰心存妒忌，便故意刁難，向皇帝進言：「王大人才智超群，何不一展雄才，以謝皇恩。」金鑾殿上群臣隨聲附和。

王杰也不謙讓，拱手道：「下官獻醜了。」說畢吟出一聯：

天一統　地萬年。

橫額：天子重英豪

乾隆聽罷，連聲叫好。即命快快書來，懸之金鑾殿上。王杰即刻揮就，但在寫橫額時故意漏掉一個「子」字。乾隆很吃驚，問是怎麼回事。王杰回答：「啓稟萬歲，這個字臣已經寫過了。」隨即將赴京趕考途中寫字當銀的事稟告了一番，並將當票呈驗。

乾隆立即命人快馬日夜兼程，用百兩贖金，贖回王杰寫的「子」字，又親自將它嵌在橫額之中。遠遠望去，竟渾然一體。

其五，李元度「買紙成錢」譏諷善男信女。

李元度爲清朝末年湖南平江人，是曾國藩的老鄉，早年曾在曾國藩手下當幕僚，參與了對太平天國的戰爭，後來官至貴州布政史。李元度在從政的同時，在學術上也有相當成就，對清代文獻資料的整理貢獻頗大。

一日，李元度遊西山聖廟，僧人知道李元度的學問，便出句讓李元度應對，有意藉此造就一段佳話。僧人的上聯云：

心有佛，世無佛，茹素念經，藉佛洗心心即佛。

李元度細細琢磨僧人的上聯，不由感到滿腹禪心的僧人頗得佛教的真諦，只要你真心向佛，棄惡從善，便能立地成佛。相比之下，那些正在佛像前燒香叩首、焚燒紙錢的善男信女們，貌似虔誠，但又有幾個是真心向佛的，花錢買紙，無非是出於世俗的功利心態，祈求菩薩的保佑。想到這裡，下聯便脫口而出：

銅是錢，紙非錢，酬恩報孝，將錢買紙紙成錢。

李元度的下聯表面上對那些善男信女們並無什麼不恭敬之處，實際上卻暗含幾分譏諷。因爲，紙是永遠不可能變爲錢的，「將錢買紙紙成錢」，不過是一種既欺人又自欺的心理遊戲罷了。李元度在這裡一針見血地指出了佛教在中國傳布過程中所存在的不足，佛教徒中真正藉佛洗心的不多，臨事抱佛腳，祈求保佑的卻不少。

2 溫飽富豪講風雅
飢饉畫人愛銀錢

——楹聯錢話趣談二

　　錢在對聯中還常常或被用來鞭撻諷刺貪官汙吏和土豪劣紳，或被用來以其人之道還治其人之身，使那些欺世盜名的僞君子最終搬起石頭砸自己的腳，這類對聯往往化作被壓迫者釋放不平心理的手段之一，成爲鼓舞被壓迫者團結起來反抗黑暗社會的一種有效武器，在歷史上留下了一則則大快人心的趣話。

　　其一，明日逢春好晦氣，新年倒運破浮財。

　　祝枝山是江蘇長洲（蘇州）人，是明代書法家，他將趙孟頫、王羲之、王獻之、懷素等的書法融會貫通，發展爲自成一體的狂草，被譽爲「明朝第一」，有「唐伯虎的畫，祝枝山的字」之說。祝枝山的仕途並不順利，三十二歲中舉人，但直到五十五歲才謀得一官半職，授廣東興寧縣知縣，六十三歲任京兆應天府通判，由於不滿官場腐敗之風，一年後便辭官返歸故里。

　　有一年，祝枝山在杭州過春節，年三十夜見一財主逼債。他深深爲之不平，便想找機會戲弄這位財主。那時候杭州人過年有一習俗，家家都在大門

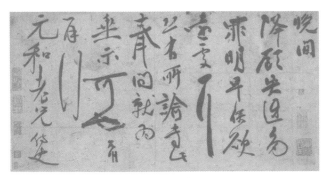

祝枝山草書

上貼兩張不寫字的紅紙，取個「一年平安無事（字）」的吉兆。於是，祝枝山便在那家財主大門的紅紙寫上這樣一副對聯：

　　明日逢春好不晦氣
　　新年倒運少有餘財

旁邊還書上祝枝山的大名。

大年初一一大早，財主發現祝枝山居然在門上寫上「好不晦氣」、「少有餘財」此類不吉利的話，氣憤異常，便將祝枝山告到府衙。雙方對簿公堂時，祝枝山說這是吉利話，財主說是不吉利的話，一時爭執不下。知府說：「你倆各拿出五十兩紋銀，誰講出了道理，對方的紋銀就歸誰。」

只聽祝枝山大聲說道他寫的對聯是：

　　明日逢春好，不晦氣；
　　新年倒運少，有餘財。

知府一聽是吉利話，便叫財主把五十兩紋銀給了祝枝山。那位習慣於逼人破財的財主這次不但新年挨了罵，還要乖乖奉出白花花的五十兩紋銀，明知被人戲弄，只好自認晦氣。

其二，溫飽富豪講風雅，飢饉畫人愛銀錢。

鄭板橋是清朝中期江蘇興化人，康熙時的秀才、雍正時的舉人、乾隆時的進士，其詩、書、畫世稱「三絕」，尤擅畫蘭竹。

鄭板橋畫像

鄭板橋的竹

鄭板橋常年客居揚州，以賣畫爲生，爲「揚州八怪」之一。鄭板橋仕途不順，僅先後任山東范縣和濰縣縣令。但在任期間，他關心民間疾苦，清正廉潔，還常以自己的銀子接濟窮人，以致他離任的時候，全部家當一頭毛驢就能馱起。一年發生災荒，他不等上司的批准擅自打開糧倉，給百姓送來了及時雨。這正如他自己寫詩所說的「衙齋臥聽蕭蕭竹，疑是民間疾苦聲。些小吾曹州縣吏，一枝一葉總關情」。最終鄭板橋因爲擅自接濟百姓而觸怒上司，被罷了官。

鄭板橋心繫老百姓，對有錢有勢的人卻從不屈從。一次，兩江總督唐亦賢要來揚州遊玩，行前，他帶信給大鹽商姚有財，要姚替他弄一副鄭板橋寫的對聯。姚有財馬上派人訂製了兩張一丈多長、六尺多寬的上好宣紙，請鄭板橋寫一副特大的對聯。鄭板橋問清原由，便一口回絕了。姚有財急得像熱鍋上的螞蟻，忙派人對鄭板橋說：「只要你答應寫，當以重金酬謝。」鄭板橋知道姚有財捨不得多花錢，藉機開出了二千兩的天價，想以此嚇退來人。果然，姚有財又派人與鄭板橋商量，請他通融一些。

鄭板橋問：「你家老爺肯出多少錢？」來人說：「一千兩。」

鄭板橋想了想，拿起筆就寫，唰唰幾下就寫好了上聯：

温飽富豪講風雅

他寫好上聯，丟下筆就要走。來人急了，催促說：「先生還沒寫完呀！」

鄭板橋一本正經地說：「不是寫好了嗎？」

來人說：「還有下聯呢？」

鄭板橋說：「二千兩銀子一副對聯，你家老爺只出一千兩，我只好寫一半了。一半對一半，這不很公平嗎？」

來人慌了，只好回去一五一十告訴姚有財。姚有財知道上當了，一千兩銀子只換來半副對聯。不要他寫吧，白白送掉一千兩銀子，這張特製的宣紙也完了；要他寫吧，還得拿一千兩銀子。權衡再三，只好忍痛再奉上一千兩銀子給鄭板橋。

鄭板橋這才大筆一揮，寫下下聯：

飢饉畫人愛銀錢

姚有財看著這副對聯真是哭笑不得，花了二千兩白銀，還被人狠狠調侃了一通。

赤壁

其三，媚上欺下裝斯文，袖金贈賄假清廉。

清朝有一位知府，對上竭盡阿諛奉承之能事，對百姓則完全是另外一副面孔，貪汙納賄，凶神惡煞。但這位知府卻千方百計將自己裝成一心愛民、兩袖清風的清官。一年除夕，他恬不知恥地在門上貼出這樣一副對聯：

> 熱血一腔愛民如子
> 清風兩袖視金如泥

百姓見了，又好笑又氣憤，天底下竟有如此厚顏無恥之人，決心設法揭去偽裝，教訓教訓這位知府。

第二天一早，人們又聚到知府門口，只見昨天那副對聯已經被一副新對聯取代。新聯寫的是：

> 見州縣則吐氣，見道臺則低

眉，見督撫大人，茶話須臾，只解道說幾個是是是；

> 有差役為爪牙，有書吏為羽翼，有地方紳董，袖金贈賄，不覺得笑一聲哈哈哈。

一個媚上欺下、袖金贈賄的貪婪知府形象躍然於紙上。眾人見了，無不拍手稱快。知府出來見了對聯，不由惱羞成怒，本想欺世盜名，卻弄巧成拙，反成為醜行和新笑料。可是民意難違，眾怒難犯，知府只好讓差役將對聯悄悄撕了。

其四，理邪？錢邪？請君且自領略。

三國時著名的赤壁大戰的主戰場在湖北省蒲圻縣，即在今武昌縣西北沿江約一百里的南岸，西元1998年改名為赤壁市。有人卻曾誤將湖北黃岡縣西北江濱的赤鼻磯當

作三國時的赤壁，由於種種原因，究竟何處是赤壁大戰的舊戰場，人們爲此長久爭論不休。

清朝黃州（今黃岡縣）有個太守，因貪贓枉法臭名遠揚，可這個人特別愛作秀，爲掩蓋醜行，誇耀自己治理黃州的政績，同時炫耀腹中學問，他在黃州城外的放龜亭題了一副對聯：

> 昔日黃州如何，今日黃州如何，請君且自領略；
> 這是赤壁也可，那是赤壁也可，何必苦爲分明。

後人根據這位太守的品行，僅僅只是將原對聯換了幾個詞，表達的意思便完全相反，恰到好處地揭露了他貪贓枉法、踐踏公理的醜惡嘴臉：

> 原告送錢若干，被告送錢若干，請君且自領略；
> 這邊有理也可，那邊有理也可，何必苦爲分明。

其五，滿市銅元破爛啞，謹防銅像化銅元。

劉師亮是民國時期四川有名的幽默大師，膽識過人，筆鋒犀健，所撰諷聯無不刺肺穿心，蕩氣迴腸，令人拍案叫絕。據傳劉師亮曾大白天打著燈籠在成都四處遊逛。行人問之何故？答曰：「這世道太黑暗了，看不見路在何方。」

1930年代，四川軍閥鄧錫侯、田頌堯以及劉某等爲了聚斂錢財、割據一方，在成都建造幣廠。鑄錢的材料不足，他們就在民間大肆搜求各種家用銅器，弄得雞犬不寧，老百姓怨聲載道。劉師亮就此撰聯道：

> 滿市銅元破、爛、啞
> 三軍都督鄧、田、劉

用「破、爛、啞」與「鄧、田、劉」相對應，暗喻鄧、田、劉禍國殃民，早晚將像那些破銅爛鐵一樣被掃進歷史的垃圾堆。

民間的破銅爛鐵畢竟有限，遠遠滿足不了造幣廠的需要，鄧、田、劉又打起寺廟銅佛的主意。當時成都春熙路上有一座孫中山先生的銅像，爲防銅像遭遇不測，劉師亮便在銅像的底座上貼了一聯：

> 兩眼瞪著天，準備今天淋暴雨；
> 雙手捏把汗，謹防他日化銅元。

劉師亮在詼諧幽默之中，狠狠抨擊了鄧、田、劉等軍閥聚財擾民的劣跡。

3 生財有道務必見義思意
——楹聯錢話趣談三

農曆正月初五是財神的生日，也被稱作「財神日」，正月初五接財神已成爲春節期間的一項重要習俗。這一天，零點一到，全國的城市鄉村、大街小巷、商舖店家、庭院民宅，煙火爆竹此起彼伏，一家比一家多，一家比一家響。近幾年，這一習俗有越演越烈的趨勢。關於財神的傳說在中國源遠流長，東晉干寶的《搜神記》和五代的《玉堂閒話》中就有關於「錢神」的記載，到明代漸漸形成較明確的財神信仰。

遍及全中國各地的財神廟以及財神廟裡旺盛的香火，反映了財神信仰在中國所擁有的廣泛群眾基礎。財神文化、財神信仰最能反映華人社會的一種矛盾心態，人們一面虔誠地祭財神、接財神，紛紛爲財神塑像蓋廟，祈求財神的關照和保佑；一面十分清楚財神是靠不住的，不可能僅靠燒香祈求就會幫助你發財，特別是正月初五這一天千家萬戶爭相迎接財神，財神必然分身乏術。對於這種矛盾心態，各地財神廟的楹聯中有鮮活的寫照。

我們先看看前一種情況的楹聯：

通四海之財源，普占吉慶；

賜萬民以福澤，永獲豐盈。

這是各地財神廟最常見的楹聯。這副楹聯清楚道出了人們對於財神所懷有的那種熱切希望。

中國自古以來是個多神崇拜的社會，人們對於神明的崇拜帶有強烈的功利色彩，往往人們在現實生活中缺少什麼、需要什麼，神明世界裡就會出現一個相應的神，幫助人們排除困難，實現夢想。發財致富是千百年來人們孜孜以求的希望，而在漫漫發財路上，總是成功的少、落空的多，人們不由希望神明能夠幫上一把。對財神的崇拜就是在這種情況下應運而生的。

山東聊城的山陝會館是山西、陝西商人爲「祀神明而聯桑梓」集資合建的一座神廟與會館合一的建築群，始建於清乾隆八年（西元1743年），其中財神殿與文昌火神殿南北呼應，是當年商人們祈禱發財的地方。

財神殿分為獻殿和複殿，獻殿正面外柱上的楹聯為：

位津要而掌財源，萬里腰纏畢至；

感錢神以成砥柱，千秋寶載無虞。

正是由於人們以為財神「位津要而掌財源」，掌握著社會的經濟命脈，所以完全能夠「通四海之財源」、「賜萬民以福澤」。

連雲港財神廟中的楹聯「執掌五銖通利用　權衡九府達財源」，則是對聊城山陝會館財神殿楹聯的補充說明。它具體指明財神猶如國家的財政機關「九府」掌管貨幣（五銖）的鑄行和貨物的流通那樣，掌管了人們的財運，因此他的眷顧與否，決定了一個人財運的興衰。

有意思的是江西龍虎山道教祖庭財神殿的楹聯，用財神自己的口吻說出來，調侃之中，既有利誘又有威逼：

莫笑我泥塑偶像許個願試試

哪怕你多財善賈不燒香瞧瞧

看了這樣的楹聯，誰還敢得罪財神老爺。由此，人們對於財神的頂禮膜拜，對於祭財神、接財神的虔誠和熱中，也就不難理解了。

其實，之所以出現財神崇拜，其根源還在於中國社會的發展機制不完善。直到今天，中國的社會機制還存在著這樣或那樣的缺失，人作為一個個體在發展過程中缺乏足夠的機制性保障，人對於自身的明天缺乏必要的信心，由此就希望能有一個高高在上的神明來保佑自己，這便是財神崇拜產生的原因。據說著名的美國「股神」巴菲特，在他的家鄉卻少為人知。其原因或許就在於，美國人對於自己的將來有較清晰可靠的預期，這一預期透過自身的努力全然是伸手可及的，因此，美國人不需要股神，也無須去崇拜股神。中國的情況跟美國不一樣，因此，中國需要崇拜股神，需要崇拜財神。

就在財神崇拜越演越烈的同時，人們在內心深處對於財神的認識實際還是頗為清醒的，我們不妨看看反映後一類情況的楹聯。比如，有不少財神廟裡的楹聯就以詼諧的口吻，告誡人們財神的法力有限，不要對其寄寓過分的冀望：

只有幾文錢，你也求，他也求，給誰是好？

不做半點事，朝也拜，夕也拜，教我為難！

貴州安順財神廟裡的這一楹聯在許多財神廟裡都能看到，有的財神廟裡的楹聯則把類似的意思說得更為透徹：

你求名利，他卜凶吉，可憐我全無心肝，怎出得什麼主意？

殿遏煙雲，堂列鐘鼎，堪笑人供此泥木，空費了多少錢財！

坦率真誠如此的財神老爺，雖然助人乏力，卻滿懷助人之心，他們跟前的香火想必是不會冷清的。

而更多財神廟裡的楹聯則是無情地退下了蒙在財神身上的神祕面紗，告訴人們真正的發財祕訣還是握於自己手中。

杭州萬松嶺下財神殿有一副楹聯如是說：

我若真靈，也不致灰塵處處堆，皮肉塊塊落；

汝當頓悟，須知道勤儉般般有，懶惰件件無。

吳中道教勝地玄妙觀，最近修葺一新，建築群巍峨壯麗，三清殿兩旁的殿堂增添了不少神像與對聯，給傳統的道教文化注入了新的內涵，讀來耐人尋味。財神殿神壇上端坐著文武財神爺，殿內抱柱楹聯巧妙地嵌入了幾位神仙的名字，對仗工整，立意新奇，富含哲理：

有德斯福招財納珍自來駐爾家
不義豈昌財官利市求亦無緣分

橫匾為：理財正辭

如此「理財正辭」，不由讓人感到端坐在財神老爺寶座上的，簡直就是披著財神外衣的孔老夫子。其實，各地財神廟（殿）裡多的便

是這一類楹聯。例如：張家界道教聖地五雷山財神殿，供奉財神趙公明神像，神像前的楹聯為：

生財有道務必見義思意
雲神無私定然佑善懲惡

營口老爺閣，本名關聖閣，因所奉聖神為關羽而得名，人們尊稱關羽為關老爺，便俗稱老爺閣。老爺閣始建於清咸豐十年（西元1860年）十一月，老爺閣上層閣內塑有關羽像，兩旁站立著關平、周倉像；下層閣內塑有武財神趙公明像。塑像前的楹聯借用了俞樾集《四書》集句題財神廟的楹聯：

無以為寶，惟善以為寶，則財恆足亦；

義然後取，人不厭其取，又從而招之。

貴州普定財神廟複字頂針楹聯為：

富而可求求人不如求己
物惟其有有德自然有財

俞樾集《四書》另有一副題財神廟的楹聯云：

生財有大道則拳拳服膺仁是也義是也富哉言乎至足也
君子無所爭故源源而來孰與之天與之神之格思如此夫

面對這些飽含著生活哲理且修辭優美的楹聯，不由深深為古人們對於世事洞如觀火般的認識所折服。

第六章

錢幣與人物

1 利旁有倚刀　貪人還自賊

——晏子

> 甘瓜抱苦蒂，美棗生荊棘。
> 利旁有倚刀，貪人還自賊。

　　這一漢代無名氏留給我們的詩篇，講述了一個簡樸的真理，金錢既能給人帶來幸福，也會給人帶來災難，因此我們必須對金錢抱有理智的態度，對其取捨有度，只有這樣金錢才可能最大限度地提升人生的幸福指數。春秋時期的晏子可謂是實踐這一真理的典範。

　　晏子（晏嬰）是春秋齊國的宰相，在「晏子使楚」的典故裡，他的機智和才幹表現得淋漓盡致，已成中國百姓家喻戶曉的故事。

　　晏子雖然身居高位，功勛昭著，但居安思危，對錢財常懷一種理智的態度，生活過得十分簡樸。

　　一次，齊景公派使者來訪，晏子將自己的飯食與使者共享，結果兩人都沒有吃飽。齊景公聽說這一情況，馬上派人送給晏子一筆金錢，以免招待賓客時遭遇餓肚子的尷尬。晏子卻婉言謝絕。他說：「我並不窮，我用君王的俸祿使三族（父族、母族、妻族）都受了益，朋友也沾了光，還用來救濟百姓。君王給的俸祿，誰也不同享，把周圍的人都得罪了，死後財產轉到他人手上，這等於把財產束之高閣，只有糊塗的人才會幹這種事。」

晏子像

　　當時，齊國有個叫慶豐的大夫，因罪遭到齊景公的追究，被迫逃到了魯國。他出逃後，他的產邑（封地）被瓜分。其中，邶殿一帶分給了晏子，晏子堅決不接受。有人不能理解，好意勸他：「發財致富這件事是人人都期盼的，為什麼你將送上門的財富卻之門外呢？」晏子回答：「慶豐的城邑很多，他的欲望滿足了，結果是不得不踏上逃亡之路。我的城邑還不足以滿足自己的欲望，如果加上邶殿，欲望就會滿足，這樣我離逃亡的日子也就不遠了。我之所以不接受邶殿，不是討厭富，而是害怕失去富。富這個東西，就像布帛有一定的寬度，要給它規定一個幅度，它才不會輕易發生變化。由於人們都貪圖優裕的生活和舒適的享受，所以就得靠端正品德來加以限制，使財富既不缺少又不過多，這就需要限制利益。利益太多反而會損害自己，我不想失去已經擁有的利益，所以不得不對逐利的欲望加以限制。」

　　晏子所論，是對漢代無名氏詩篇下了最為生動的詮釋，也許漢代的那位無名氏正是依據晏子的言論，透過藝術的加工，而成為一首傳頌千年的不朽詩作。其實，在晏子那個時代，有不少先賢像晏子那樣，以理性的眼光看待金錢，將氣節、情操等高高置於金錢之上，由此留下了一段段佳話予後人。

　　春秋時，宋國的司空子罕就是其中之一。一次，有人偶然得到一塊珍貴的玉石，便將它送給子罕，沒想遭到子罕的拒絕。送玉者急忙解釋，此玉已經加工玉的師傅鑑定，是一塊上好的寶玉。子罕哪裡不曉得這是塊價值不菲的寶玉，只是他不願因為一塊寶玉而損害自己的氣節。他說了一段很有意思的話：「在你看來美玉是寶，可我則認為當官的人不貪才是寶。今天如若你把美玉給了我，你便失去了寶玉之寶，而我如果收下你的美玉，則會丟掉我的不貪之寶，倒不如我們各自都留住自己的寶吧！」子罕在委婉地拒絕他人禮物的同時，拋出了一道頗有意思的問題，究竟什麼是寶。金錢財物固然值得珍惜，但「利旁有倚刀」，當官的不貪才是最為珍貴的，這便成為子罕拒絕寶玉的直接動因。有一年，宋國發生饑荒，子罕便建議宋平公拿出公室的糧食借給百姓，讓大夫們也把糧食借出來。子罕自己則帶頭將家裡的糧食借給百姓，卻不寫借據，並不要求歸還。宋國百姓終於順利度過災荒。

　　比晏子、子罕稍早一些的孫叔敖也是這樣的一個人。孫叔敖是春秋時期傑出的政治家，西元前601年，他出任楚國令尹（楚相），輔佐楚莊王施教於民，寬刑緩政，發展經濟，政績斐然。他主持興修了一連串水利工程，其中當時堪稱大型水利工程的芍陂（又稱安豐塘）至今尚在發揮作用。他曾極

力勸阻楚莊王停止鑄行大面值的貨幣，恢復通行小面值的貨幣，維護了市場的繁榮。在他的治理下，楚國出現了「家富人喜，優贍樂業，式序在朝，行無螟蜮，豐年蕃庶」的興盛氣象，成為春秋五霸之一。

孫叔敖身為一代名相，但一生清廉簡樸，生前兩袖清風，死後一貧如洗。司馬遷在寫《史記》的時候，將其列為《循吏列傳》的第一人。史籍記述了這麼一個故事：孫叔敖出任令尹時，全國的官吏和百姓都來祝賀。唯獨有一老人，穿著麻布製的喪衣，戴著白色喪帽，一派弔喪的模樣。孫叔敖不氣不惱，整理好衣帽出來接見，對老人說：「楚王不瞭解我沒有才能，讓我擔任令尹這樣的高官，人們都來祝賀，只有您來弔喪，莫不是有什麼話要指教吧？」老人說：「當了大官，對人驕傲，百姓就要離開他；職位高，又大權獨攬，國君就會厭惡他；俸祿優厚，卻不滿足，禍患就可能加到他身上。」孫叔敖向老人拜了兩拜，說：「我誠懇地接受您的指教，還想聽聽您其他高見。」老人說：「地位越高，態度越要謙虛；官職越大，處事越要小心謹慎；俸祿已很豐厚，就不應索取分外財物。您嚴格遵循這三條，就能夠把楚國治理好。」我們今天

已經無法考證這一故事的真實性，不過孫叔敖的為官處事倒是不折不扣地踐行了老人提出的那些意見。

據有關史籍記載，孫叔敖的妻子從來不穿用綢緞等做的衣服，他的馬也從不吃小米等精製飼料，他出行乘坐的是破舊車子，而駕車的則是瘦弱的母馬（春秋時達官貴族都用公馬拉車）。孫叔敖的隨從感到他過分苛求自己，便對他說：「車新則安，馬肥則疾，狐裘則溫，何不為也？」意思是，以你的身分地位完全可以對自己好一些。孫叔敖回答：「我聽說君子穿得越好，就越謙恭；小人穿得越好，就越驕橫。我這個人沒有君子的德行，所以在生活上不敢有太多的奢

孫叔敖像

158

求。」他曾多次堅辭楚王的賞賜，以致家無點滴積蓄，臨終時連棺柩也無力置辦。他去世後，他的子孫生活貧困，依靠打柴糊口。

後人感嘆於孫叔敖清貧的一生，寫下〈慷慨歌〉：「貪吏而不可為而可為，廉吏而可為而不可為。貪吏而不可為者，當時有汙名；而可為者，子孫以家成。廉吏而可為者，當時有清名；而不可為者，子孫困窮被褐而負薪。」甘瓜與苦蒂、美棗和荊棘，〈慷慨歌〉的作者借用這一兩難的選擇，對孫叔敖的選擇予以充分的肯定。孫叔敖與晏子等一樣，在名譽、地位、待遇、金錢面前，始終保持著理智的態度，正由於此，在別人慶賀他升遷的時候，他能虛心聽取那位一身弔喪打扮老人的那些批評性建議；他能在隨從的牢騷話面前，保持一顆冷靜的平常心。

「利旁有倚刀，貪人還自賊」，但願今天的人們都能像晏子和孫叔敖那樣，在金錢面前不貪婪，對於自己的進退得失，在權衡和選擇的時候，多一分冷靜，多一分理智，多一分睿思。

2 床頭黃金盡 壯士無顏色

湘東行人長嘆息，十年離家歸未得。

弊裘羸馬苦難行，僮僕飢寒少筋力。

君不見床頭黃金盡，壯士無顏色。

龍蟠泥中未有雲，不能生彼升天翼。

這是唐朝詩人張籍所寫下〈行路難〉中的詩句。詩人在詩中將一個人由於囊中羞澀，壯志未酬，有家難歸的窘態刻劃得入木三分。歷史上眾多的名人志士由於床頭黃金盡，一時陷落「無顏色」的尷尬境地，由此深深感受到世態的炎涼。名人們的當年遭遇也許能幫助我們對社會、對人生、對金錢有一些新的認識。

遭家人冷遇的蘇秦

蘇秦是戰國時期著名的縱橫家，他與張儀、孫臏、龐涓同為著名謀略家軍事家鬼谷子的學生。從戰國中期開始，戰國七國中秦強六國弱的態勢已大抵形成。在秦與東方六國對峙的局勢，蘇秦游說六國的君主，以合縱（合眾弱以攻一強）來對抗秦國。在秦國的軍事擴張威脅面前，六國最終採納了蘇秦合縱的主張。蘇秦被推舉為六國的縱約長，一度還胸掛六國的相印。由蘇秦一手主導而成的六國聯盟，確實奏效，秦國不得不放慢了兼併的步伐，在十五年的時間裡未敢輕易跨過函谷關。蘇秦由此一度成為戰國舞臺上呼風喚雨的人物。

其實，蘇秦的人生道路並非一帆風順，他曾為錢所累，也曾因床頭黃金盡，而壯士無顏色。早年的蘇秦曾希望在周朝謀得一份差事，但因為出身貧寒，無人可引薦。於是他變賣家產充路費，來到秦國，以求能謀個一官半職。到秦國以後，蘇秦游說秦王，鼓吹以武力征服天下，他曾為此十上其

書，洋洋灑灑數萬言，卻未能說動秦王。最終花光了盤纏，無功而返。當他兩手空空、失魂落魄回到家裡的時候，受到了以「治產業，力工商」為立家之本的全家人的冷遇。妻不以其為夫，嫂不以其為叔，父母不以其為子。妻子只顧織布，只當沒看見他；儘管他飢腸轆轆，嫂子卻不為他煮飯。當然，蘇秦不愧是蘇秦，他並沒有因此自暴自棄，更沒有因此改變自己的志向，而是更加發奮讀書，在古代歷史上演繹了「頭懸梁，錐刺股」的動人故事。蘇秦最終學得了一身真本事，他正確分析了當時七國的形勢，當他用他的「合縱」理論游說六國君主時，竟然屢試不爽，大獲成功。一次，當他身佩燕國的相印，前往楚國游說時，路過家鄉洛陽，家人的態度有了一百八十度的大轉變。父母趕緊清掃街道，雇用樂隊，迎出三十多里地；妻子低著頭不敢正視；嫂子則乾脆跪在地上磕頭請罪。蘇秦不由問嫂子：「妳為什麼『前倨而後卑』，判如兩人呢？」嫂子的回答倒很實在，她說：「全因為你今天『位尊而多金』。」蘇秦因此發出由衷的感嘆：「嗟乎！貧賤則父母不子，富貴則親戚畏懼。人生在世，勢位富貴，蓋可忽乎哉！」蘇秦的話，可謂是對「床頭黃金盡，壯士無顏色」最好的注釋了。

被冤枉偷竊玉璧的張儀

張儀與蘇秦都曾拜在鬼谷子的門下，據說張儀的悟性更好，蘇秦曾自嘆不如張儀。張儀後來投奔秦國，得到重用，他用「連橫」（事一強而攻眾弱）對抗蘇秦的合縱。他提倡的策略最終幫助秦國，分化瓦解，各個擊破，先後兼併了東方六國，完成了統一大業。不過，張儀在發跡之前，他的人生也並不如意，亦曾飽受床頭黃金盡的苦頭。早年的張儀為了糊口，曾投奔楚國令尹（最高行政長官），在其門下充當食客混飯吃。由於囊中羞澀，常被人歧視。一次令尹家的玉璧丟了，張儀自然而然成為被懷疑對象，為此遭受「掠笞數百」，被打得皮開肉綻，身體和名聲都遭到極大的傷害。不過張儀並未因此失去自信，當他的妻子由於心疼而埋怨的時候，張儀儘管已是氣息奄奄，卻用微弱的聲音問妻子：「妳看看我的舌頭還在不在？」他相信自己的三寸不爛之舌終有大顯身手的一天。

後來張儀在游說六國的過程中，又一次來到楚國，他的主張未能為楚王所接受，而他所帶的錢卻花光了，他身邊的人對他失去信心，鬧著要回家，

張儀卻不慌不忙地去向楚王告辭。他對楚王說：「大王沒有用著我的地方，我就回三晉去了。」楚王回說：「請便。」張儀又說：「大王對三晉沒有什麼需要嗎？」楚王說：「黃金、珠璣、象牙都產在楚國，我對三晉不需求什麼。」張儀又說：「那麼美色呢，那邊的女子，可個個都像神女下凡一樣。」楚王不免有些心動，於是給了張儀一些珠玉，讓他幫忙物色美女。楚王的南后和妃子聽到這一消息，十分恐慌，對張儀說：「聽說將軍要回三晉去，我們爲你備了『金』千斤（蟻鼻錢），以便你和你的隨從在路上花費。」她們希望張儀別爲楚王找什麼美女。張儀臨行時，請求楚王賜一杯酒，並與大王寵幸的人同飲。楚王便讓南后和妃子作陪。張儀一見到南后等，便假裝驚訝地下拜，向楚王請罪。張儀說：「我走遍天下，從未見過像她們兩人這麼美的。我允諾替大王找美人，不成了欺騙大王了嗎？」楚王不由自鳴得意地說：「天下女子怎麼可能比她們兩人更美呢！」

張儀一個小小的計謀，絕處逢生，把楚王及南后們弄得團團轉，輕易騙得了大量的金錢和珠寶。如果說當年張儀偷竊玉璧全是冤枉的話，那麼這次的欺詐，即是貨真價實的。可笑的是，楚王和南后們，被騙了錢財，卻還沉浸在喜悅和感激之中。

終身銘記兩個錢的劉邦

劉邦是西漢的開國帝王。「大風起兮雲飛揚，威加海內兮歸故鄉。」劉邦稱帝以後，返回故鄉時所作〈大風歌〉中的詩句，生動體現了劉邦當時躊躇滿志的心情。其實，劉邦的出身卑微，早年的生活十分困頓拮据。他年輕時由於治理田產不善，被父親視作無賴，視作兄弟中的敗類。

一次家鄉沛縣的縣令宴請呂公，沛縣的豪傑紛紛應邀前去作陪。按照當時的習俗，作陪的人都要送賀錢。賀禮超過一千的坐上席，不滿一千的則坐下席。劉邦此時只是個小小的泗水亭長，一文不名，赴宴的時候，他壯膽高呼「賀錢萬」，徑直在上座坐下，活脫脫一副無賴相。好在當時主持收受禮金的蕭何幫忙掩飾，劉邦才免去了一場尷尬。

另有一次，身爲亭長的劉邦要帶領一幫農民遠赴咸陽服徭役。這是一趟十分辛苦的差使，路途遙遠，沿途風餐露宿，在當時被視爲畏途。凡遇到這樣的差使，同僚往

往都要送點錢以示同情和安慰。按照慣例，一般要給接受此差役者三個錢，唯獨蕭何比別人多送兩個錢，送了劉邦五個錢。對於飽嘗缺錢之苦的劉邦來說，蕭何這區區兩個錢，留予他非常深刻的印象，幾乎讓他銘記了一輩子。劉邦平定天下之後，開始論功行賞。蕭何不僅封侯，被拜為相國，而且封地最多，這引起不少大臣的不滿。他們認為蕭何並未在戰場上披堅執銳，衝鋒陷陣，無甚軍功，不該受到如此獎勵。劉邦以一大套冠冕堂皇的理由來說服群臣，但私下裡劉邦卻向身邊人透露了這麼做的根本原因，是由於當年「何送我獨贏奉錢二」也。當劉邦擁有整個天下的時候，仍然念念不忘當年蕭何多送的那兩個錢在他心中所激起的波瀾，念念不忘蕭何當年的那份情和義。

讀到這裡，也許我們對於張籍所寫的「君不見床頭黃金盡，壯士無顏色」會有更深的理解和更多的認同。同時，我們又不免生出一種由衷的期待，如果我們的社會對於人、對於人的價值能有更理性、更多元認識的話，我們也許就會走出「床頭黃金盡，壯士無顏色」的怪咒，社會所需要的各種人才必將脫穎而出，我們的社會也必將更具活力和生氣。

一錢太守和十錢主簿

——清官與貪官的故事

　　小小一枚銅錢，往往折射出古代官員們迥然不同的人生情懷。有人潔身自好，視金錢如敝屣，結果青史留名，成為後人懷念的清官；有人見錢眼開，貪得無厭，結果遺臭後世，成為遭人鄙視的貪官。本文從歷史上的一錢太守和十錢主簿說起，介紹幾則清官、貪官與錢之間的故事。

一錢太守

　　東漢的會稽太守劉寵，是東漢的皇族，曾做過多任地方官。他當會稽太守時，當地還比較落後，許多地區尚未開發，讀書人少，商業也不發達，百姓很少進城。會稽原來的地方官，利用老百姓缺乏文化、沒見過世面，制定了許多繁瑣的制度，藉機敲詐勒索，營私舞弊。劉寵到任以後，一方面簡化制度，減輕老百姓的負擔，另一方面興修水利，重視農桑，獎勵耕織，同時還鼓勵百姓舉報官吏的違法行為，予以嚴屬查處。在劉寵的治理下，會稽的社會經濟很快得到恢復和發展，《後漢書》稱「寵治越，狗不夜吠，民不見吏，郡中大治」。後來，劉寵調回京城升任將作大匠（負責國家建築工程）。就在劉寵離任赴京的那天，會稽地方萬民相送，行至山陰縣若耶山中，五、六位來自大山深處的白髮老翁，特地趕來為他送行。老人們每人送上一百枚鄉親們募集的錢，對劉寵表示深深的謝意。劉寵謝絕再三，最終盛情難卻，收下幾位老人各一枚錢。他出了山陰縣界後，就把這些錢投到了江裡，表明自己的清廉自守。據傳自劉寵投錢後，投錢地段的江水更加清澈。為紀念這位勤政清廉、為民造福的太守，人們遂稱該地為「錢清」，稱這段江為錢清江。劉寵後來官至三公，始終勤政廉潔，他去世後，家裡一貧如洗。後人為了紀念劉寵，在會稽錢清鎮專門修建了一錢太守廟，四時祭祀。

　　清代有一位叫顧瀾的縣令，政績不錯，離任時也有百姓以錢相贈，顧瀾一一謝絕了。並以劉寵自比賦詩曰：「笑舒雙手去朝天，榮辱升沉聽自然。

珍重淄人莫相送，近來劉寵不收錢。」清乾隆皇帝南巡經過錢清時，聽到劉寵投錢、里人建廟以志紀念的故事，當場揮筆題七絕詩一首：「循吏當年齊國劉，大錢留一話千秋。而今若問親民者，定道一錢不敢留。」頗有一腔整頓吏治、清明政治的雄心。

明代嘉靖年間，福建南安知府張津，爲官清廉，品行端潔，在任期間有人欲行賄賂，他的屬下也有人愛財受賄，於是他親自書寫一副對聯，掛在高高的譙樓上，以爲警示：「寬一分則民可受一分賜；取一文則官不值一文錢。」親民愛民，一分不取，頗有幾分當年劉寵的遺風。

劉寵、顧灝、張津這類清官之所以會傳頌千秋，全因爲歷史上的清官實在少之又少，而見錢眼開的貪官卻是數不勝數。與「一錢太守」形成鮮明對照的，有一位臭名遠揚的「十錢主簿」。

十錢主簿和拔釘錢、鐵胎銀

北魏末年，社會黑暗，吏治腐敗到了無可救藥的地步。大小官員，上自皇帝，下到鄉紳，可謂無官不貪。皇帝劫掠地方，地方官搜刮百姓，敲骨吸髓，賣官鬻爵，賄賂公行。政府的各級官員和僚屬，以納賄爲能事，百姓無賄就別想辦事，一般貪官胃口都很大，送錢送物不到位的，便辦不成事。但也有個別官員，錢再少也照收不誤。當時有個叫元慶智的太尉主簿（主管機要，辦理日常事務的小官），便是這樣一個人。事無大小，不問曲直，必得錢而後判辦。或多或少，甚至十文小錢，來者不拒，盡收囊中，一般的官員都看不起他。後來人們送給他一個綽號叫「十錢主簿」，諷刺他爲了區區十錢，也會營營以求。「十錢主簿」聽起來似乎品位不高，爲人們所不齒。其實他的作爲正反映了貪官的基本特徵，即對於金錢之無孔不入的追逐。

如果說，元慶智對錢的追求屬於厚顏無恥的話，那麼五代後晉（西元936～946年）的趙在禮則稱得上是窮凶極惡。

趙在禮當時是商丘一名爲都虞侯的小官（地方上中下級武官），在抵抗遼兵的戰爭中，未立一點戰功，可是在壓榨百姓方面卻頗有建樹，搜刮的錢財達數百萬之巨。商丘的老百姓缺衣少穿，恨透了趙在禮。爲了平抑民憤，後晉罷了他的官。消息傳來，當地百姓奔走相告，爲「拔去眼中釘」而興高采烈。趙在禮下臺後，心尤不甘，行賄送禮，打通關節，沒過多久，又官復

五代後晉天福元寶

原職。他對商丘的百姓懷恨在心，再次上任不久，就下令每口人限期交錢一千。百姓問收的什麼錢？收錢人竟猖狂地回答：「你們不是要拔去眼中釘嗎？這便是拔釘錢。」

「拔釘錢」生動地反映了古代貪官們一朝權在手便變本加厲的賭徒心態，「拔釘錢」也由此被用來比喻不法官員的橫徵暴斂和巧取豪奪。清代學者曾專門寫詩鞭撻趙在禮的醜行：「昔到曾憐懸磬空，再來忍斂拔釘錢。」

還有一則「鐵胎銀」的故事，讀起來有幾分辛酸。貪官慕容彥超自以為聰明，結果聰明反被聰明誤，不僅丟城失地，而且最終賠上了自己和家人的性命。五代後漢（西元946～950年），隱帝當朝，戰亂頻仍，社會動盪，邊將擁兵自重，與民爭利比於市井。兗州鎮將慕容彥超則自設質庫（相當於後世的當舖），以金、銀、財、物等典

當，收入頗豐。有一奸民專門鑄造假銀錠來質押，日久，為慕容彥超發覺。為捉住造偽銀者，慕容彥超令主管庫房的小吏趁夜將庫牆鑿了一個洞，然後將百姓質押的金、銀、財、物等盡數轉移他處。待到天明，謊稱被盜，並出「安民告示」，令民前來登記所質押的物品。百姓爭先恐後報告自己所質押的物品，只有那位質押假銀錠的人不敢前來登記。慕容彥超當夜派兵按名籍將質押假銀錠的人抓來。該人渾身戰慄，自以為性命難保，叩頭流血。慕容彥超哈哈大笑，並不怪罪，親自為那人鬆綁，酒肉款待，將他藏於後園密室，令專門鑄造假銀錠，並派了十名親信做其助手，夜以繼日，爐火不息。該人的製作方法是以鐵為胎，外裹銀殼，只在銀殼的焊縫處留有些許痕跡，一般不易識別，是貨真價實的鐵胎銀。不出幾個月，鐵胎銀便堆如小

丘，慕容彥超喜不勝收。

不久，後周軍隊進攻後漢，兗州城岌岌可危。情急之下，慕容彥超感到他的鐵胎銀有了用武之地。他召集軍士，告之曰：「我有銀錠數千，今日全部拿出來犒賞將士們。現在，周軍進攻正急，希望眾將士齊心合力，奮勇作戰，抗擊周軍，保衛兗州。」他本以爲他的那些鐵胎銀將會激勵將士的士氣，幫助自己守住兗州城。沒想到鐵胎銀的祕密早就在軍中傳開了，大家竊竊私語：「將軍不給眞銀，卻拿鐵胎銀矇騙我們賣命，休想！」面對後周軍隊的進攻，慕容彥超的士兵消極抵抗，兗州城很快被攻破。慕容彥超沒想到戰局會急轉直下，絕望之下，與妻子等一起投井而亡，後漢軍投降者竟達八千餘人。慕容彥超之死，其實不是死於背叛的士兵，而是死於他的鐵胎銀，死於他自己的作僞和貪財，搬起石頭砸了自己的腳。重賞之下必有勇夫，如果他能把所聚斂的那些眞金白銀拿出來賞給士兵們的話，何嘗不能換來將士們的勇氣和拚搏，八千多身強力壯的士兵，怎會守不住偌大一個兗州城呢？

歷史上，與十錢主簿相比，一錢太守總是少數，兩者相比，可以說完全不成比例。人們在痛恨貪官的同時，不由深深懷念清官，儘管人們曾費盡心機，將江取名爲錢清江，還專門建造了一錢太守廟等等，但是清官還是千呼萬喚難現身，歷史上的清官始終是鳳毛麟角，相反類似十錢主簿這樣的角色，類似拔釘錢、鐵胎銀這樣的名堂，卻是野火燒不盡，春風吹又生，層出不窮，貽害無盡。這也說明，要使官員都能成爲清官，僅僅依靠道德的宣教和個人的自律是遠遠不夠的，孕育清官需要法制，需要一個有效的監督制約機制。如果老百姓眞正擁有了對於官員監督制約的權力，而非消極被動地僅是用「錢清江」和「一錢太守廟」來期盼清官，官員們才可能眞正自覺地成爲清官，甚至貪官也有可能變爲清官，河清海晏的太平世道才可能眞正到來。

葉李與第一部
紙幣發行管理條畫

葉李，於元初曾任奉訓大夫、浙西道儒學提舉，後奉詔入京，官至尚書左丞。葉李在參與中央機要的過程中，多有建樹，但他最重要的貢獻在貨幣管理制度的制定和實施方面。葉李所設計的「至元通行寶鈔」，是中國現存最早的紙幣之一；他所制定的《至元寶鈔通行條畫》，是中國乃至世界上最早臻於完備的紙幣發行管理條例。這兩個「最早」，反映了葉李在中國紙幣發行史上的特殊地位。

至元通行寶鈔

葉李是南宋末年的太學生，向在太學讀書的時候，就開始關注貨幣的發行和管理。他曾為南宋精心設計了一份紙幣的樣稿進獻給朝廷，可惜未被採用。他還曾上書朝廷，公開反對丞相賈似道的「回買公田」和「發行關子」政策，為此給自己帶來十多年的牢獄之災。當時正是南宋岌岌可危之際，元朝已經占領了淮河以北的廣大地區，正不斷向宋朝發動進攻。南宋為了抵禦元軍，不得不增加軍費。這些開支照例轉嫁到老百姓的頭上，弄得民不聊生。

賈似道上臺以後，為了緩和社會問題，提出了「回買公

賈似道畫像

田」和「發行關子」兩項措施。所謂「回買公田」是由國家強制購買富人超過定額的田產，然後將其田租用作軍糧。但這一政策實施的結果，卻走向了原來目的的反向路，由於官吏營私舞弊，連普通百姓的田產也被強制低價收購，這樣不但未能達到均衡負擔的目的，反而進一步加劇了問題的嚴重。

所謂「發行關子」是指官方下令將原來使用的會子貶值（原準備作廢不再使用，因擔心激起民變故改為貶值），發行新紙幣關子，關子一貫兌會子三貫。賈似道之群的目的是藉此整頓幣制，恢復社會經濟秩序。但由於會子的信用本來就不好，官方一宣布貶值，會子的信用幾近崩潰，加速了它的貶值，導致新發行的紙幣「關子」也跟著一起貶值。同時，新發行的關子印製不精，防偽措施不佳，偽造的假關子四處泛濫，致使市場一片混亂。

當時許多人對朝廷「回買公田」和「發行關子」的舉措不滿，但由於是當朝丞相賈似道提出來的，往往敢怒不敢言。葉李則年輕，血氣方剛，初生之犢不畏虎，見到這種情況，毅然率八十二名太學生奮起上書，毫無顧忌地批評「公田」、「關子」害民，指責賈似道誤國。葉李還在奏疏中針對紙幣的發行和管理有條不紊地提出了自己的意見，葉李在古代貨幣舞臺上初次亮相就顯示了自己在這方面不同凡響的才華。

賈似道得知尚沒有官職的太學生葉李居然帶頭公開反對「公田」、「關子」，怒不可遏，唆使其手下以莫須有的罪名，將葉李逮捕入獄。在獄中，審訊的官員暗示葉李，只要答應作個麻糊人，就什麼事也沒有了。葉李當即以詩作為回答：「如今便一似麻糊，也是人間大丈夫。筆裏無時那解有，命中有處未應無。百千萬世傳名節，二十三年非故居。寄語長安朱紫客，盡心好上帝王書。」審判的官員見他是個不撞南牆不回頭的角色，卻又不忍心將他處以死刑，迫於上司的壓力，就判他黥面（在臉上刺字）流放漳州。直到新皇帝宋恭帝即位，朝廷大赦，葉李才得以回歸故里。而此時，曾經權傾一時的賈似道卻在官場失勢，被革職放逐漳州。也許是老天有意捉弄人，一去一回的兩個人，竟在半路上相遇。面對落魄的權相，葉李作詞一首相贈：「君來路，吾歸路，來來去去何時住。公田關子竟如何，國事當時誰汝誤？雷州戶，崖州戶，人生會有相逢處。客中頗恨乏蒸羊，聊贈一篇長短句。」葉李在詞中對這位給自己帶來多年牢獄之災，而今天步己後塵走上發配之路的下臺丞相，倒是表現出了難得的寬容，甚至還有些同情。而此時，元朝的數路大軍已深入宋朝境內，次年，宋的行都臨安被元軍攻陷，宋就此滅亡。

面對這一切，不知賈似道心中作何感想。是愧疚、後悔、自責？還是……賈似道究竟如何想的已無從得知，我們只知道，在被放逐到漳州以後，賈似道被監送他的朝廷官員處死，身首異處，客死他鄉，下場十分淒涼。如果當年的賈似道能像葉李那樣，事事全以國家利益為重，不是那麼個人意氣用事，對人多一分寬容，能聽取一些異見，尤其是反對的意見，那麼，無論是賈似道個人的下場，還是南宋的下場，也許會是另外一種結果。

元朝取代宋朝以後，葉李隱居於富春山中。當年，元世祖忽必烈曾經讀到過葉李批評賈似道的奏疏，葉李的那些尖銳批評和懇切陳辭，給忽必烈留下了深刻的印象。

天下初定以後，元世祖開始網羅漢族人才，這時他自然想起了葉李，命人四處尋找，終於找到葉李。元世祖立即任命他為奉訓大夫、浙西道儒學提舉。至元二十三年（西元1286年），元世祖又下令召葉李進京。葉李到京後，元世祖在披香殿親自接見，在接見過程中，元世祖又一次高度評價了葉李當年的奏疏，並要葉李每五天進宮一次，商議朝廷大事。元世祖的知遇之恩深深打動了葉李，他坦誠直言，提出了一連串建議，如免除儒

元世祖忽必烈畫像

戶徭役、建立太學、停止遷徙江南宗室和大姓至北方等建議，幾乎都被採納。葉李後來被任命為尚書左宰（相當於副宰相）。元世祖聽說葉李腿有病，行走不便，便賞賜給葉李大小車各一輛，特許其可以坐車進宮。據說，凡是朝廷官員提出重大的決策議案，元世祖往往會問，此議案跟葉李商量過嗎？可見葉李當時深受元世祖的信任。

正是在這種情況下，葉李再一次將他關注的目光投向貨幣的發行和管理。他精心修改了原來呈送南宋朝廷的紙幣圖案，融進了元朝的

元素，將嶄新的紙幣圖案呈獻給元朝廷，這就是我們今天所看到的至元通行寶鈔。他經過深入的研究和反覆的斟酌，擬定了《至元寶鈔通行條畫》共十四條，並由尚書省正式頒發。其主要內容為：（一）至元鈔一貫當中統鈔五貫，中統鈔通行如故，公私通用；新舊鈔母子相權，民間持中統鈔赴庫倒換至元鈔，收工墨費每貫三十文，依數收換；（二）諸路仍置平準行用庫買賣金銀、平準鈔法，銀一兩入庫（買入）價至元鈔二貫，出庫（賣出）價二貫五十文，金一兩入庫價至元鈔二十貫，出庫價二十貫五百文；仍禁金銀私相買賣，違者沒官，並依數決杖有差；（三）包銀及諸色課稅並依舊額收納中統鈔，願納至元鈔以一當五；鹽引則新舊各半收納（每引價中統鈔二十貫，或納中統十貫、至元二貫）；（四）街市買賣諸物如用中統鈔只依舊價發賣，不得疑惑陡添價值；質典田宅等交易文契並以鈔為則，不得書寫斛粟絲綿諸物；（五）鈔庫官吏及收差辦課人員在兌換、收納中不得遲滯或刁蹬多取，阻抑鈔法；委各處管民長官每半月一次計點鈔庫見存金、銀、鈔，若有挪用規取利息（如借貸、做買賣）者斷罪；各路提調官吏不得赴庫收買金銀及多兌料鈔。

從這些規定中我們可以看到，《至元寶鈔通行條畫》的內容頗為周詳，關於紙幣發行的基本原則與重要規定大體都已具備，幾乎涵蓋了貨幣的發行、流通和日常管理的各個環節，終元一朝，基本就是按其來發行和管理紙幣的。這一條畫對後世也產生了很大的影響，成為後世紙幣發行和管理的基本藍圖。憑藉這一條畫，葉李奠定了其在中國貨幣史上不可取代的地位。對照今天貨幣管理方面的規章制度，我們似乎還能清晰地看到葉李在七百多年前留下的痕跡。可以這樣說，葉李所擬定的《至元寶鈔通行條畫》與現代國家的紙幣管理制度已然相近，這確實是非常難得的。

5 閒來寫畫營生活
不用人間造孽錢

　　近代以來，中國有不少革命先賢，積極投身反封建專制的民主革命，參加反對帝國主義的侵略戰爭，在金錢的利誘面前，他們以革命的利益、民族的利益和國家的利益為重，體現了一種崇高的氣節，成為世人學習的楷模。

赤條條來去的于右任

　　于右任先生是國民黨的元老，是現代著名的革命家和政治活動家，曾擔任南京政府交通部長，國民政府審計院長、監察院院長，任監察院院長長達三十四年。同時他也是位傑出的書法家，尤擅長草書，其特點為易識、易寫、準確、美麗，被譽為「當代草聖」。于老先生的書法，大氣樸實，名重一時。著名畫家吳昌碩和國民黨早期領導人宋教仁的墓誌銘都是由他書寫的。當年能得到于老先生的一幅書法作品被視為幸事。身為政治聞人、書法大家，于老先生在經濟上卻是一貧如洗。

　　于老先生年輕的時候以教書為生，從政以後，僅拿一份薪水，所有辦公費、機密費一律不取，薪水所得僅夠維持日常簡單的生活。平時外出，其口袋裡經常空空如也，身上背著一個褡褳袋，別人的褡褳袋都是放銀子的，他就放兩顆圖章。凡參加賦詩作畫之類的活動，

于右任像

或者有人饋贈禮品，他並無長物酬謝，常常就是當場寫一幅字畫，蓋上兩個章，作爲答禮。書法是于老先生的終生愛好。早年，在經濟困難的時候，他曾經嘗試賣字謀生，但來求書的人太少，第一個月朋友捧場賣了三十多件，第二個月只賣了幾件，第三個月只賣了一件。從此，他打消了賣字的念頭，有人喜歡他的字，即索即寫，絕不收人一文錢。後來求書的人實在太多，墨汁常常供不應求，他便有了一項不成文的規矩，求書者須帶一罐手工研磨的墨汁，如果是市面上買來的墨汁，他一看便知，絕不接受。上海富商周湘雲逝世後，他的家人想請于老先生寫一篇墓誌銘，爲此專門送上一筆墨金，老先生堅決不受。後周家改送一副文房四寶，硯臺是端州硯，墨是古墨，筆是精製的狼毫，紙是乾隆紙，于老先生見了愛不釋手，笑而納之。

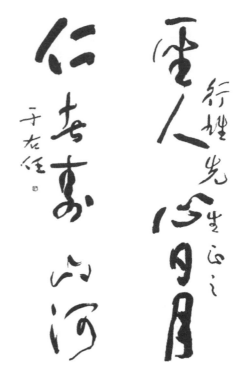

于右任書法：聖人心日月，仁者壽山河

西安碑林，創辦於北宋哲宗元佑二年（西元1087年），是中國目前收藏碑石最多的地方。民國時碑林整修，于老先生將自己竭平生心血收藏的《漢熹平石經》和北朝、隋唐墓誌合計三百八十七件碑石，全部捐給了碑林，這是自碑林創建以來私人捐獻碑石最多的一次。在這些碑石中，現被定爲國家一級文物的有二十多件，均是無價之寶。而于老先生捐獻的條件僅僅是「保留其拓售之權利，以爲三原民治小學籌措經費」。

于老先生一生清廉，不事積蓄，他家中的陳設十分簡陋，甚至不如一般百姓。西元1964年，于老先生以八十六歲高齡逝於臺灣。其身後，家無長物，僅有幾套布袍布衣、布鞋布襪。其在銀行有一只保險箱，治喪委員會特地派人與家屬一起去開啓，結果箱中空空蕩蕩，僅有一本碑帖和一份遺囑，

無存任何財物。一位中國現代史上的風雲人物，一位名盛一時的書法大家，竟然以這麼一種形式告別人世，真正稱得上是赤條條來去無牽掛。于老先生對金錢之淡漠從中可見一斑。

心與白鶴同閒的杜心五

杜心五出生於清末，從小習武，練得一身好武功，後來成為聞名全國的武林高手。他早年追隨孫中山、宋教仁參加革命，曾奉命從日本歸國開展革命活動，往來於大江南北；他還曾跟隨孫中山奔走南洋，宣傳革命主張，募集革命資金。在這過程中，他主動充當孫中山、宋教仁、黃興等的保鏢，曾親自處死了慈禧派到日本密謀刺殺孫中山的刺客。「心雄何怯九重淵，壯志騰霄欲挽天。願揖江心效祖逖，拚獻身軀國門前」，他親筆寫下的詩篇，真實地表露出他甘為革命獻身的一腔豪情。西元1913年宋教仁被刺後，因不滿軍閥的黑暗統治，杜心五毅然棄官去職浪跡江湖。

西元1935年，侵華日軍為策劃華北五省「自治」，鑑於杜心五在全國的影響，有意請他出來擔任「華北自治政府」主席，為此日軍威逼利誘，無所不用其極，還贈他二百萬元日本正金銀行的支票。誰知杜心五軟硬不吃，嚴詞拒絕，甚至將支票撕了。日軍自然不會善罷甘休，杜心五在友人的幫助下才伺機逃出虎口，先到達上海，後回家鄉湖北慈利隱居。這段時間，杜心五的生活一度十分拮据。一天，郵差送來一張五千元的匯單，他不由喜出望外，當他得知匯款人是大漢奸周佛海時，憤然揮筆在匯單背面寫上「寧肯站著飢寒死，不俠賣國求榮錢」。在金錢的利誘面前，杜心五堅守了民族氣節。他曾為友人題詞「意隨流水俱遠，心與白鶴同閒」、「明窗淨几是安居，粗茶淡

杜心五像

飯有真味」，這實際是他自己寧靜淡泊情懷的真實寫照。

中華人民共和國成立後，經林伯渠推薦，他被湖南人民軍政委員會聘為顧問，後又任中南軍政委員會參事、湖南省政協委員，西元1953年病逝於長沙，終年八十四歲。著名畫家徐悲鴻在對杜心五的唁信中稱「心五先生卓藝絕倫，令德昭著」，可謂是最恰如其分的評價。

閒來寫畫營生活的何香凝

何香凝是中國現代著名的革命活動家，她早年跟隨孫中山、廖仲愷參加了辛亥革命，曾任國民黨中央執行委員、婦女部長。孫中山病重期間，她隨侍在側，是孫中山遺囑的見證人之一。孫中山和廖仲愷去世後，她繼承他們的遺志，維護三大政策，努力推進國民革命運動，與蔣介石等的反共路線分道揚鑣。中華人民共和國成立以後，何香凝先後擔任了中國國民黨革命委員會主席、全國婦聯名譽主席、政協全國委員會副主席、人大常委會副委員

何香凝像

長。何香凝還是一位著名的畫家，她擅長中國畫，筆法圓渾細膩，色彩古豔雅逸，形態生動，意趣深遠。她的梅花和老虎畫享譽海內外。

西元1927年，國民黨南京、武漢當局相繼反共，何香凝憤而辭去黨內所有職務，對外只稱「我是民國十三年的國民黨員」，意思是將始終堅持孫中山「聯俄、聯共、扶助農工」的政策。蔣介石曾長期得到廖仲愷的提攜，任黃埔軍校校長也與廖仲愷的撮合有關，他總想拉攏何香凝。與宋美齡結婚時，蔣介石對外宣布將由何香凝證婚，結果「證婚人」卻連婚禮都沒有出席。

西元1931年，日本侵占東北的「九一八事變」爆發，旅居德國的何香凝聞訊便收拾行裝乘船回到上海。她發動國內名畫家組織「救濟國難書畫展」，並把自己個人歷年所作之畫及珍藏的書畫拿出來義賣。隔年「一二八」淞滬事變爆發後，何香凝與宋慶齡冒著砲火趕到前線，慰問違命抗戰的第十九路軍，還組織上海婦女成立醫療隊。西元1935年華北危急，蔣介石卻繼續對日妥協，何香凝忍無可忍，將自己的一條裙子寄給蔣，並附詩一首：「枉自稱男兒，甘受敵人氣，不戰送山河，萬世同羞恥。吾儕婦女們，願往沙場死，將我巾幗裳，換你征衣去。」

西元1941年末，香港淪陷，何香凝脫險後，輾轉來到桂林，她與兒媳帶著孫子在鄉下以養雞、種菜、賣畫爲生，自食其力，過著清貧的生活。此時，蔣介石派人找到何香凝，邀請她去重慶，並附上一百萬元支票（按時價可買百頭黃牛）。何香凝當即將信和支票退還，並且在信封後面附上兩句話──「閒來寫畫營生活，不用人間造孽錢」，在困頓的生活境遇中依然保持了自身一派凜然正氣。

第七章

錢幣趣談

1 錢幣的異化

——介紹信‧會員證‧通行證

　　貨幣從誕生之日起，即發揮作為商品交換媒介的基本功能。在中國古代由於種種原因，貨幣的作用常常被異化，這種異化有時成為貨幣史上的美談，有時則成為一種苦澀的記憶，而這些均使得中國古代的貨幣文化史更添豐富多彩。底下介紹其中的幾種情況。

招納信寶錢：金兵投誠起義的介紹信

　　「招納信寶」錢是南宋初年抗金將領劉光世鑄造的一種特殊錢幣。劉光世與張俊、韓世忠、岳飛並稱為南宋初年「中興四將」。西元1131年，正是北宋滅亡的第五個年頭，金左監軍完顏昌率領大軍再度南下，大軍駐紮在江北揚州周圍地區，伺機渡江南下，試圖吞併大宋尚餘的那半壁江山。身為南宋前巡衛軍都統制兼浙西路安撫大使的劉光世奉命率軍鎮守鎮江，抵抗金軍的南下。由於雙方軍力接近，雖屢有交戰、互有傷亡，但基本維持了隔江對峙的局面。

　　後來，劉光世獲悉金軍內部不少戰士是強徵來的百姓，大部分長期居住在北方，久離故土加上水土不服，思鄉情緒十分強烈。在積極做好軍事對抗準備的同時，劉光世著手策劃了一場心理攻勢。每當俘獲金軍士兵，劉光世一不捕、二不殺，而是待之以禮，勸其叛離金營，解甲歸鄉者則給足盤纏，且設宴相送。劉光世還讓人精心設計鑄造了一枚招納信寶錢，銅質上乘，工藝精

「招納信寶」錢

美。據說此錢還有金的和銀的。

　　劉光世讓被禮送回江北的金軍戰俘作爲大宋的「招納」特使，攜帶了大量的招納信寶錢回去，祕密散發給願意歸附宋營的同伴。凡渡江投誠的金軍士兵，招納信寶錢就成爲推薦書和介紹信，宋營熱情接納。劉光世待前來投誠的金兵如自己麾下的士兵，予以充分的信任，配之以良馬利器。在劉光世的感召下，南下歸附的金軍士兵絡繹不絕。不久，金軍中前來歸附的女眞、契丹、渤海、漢族的士兵竟達數萬人之多。劉光世將他們編成赤心、奇兵兩支部隊，在抗金之役中發揮了大用。劉光世這一招猶如釜底抽薪，最終迫使完顏昌不得不率軍北撤。在抗金之役中，南宋取得了一次寶貴的局部性勝利。這一勝利的取得，招納信寶錢自是功不可沒，它有效擾亂了金軍的軍心，成功組織了一場有序的越江大投誠活動，最終使勝利天平倒向南宋這邊。正是由於「招納信寶」在歷史上扮演了這一不同尋常的角色，因此儘管它不屬於正用品，卻仍受到錢幣學界的珍視，在一些錢幣專著中多有介紹。在北京舉辦的《中國歷代貨幣展覽》中，招納信寶錢曾引起許多參觀者的極大興趣。

金錢義記：金錢會的會員證

　　「官不法，民難活，逼得良民造『金錢』。」清咸豐十一年（西元1861年），由於連年災荒，加以雜稅繁重，民不聊生。在太平天國運動的影響下，浙江南部的平陽縣爆發了天地會分支金錢會的起義。

　　金錢會成立於清咸豐八年（西元1858年），由當過碼頭苦工的平陽縣錢倉鎮人趙啓等八人創始。按照天地會的傳統組織形式，趙啓等八人在錢倉鎮北山廟義結金蘭，舉起反清的大旗。他們各以康熙通寶錢兩枚，將面文釘在一起，用絲線穿繫，作爲憑證，他們的組織也因此被命名爲「金錢會」。

　　隨著組織的迅速擴大，趙啓改用舊錢鑄造方孔圓形

康熙通寶

金錢義記

的「金錢義記」錢，金字頭部從
「入」，以示入會之意，「義」頭
從「八」，以示八兄弟重義守信之
意。背文爲兩方形連結圖，意爲天
地四方團結一致，齊心反清。凡入
會者須交五百文錢爲會費，發給金
錢義記一枚，以此作爲金錢會會員
的憑證（會員證）。

金錢會受到貧苦農民和手工業
者擁護，會員很快發展到幾千人，
到起義前夕，已擁有十餘萬人。西
元1861年，金錢會在浙江瑞安舉行
武裝起義，在浙南、閩北與清朝地
方統治者展開英勇抗爭，曾經一度
攻城掠地，勢如破竹，「劫軍局，
取庫銀，開禁門，出死囚」，有力
配合了太平軍在浙江的軍事活動。
金錢會作戰時爲區分敵我，參戰的
會員均頭裹紅布，腰掛金錢。每攻
占一地，手持金錢義記的會員便可
以得到保護。金錢會最後被清軍鎮
壓，趙啓也因叛徒告密，於西元

1862年6月遇害。

金錢會起義雖以失敗告終，
但金錢會當年英勇鬥爭的故事，
百餘年來一直在浙南老百姓之間流
傳，引以爲傲。當年趙啓等八位金
錢會兄弟義結金蘭的北山廟，位
於錢倉鎮鳳山南麓，廟前有一對巨
岩東西對峙而臥，酷似龍虎相搏，
人稱「龍虎岩」，北山廟後來毀於
大火。最近，由當地群眾集資，並
經主管部門批准，決定在原址興建
「趙啓紀念館」，已破土動工。當
年曾作爲金錢會會員證的金錢義記
錢，由於其爲後人記述了一段可歌
可泣的歷史，成爲珍貴文物，受到
錢幣愛好者的追捧。

大布黃千：
吏民出入通行證

西漢末年，社會問題特別嚴
重，「強者規田以千數」，奴婢成

群，而「弱者曾無立錐之居」。嚴重的社會危機，將外戚王莽推上了政治舞臺。王莽當政後，針對當時的土地和奴婢問題，推行了一連串的改革。王莽是個複雜的歷史人物，世人對他的評價至今仍是見仁見智。他的改革可以說是看準了病因，但他以託古包裝的改制卻使他開錯了方子；他的幣制改革亦是如此。

大布黃千

　　王莽幣制改革的本意是爲加強中央政府對於貨幣鑄行的管控，禁絕盜鑄，抑制豪強勢力。但他的託古改制，卻使他輕易廢除符合社會經濟發展規律的五銖錢形制，恢復業已作古二百多年的布幣、刀幣。他頻頻改革幣制，反覆無常，執政十五年，先後四次推行幣制改革，每次都是以小換大、以輕換重，錢越改越小，價越做越大，百姓手中的財富被剝削殆盡。而且他的幣制換算複雜，嚴重阻礙了商品的流通，因此遭到人民的普遍反對，民間私下還是用五銖錢來交易。王莽面對這一情況，不是改弦易轍，而是試圖藉著行政命令，強制推行他的貨幣政策，於是便上演了以貨幣作爲「符傳」（通行證）這一齣中國歷史上絕無僅有的鬧劇。《漢書・王莽傳》記載：「始建國二年……吏民出入，持布錢以副符傳，不持者，廚傳勿舍，關津苛留。公卿皆持以入宮殿門，欲以重而行之。」這裡說的布錢便是王莽第三次幣制改革時推出的以「大布黃千」爲代表的十品布錢。

　　按照此命令，百姓外出必須隨身攜帶布錢，以備隨時出示，否則關卡、城門不得通過，酒店驛舍亦不予接待。官員上朝也必須攜帶布錢，否則連宮殿的大門都不容進入。王莽的布幣雖然鑄造得十分精緻，但畢竟是已經被淘汰的錢幣形制，與圓形方孔的五銖錢相比，其在流通上的不足是顯而易見的。王莽試圖透過一紙命令，將其作爲通行證，強行在社會上流通，這種逆歷史潮流而行的舉動，必然以失敗告終。史稱王莽「每壹（一）易錢，民用破業，而大陷刑」，並且「農商失業，食貨俱廢，民涕泣於市道」。王莽的新朝最終成爲一代短命王朝，他那些琳瑯滿目的貨幣也成爲古代貨幣史上的匆匆過客，而那些曾被他當作通行證的布幣，除了讓後人欣賞它的藝術價值之外，只能成爲人們茶餘飯後談笑的話柄。

2 錢卜種種

　　天人感應、天人合一是先人們在探索人與自然關係過程中產生的一種認識。先人們認為人世間所發生的一切都能夠在自然界、在天上找到相應的徵兆，這種認識本來有一定的科學因素，但發展到極端便成為一種迷信活動，占卜即屬於這一類活動。占卜在中國歷史上由來已久，先人們試圖透過占卜來預測國家的興衰和人間的禍福，其結果常常是既自欺又欺人，至多只是求得些許心理上的寬慰。人們開始使用龜甲，後來用蓍草作為占卜的工具。隨著銅錢的運用越來越廣泛，銅錢便成為人們占卜的工具。一旦銅錢成為占卜的工具，占卜這一神聖且帶有濃厚宗教色彩的活動便漸漸世俗化了。占卜與銅錢結緣，產生了人世間的種種軼事、趣事乃至傷心事，為中國古代的錢幣文化增添了新的內容。

　　以錢占卜最早在西漢就有了，據有關古籍記載，西漢道家學者、占卜大師嚴君平就經常用錢來替人占卜。嚴君平在漢成帝時隱居成都市井之中，以占卜為業，但他收入以能應付家用為限，每日賺滿了一百錢便收攤回家，閉門讀書。由於他精通老莊之學，又不慕仕宦，節操清奇，聲名遠播，在歷史上亦頗具影響。唐代大詩人李白在〈送友人入蜀〉一詩曾提到作為占卜大師的嚴君平：「升沉應已定，不必問君平。」唐代另有一位詩人在一首描寫成都風情的詩中寫道：「岸余織女支機石，井有君平擲卦錢。」明代萬曆年間，陳耀文的《天中記》中更是具體記載了這麼一則故事，成都的嚴貞觀有一口通仙井，據說這口通仙井連通廣漢綿竹嚴君平老家的一口井。一次，有人淘通仙井，無意淘得銅錢三枚，是一種特大號的銅錢，直徑長達兩寸。得錢之後，淘井人便神思恍惚不安，無奈之下又將銅錢重擲回井中，誰知人馬上就恢復如常。有人認為，這種帶有靈氣的錢應是嚴君平當年的卜卦錢。從上述這些零碎的詩文可以看到，嚴君平應是較早用錢來占卜的人之一，他的錢卜在歷史文化上留下了相當的印記。

　　以錢占卜，由於取材方便，方法簡單，在民間十分普遍流行。人們開

來無事，信手拈來，以錢相卜，無非是藉以寄託某種希望，甚至就是爲了某種消遣。比如，清代徐燉的〈竹枝詞〉中寫道：「忽聽樓頭鼓亂敲，模糊月色上花梢。郎今去住無消息，暗擲金錢卜一爻。」王叔承的〈竹枝詞〉寫道：「避人低語卜金錢，侵曉焚香拜佛錢。且說嘉陵江水惡，莫教風浪打郎船。」他們把一個留守在家中的少婦對自己丈夫的思念和祝福描寫得繪聲繪色。唐代于鵠的〈江南曲〉中寫道：「偶向江邊採白蘋，還隨女伴賽江神。眾中不敢分明語，暗擲金錢卜遠人。」詩中將一個女子欲抱琵琶半遮面，暗暗以錢爲卜，苦苦思念自己丈夫的心情描寫得惟妙惟肖，十分生動。又如，唐代劉采春在一首詩中寫道：「莫作商人婦，金釵當錢卜。朝朝江口望，錯認幾人船？」在金釵當錢占卜的舉動中，一個商人的妻子盼望丈夫歸來的迫切心情，躍然於詩中。明代孫蕡在詩中則將一個在家中痴痴相守的怨婦，忐忑不安地以錢占卜的方式，將期盼遠歸的丈夫，依然對愛情忠貞不渝的心情描寫得活靈活現：「繡閣朝來興頗新，試占錢卜問歸人。花言巧語梁間燕，舊館新妝鏡裏塵。」

歷史上也有不少人利用人們迷信占卜的心理，以占卜爲幌子，藉以達到其他目的，由此誕生出許多有趣的故事。北宋名將狄青以雙面錢占卜，用以激勵士氣就是其中的一個例子。

北宋仁宗時期，廣西少數民族儂智高起兵反宋，自稱仁惠皇帝。儂智高招兵買馬，攻城掠地，一路打到廣東。宋廷幾次派兵征討，均損兵折將，大敗而歸。就在舉國騷動，滿朝文武惶然不知所措之際，任樞密副使不到三個月的狄青，自告奮勇，上表請纓。狄青出身貧寒，在宋與西夏的戰爭中，驍勇善戰，屢立戰功，初露頭角，並因此得到陝西經略使韓琦和范仲淹的賞識。范仲淹曾送了他一本《左氏春秋》，對他寄以無限的希望：「將不知古今，匹夫勇爾。」狄青遂發憤讀書，「悉通秦漢以來將帥兵法，由是益知名」。正處捉襟見肘之際，宋仁宗對狄青的請戰自然很是高興，隨即命他率兵平叛，並親自爲其設宴餞行。

在南進的過程中，由於宋軍幾經失敗，士氣低落。狄青一方面大刀闊斧整肅軍紀；另一方面，則用錢卜來激勵士氣。在發起攻擊前，狄青取出一百枚銅錢占卜：「這次若能打勝仗，錢幣的面文（正面）全部向上。」說完，便把銅錢高高拋向空中，誰知掉下來的銅錢竟然全都是面文向上。將士們因此歡呼雀躍，士氣倍增。他叫人把百枚銅錢釘在板上，並用青紗蒙蓋，以

備得勝回來祭祀。狄青適時發起進攻，士兵們士氣高昂，無不以一當十，前後夾擊，一戰而勝，儂智高全軍覆沒。其實，狄青這裡玩了一招小小計謀，其占卜所用錢是事前專門鑄好的雙面錢，無論怎麼拋都是面文向上，真正顯靈的不是錢，不是冥冥之中的神靈，而是這位狄大將軍。狄青以他的機智贏得了一場平叛戰爭的勝利，同時也給歷史留下了一段錢卜的趣話。

有的占卜則純粹是與辛酸和悲涼聯繫在一起。唐玄宗時期，內廷的嬪妃們閒來無事，常以占卜來消遣時光。《開元天寶遺事》「戲擲金錢」條記載，當時宮廷中的嬪妃們常常三五一群，以擲金錢為戲。宮廷裡的嬪妃們表面上看起來錦衣玉食，過著神仙般的生活，但戲擲金錢卻反映出她們難以排遣那日復一日的孤獨和冷清。與前面提到的在家裡痴痴相守的怨婦們相比，同樣的以錢卜為戲，嬪妃們連一點實實在在可憑寄託的思念和祝願也無從談起，純粹就是為錢卜而錢卜，其所排解的除了寂寞還是寂寞。

而《開元天寶遺事》「投錢賭寢」條記載的更全是辛酸和悲哀。在楊貴妃來到唐玄宗身邊之前，宮中的嬪妃們透過投錢卜寢的方法來決定侍奉帝寢的人選。在眾多的嬪妃中，能夠在投錢卜寢中勝出的，總是鳳毛麟角，絕大多數嬪妃都是這一場遊戲中的落敗者，幾乎永遠只能面對清風、冷月、孤燈，度過一個又一個寂寞的夜晚。即使僥倖勝出，獲得侍奉帝寢機會的，能否真正得到帝王的恩寵，還得劃上一個大大的問號。

可以想像宮中的嬪妃們每天在面對這一場遊戲的時候，與其說是欣喜，不如說是淒涼；與其說是期盼，不如說是絕望。投錢卜寢實在是一場殘酷且折磨人的遊戲，它所折射出的全是嬪妃們辛酸的淚水。也許只有在這個時候，人們才能體會到衣食無憂的嬪妃們為什麼會思念尋常百姓家的粗茶淡飯，為什麼會嚮往貧窮夫妻的恩愛之情。更有意思的是，自從楊貴妃來到唐玄宗身邊後，「六宮粉黛無顏色」、「三千寵愛在一身」，唐玄宗便不再需要其他嬪妃們賭錢卜寢了，於是宮中便「遂罷此戲」。宮中的生活本來就枯燥無味，現在連這一尚能激起些許浪花的遊戲也被廢止了，這對於三宮六院的嬪妃們來說，真不知是件好事，還是件壞事。

3 繩鋸木斷　水滴石穿

——北宋「一錢誅吏」案

　　張詠是北宋太平興國五年（西元980年）的進士，曾任鄂州崇陽縣（今屬湖北）知縣、相州（今河南安陽）通判，益州（四川成都）、杭州等的知州。眞宗咸平元年（西元998年），拜給事中，後來先後任戶部使、御史中丞等。張詠爲官清廉正直，執法嚴峻，在北宋頗有政聲，深受宰相寇準的器重。

　　張詠在鄂州崇陽當知縣時，一次前去金庫檢查，恰逢一管理金庫的小吏從庫房裡出來，頭髮上竟赫然掛著一枚銅錢。張詠大吃一驚，不由查問，錢是從哪裡來的？那位小吏尚未意識到事情的嚴重性，隨口回答：「庫房裡的。」張詠聞言，即下令讓人將那小吏痛打了一頓。那小吏不服，對著張詠說：「區區一枚銅錢算得了什麼！你能打我，還能殺我嗎？」張詠聽罷，當場寫下判決書「一日一錢，千日千錢，繩鋸木斷，水滴石穿」，國法不容。隨即讓人將那位小吏拉出去殺了。僅僅偷盜了一文錢，竟遭殺身大禍，張詠的這一做法不免有些過分，也因此遭到不少詬病。不過從另外一個角度看，對於金庫的管理，如果缺乏嚴密的規章制度，不能嚴格地執行，那麼繩鋸木斷，水滴石穿，金庫將形同虛設。從這個意義上講，張詠以「一錢」而殺了管庫的小吏，警示那些若無其事的偷盜者，對於整飭當時鬆弛的金庫管理，善莫大焉。一錢雖小，小中見大，如不遏制，大廈必傾。張詠是拿一個小吏的生命換取國家金庫的安全。其實，金庫的安全、金庫的管理，一直是讓歷代統治者煞費苦心的要事。

　　元代，爲了紙幣能順利周轉，在各地都設有行用庫，作爲發行貨幣和供民眾以舊換新的機構。紙幣因流通過久，軟爛不便再用時，即可到鈔庫更換。

北宋「太平通寶」

在元代，軟爛的紙幣稱作「昏鈔」，換下來的昏鈔要蓋上「昏爛鈔印」，相當於今天的「作廢」印章，每年秋季統一銷毀。延佑四年（西元1317年）秋季，曹州（今山東菏澤，元代屬中書省）又該按慣例銷毀昏鈔了，中書省照例派人監燒。在銷毀昏鈔前，先要對庫存昏鈔進行檢查。這一查，查出了大問題。在當地準備銷毀的昏鈔中，監燒人員共查出「掐補挑剜」的偽昏鈔一千三百一十二錠。蒙古人在進入中原以前習慣使用銀子，所以對紙幣還是習慣使用白銀的單位。白銀每五十兩為一錠，元代政府和民間都將五十貫紙幣稱作一錠，一貫稱一兩。史籍上沒有說明這些被做過手腳的偽昏鈔是中統鈔還是至元鈔，我們姑且按至元鈔折算，一千三百一十二錠等於六萬五千六百貫，即使都是貳貫鈔（最大面額），也有32800張。如果其中有相當部分中統鈔，再有三百文、五百文的小額鈔，那麼這一次發現以假充真的變造偽昏鈔之數量便非常驚人了。本來對於昏鈔的管理，元代有嚴格的制度規定，但由於執行不力，疏於督促檢查，監守自盜，終於釀成了一樁驚天大案。最終涉及昏鈔案的三十九人受到了嚴厲的懲處，主犯任義被處死刑，

元代發行的紙幣

曹州知事因負有督導責任也被處笞刑十七下。儘管如此，元鈔的信用還是因此受到極大的損害。從至元二十四年（西元1287年）到至正十年（西元1350年）的六十多年間，元政府嚴禁在交易中使用金銀銅錢，使紙幣一度成為唯一的合法貨幣，白銀最終還是打敗了紙幣，成為流通領域裡名副其實的硬通貨。其中原因是多方面的，昏鈔案引發的元鈔信用的損傷，應是其中的一條重要原因。

明代通行銀子，統治者對銀庫的管理制訂有十分嚴格的管理制度。守庫庫兵進入銀庫值勤，即使嚴寒的冬季，也必須脫去全身的衣

褲，赤身裸體才能進門，銀庫內置有專門的衣褲供庫兵值勤時穿戴。出庫時除了還原上述動作，還要增加兩道程序：一是庫兵必須跨過一條板凳，以表明兩腿之間沒有夾帶銀兩；二是兩手向上一拍，口叫「出來」兩字，以示腋下、口中都沒有夾帶銀兩。儘管如此，偷盜銀兩的現象還是防不勝防。有的庫兵，依靠服藥，使肛門處的骨頭鬆軟，用豬網油裹了銀子塞在肛門裡，攜帶出庫。這一辦法曾使一些庫兵屢屢得手，直到有一天，有個庫兵因腹瀉，出庫門時銀兩墜下，案情方才暴露。

西元2007年發生在農業銀行河北邯鄲分行的特大金庫盜竊案，則反映了現代銀行金庫管理中的大漏洞。4月14日14時許，邯鄲市農業銀行金庫發現被盜人民幣現金近五千一百萬元。五千一百萬元現金就算全部是百元大鈔，疊在一起也有五十多公尺高，總重量將近兩噸。銀行素有「鐵帳本」、「鐵算盤」、「鐵規章」之稱，對金庫的管理制度更是嚴格，金庫的四周可謂是編織了密密匝匝的天羅地網，連一張人民幣也插翅難飛，更毋庸說重達兩噸多的五千一百萬元人民幣了。這不由使人要問，圍繞金庫的那些規章制度，究竟出了什麼紕漏？

事後，涉案的罪犯很快落網了，據案犯交代，他們作案起始於2006年11月，一直持續到2007年4月，在長達五個月的時間裡，金庫的現金少了五千一百餘萬元，可邯鄲農業銀行竟然毫無察覺。《全國銀行出納基本制度》、《中國農業銀行出納櫃員制管理辦法》等對於查庫有十分明確的規定：「營業單位坐班主任每月至少不定期查庫三次；主管行行長每半年至少進行一次全面查庫。」按此規定，在案犯作案的五個月時間裡，相關人員至少應該查庫十五次。在這些本該進行的十五次檢查中，哪怕只要認認真真查過一次，案情早就能發現了。問題在於，所有這些制度都成了寫在紙上、掛在牆上裝門面之具文，致使看似警備森嚴的金庫，竟然成了任人進出和拿取的私人庫房。

很有意思，罪犯任曉峰到案後，以萬般悔恨的心情講述了走上犯罪道路的經過，同時還以其切身體驗對改進加強金庫管理提出了十多條建議。現擇其要者，羅列於下：

　　一、應安排專人負責查看監控錄影，並定期抽查以前的錄影紀錄，查看是否有違規操作等情況。

　　二、每日必須檢查監控設備的使用及備份情況，監控數據備份保存時間

最少在三個月以上。

三、在非工作時間必須設置110聯網報警系統，對非工作時間進入設防範圍或金庫內的人員，要馬上向主管彙報。

四、金庫內必須安裝監控設備。

五、應安排現金中心主管或副主任每旬查一次金庫，安排現金中心主任每月查一次金庫。

六、在查庫時，應先核對記帳情況是否屬實，然後根據碰庫清單，認真核對現金數額，對裝好的整包現金，必須開包核對。

七、各級主管查庫，不固定時間和日期。

八、對重要崗位的人員（如記帳員、管庫員），應實行強制休假制度，在不事先通知情況下，由主管監督交接工作。

九、應設立記帳員崗位，現金中心金庫的往來帳目由管庫員記帳，對現金中心所有往來帳目都應該由專人記帳，防止管庫員作假帳，挪用金庫資金。

讀了任曉峰的這些建議，不由讓人陷入深深沉思。任曉峰所談的，都切中時弊，但並不是什麼新東西。相關的規定銀行的規章制度中都有，甚至遠遠比他說的要具體嚴密，問題在於這些規章制度並未能得到認真切實的執行，任曉峰正是鑽了銀行在制度執行中的空子，才上演了這一齣驚天大案。

此時，不由又讓人想起了北宋的一錢誅吏案，想起了執法嚴峻的張詠。筆者無意肯定或提倡以一錢而誅殺管庫小吏的做法，但張詠那種遇事一絲不苟，非要弄個水落石出的精神，確實是值得學習和提倡的。倘若張詠尚在，倘若人們還記得張詠一錢誅吏的故事，那麼任曉峰之流可能就既無膽量也無機會來犯案了。落實法律之際，我們應當抓緊每一個細節，張詠當年所說的「繩鋸木斷，水滴石穿」，是我們應當永遠記取的至理名言。

4 哪知絕代如花貌
只換看囊一文錢

——從「秋胡戲妻」說起

「秋胡戲妻」是中國歷史上流傳久遠的一則關於金錢與愛情關係的美好傳說，最早見於西漢劉向的《列女傳》。漢代《樂府》中著名的〈陌上桑〉就是根據這一傳說寫成的。隨著朗朗上口的樂府民歌，秋胡妻子羅敷忠於愛情、視金錢如敝屣的感人故事也就流傳開來了。故事講的是春秋戰國時魯國大夫秋胡娶妻僅三個月便外出赴任，多年後才回家探親。途中巧遇正在桑園採桑的妻子羅敷，由於分別多年，與妻子乍一見面，雙方都已不認識。秋胡為羅敷的美貌所吸引，不由送上黃金表示愛慕之意，遭到羅敷的拒絕。及至秋胡抵家，羅敷始知桑園所遇輕浮之人竟是自己的丈夫，羞憤難當，當即留下絕命詩一首，投環自縊。羅敷在絕命詩中寫道：「郎情葉薄妾冰清，郎與黃金妾不應。上使陌上通一語，十載誰信守孤燈。」詩中對秋胡的薄情予以無情的鞭撻，同時表明了自己苦守孤燈，對愛情堅貞不渝的心跡。由於發現及時，羅敷在死亡的邊緣被救了回來。面對冰清玉潔般的妻子，秋胡不由深深懺悔，夫妻終歸和好。

由於秋胡戲妻故事的流傳，漸漸使人以為金錢與愛情猶如水火，勢不兩立，聖潔的愛情必定是排斥金錢的。愛情、婚姻一旦與金錢發生關係，必定是庸俗勢利的，甚至是包藏著陰謀的。其實，在日常生活中，事情並非如此簡單，未必一定就是非此即彼的，很多事情的發展並非直線的、單向的、單維的，往往是多維的，是亦此亦彼的。以金錢與愛情的關係來說，兩者的結緣，並不一定就因此褻瀆愛情和婚姻的聖潔，甚至常常反而因此豐富了愛情的內涵，增添了愛情的色彩，使人們的愛情婚姻生活變得更加生動有趣。底下介紹幾則歷史上與此相關的有趣故事。

戰國齊湣王與採桑女的故事

齊國的齊湣王一次出遊東郊，四周的老百姓聞訊紛紛放下手上的活計，

裡裡外外圍了三層，爭睹齊湣王的風采。齊湣王站在車上，好不得意。待他舉目遠望，見有一窈窕淑女，卻「採桑如故」。齊湣王不由心生好奇，命人相問：「妳怎麼不去看看國君呀？」採桑女回答：「國君也是人，何必放下手中的活計去湊熱鬧呢？」齊湣王聽到稟告，深感此女不俗，愛意頓生，便叫手下的大臣帶她上車，一起回宮。誰知採桑女執意不肯登車，堅持「國君不具聘禮，我雖死不從」。齊湣王被她不卑不亢的態度所深深吸引，隨即命使者帶上一百鎰黃金，前往採桑女家中迎聘。當時黃金以鎰為單位，一鎰等於二十兩，一百鎰就是二千兩黃金，真不愧是重金相聘。其實，採桑女看重的並不是黃金，而是自尊。二千兩黃金代表了一個普通民女的尊嚴。正由於此，採桑女贏得了齊湣王的尊重，入宮以後，兩情相悅，不久便被立為王后，由此，在中國古代歷史上演繹了一段難得的國君與民女的愛情佳話。據史書記載，這位採桑女的名字叫宿瘤。

清代一文錢迎得美人歸的故事

清代，杭州一家米行的學徒金熔，一次路遇一位老乞丐因少付一文飯錢，遭到飯館老闆的毆打。

金熔見狀，連忙掏出囊中僅剩的一文錢代那老人付了帳。那位老乞丐本是河南富室，因饑民鬧事，舉家流轉江湖，不得已乞食謀生，同行的還有一位妙齡女兒。金熔的仗義之舉給老人留下深刻印象。事後，老人尾隨金熔來到僻靜之處，對金熔表示：「今天你路遇不平，慷慨解囊。雖錢只一文，但令人感戴難忘，我願將女兒託付與你為妻，你意如何？」事起突然，金熔不辨真假，託言需稟告父母再作定奪。回家後，金熔正與父母在商談此事，乞丐夫婦已帶著女兒上門來了。一個正直的貧困青年與一個落難的富家千金終於喜結連理。新婚一個月，乞丐的女兒見金熔一家忠厚可靠，就將貼身攜帶的首飾等交給丈夫作為經商的本錢。沒過幾年，金家便成為當地的一大富戶。時人為此專門寫了一首詩感嘆道：「揮灑黃金不計年，何曾博得美人憐？哪知絕代如花貌，只換看囊一文錢。」區區一文看囊錢，反映了一名好青年仗義助人的精神，而那老乞丐一家看重的正是這種精神，由此造就了一樁令人豔羨的美好婚姻。

近代一枚古錢幣作聘禮的故事

近代著名錢幣學家方地山與袁

世凱次子袁克文結爲兒女親家時，僅以一枚古錢幣爲聘禮，則使雙方的愛情和婚姻充滿了濃濃的文化氣息。

方地山，出身於書香世家，是清末民初著名書法家、楹聯家。方地山晚年潛心於收集和研究古錢幣，是近代著名的錢幣學家。袁克文，是袁世凱的次子，現代旅美名物理學家袁家騮的父親。袁克文與長兄袁克定旨趣不一，對政治缺乏興趣，長於詩文，工於書法，能演唱崑曲，還愛好藏書和古玩。民國年間，與張學良、張伯駒、傅侗一起被人稱「四大公子」。光緒末年，袁克文開始對古錢幣產生興趣，收集有一批珍貴的古錢幣。袁克文對古錢幣的研究也頗有心得，發表了一些頗獲好評的研究文章，與張叔馴、羅振玉、方地山等同爲1920年代上海錢幣學界的中堅。

西元1912年，方地山的女兒方初觀與袁克文的兒子袁家騢結爲秦晉之好，訂婚之日並無莊重的禮儀，由於雙方父親都是錢幣大家，兩家僅交換了一枚「古泉」，便宣告儀式結束。後來舉行結婚典禮時，也別無儀式，只在旅館中一交拜而已。一枚古錢幣成了訂婚的聘禮，這在中國的愛情婚姻史上別開生面，可能是唯此一家了。也許兩家所交換的古錢幣非同一般，價值連城，不過，再貴的古錢幣也是一種文物，是一種文化的符號，其文化價值當遠遠高於經濟價值。以一枚「古泉」定終身，以其所凝聚的特殊文化內涵，爲中國的愛情婚姻史又增添了一段新的佳話。方地山還專門作聯以志其事：

> 兩小無猜，一個古錢先下定；
>
> 萬方多難，三杯淡酒便成婚。

上聯反映了袁、方兩家是世交，雙方的兒女本爲青梅竹馬，寓意愛情的純潔。下聯的典故出自於順治四年（西元1647年）上海周浦等地草率成婚的風波。當時，訛傳朝廷將採選秀女，城鄉凡有女未嫁的無不驚惶失措，朝說暮成，草草婚配。時人有詩記之曰：「一封丹詔未爲眞，三杯淡酒便成親。夜來明月樓頭望，只有嫦娥未嫁人。」「三杯淡酒便成親」，婚姻的草率和倉促，反映了在專制皇權下，普通百姓對於自身命運的無奈。方地山借用這一典故，賦予了完全不同的意義。時值民國初年，南北分裂，戰亂不已，「萬方多難」。在這種情況下，對女兒的婚事，他們堅持唯簡是從，「三杯淡酒便成親」指的便是這一意思。方地山此聯全用寫實筆法，用典自然，通俗易懂，尤其是將兒女的婚事與國事聯繫在一起，更見其不隨流俗的情趣，爲其女兒的愛情婚姻佳話增添了新光彩。

5 錢幣與戰爭

　　俗話說的大砲一響，黃金萬兩，反映了金錢與戰爭的密切關係。的確，戰爭離不開作後盾的金錢，無論是現代的戰爭，還是古代的戰爭，戰火一起，金錢就像流水一樣淌出去。當今世界，美國之所以能當世界警察，這與其他國家不能望其項背的強大經濟實力是分不開的。金錢對於戰爭的作用，往往因不同時期、不同地點、不同人物表現出不同的特點，留給後人不同的回味。

重金借兵

　　齊威王是戰國時期的一位名君，在位三十六年，善於納諫用能，終使齊國稱雄於諸侯。傳頌千古的「鄒忌諷齊王納諫」的故事，以及著名的桂陵戰役和馬陵戰役，都發生在齊威王在位期間。齊威王八年（西元前349年），楚國興兵進攻齊國。強敵壓境，齊威王急忙派淳于髡到趙國去搬救兵。齊威王為淳于髡準備了黃金百斤、駟馬車十輛作為禮物。面對這些禮物，淳于髡不由仰天大笑，甚至將帽帶也弄斷了。齊威王問：「先生笑什麼？是嫌禮物少嗎？」淳于髡回答：「今天我從東方來的時候，看到路旁有祭拜田地的人們，他們一邊拿著一隻豬蹄、一杯酒，一邊祈禱：『高地上穀物盛滿筐籠，低田裡莊稼裝滿車輛，五穀豐登，滿屋滿倉。』拿了這麼一點東西來祭拜，

白璧

卻有那麼多的要求，太過分了點吧！」齊威王一聽，馬上明白了淳于髡的意思，知錯而改，命人將黃金增加到一千鎰，駟馬車爲一百輛，另加白璧十雙。

淳于髡帶了這些禮物奔趙國而去。不久，趙國即發精兵十萬、戰車一千輛，來救齊國之急。楚王聽到這一消息，知道難以對付齊、趙聯軍，遂不得不連夜退兵。千鎰黃金使齊國之危不戰而解。

金牛開道

秦惠文王爲孝公之子，西元前337年即位。在秦惠文王之前，商鞅在秦孝公的支持下大刀闊斧地推行變法，使秦國迅速強大起來。秦惠文王即位後，雖然在守舊勢力的壓力下，車裂了商鞅，然而並未廢除商鞅之法。他統治期間，任用賢能，推行法制，拓展領土，爲統一六國做出了重要貢獻。西元前330年，秦軍大敗魏軍，魏盡獻河西地於秦。秦以黃河、函谷關爲界抵禦關東諸侯，進可攻，退可守，在戰略上處於十分有利的地位。西元前318年，韓、趙、燕、楚、魏五國「合縱」攻秦，被秦軍打敗。張儀又遊說拆散了齊、楚聯盟，秦乘機打敗楚軍，占領漢中。之後，秦惠文王採納大將司馬錯的建議，於西元前316年出兵滅蜀，隨後又滅掉苴（jū，今四川昭化東南）和巴（國都在今重慶市嘉陵江北岸），使得秦「擅巴蜀之饒」，爲以後的發展奠定雄厚的物質基礎。在滅蜀的過程中，發生了一件趣事。當時的蜀國十分富裕，但蜀侯卻是個昏庸貪財的小人。秦國早就有吞滅蜀國的打算，只是由於蜀道艱險，軍隊無法開進，才遲遲未起兵。後來，有人給秦惠文王出了一招妙計，請石匠打製一頭石牛，放在通往蜀國的山路上，還暗中派人在石牛的身後放置許多黃金。沒過幾天，一條消息便在蜀國傳開了：「山中有一條金牛，拉的屎全是黃金。」蜀侯聽到這一消息，喜不自抑，以爲是天賜的寶物。他急忙派人開山填谷，修築道路，將金牛搬運回蜀國。誰知秦國大軍悄悄跟在金牛的後面順利開進了蜀國，蜀因此被秦所滅。金牛帶給蜀侯的並不是黃金，而是亡國之災，其實這是秦惠文王專爲蜀侯設置的誘餌。

「明月」築長城

「秦時明月漢時關，萬里長征人未還。但使龍城飛將在，不教胡馬度陰

明月錢

義指的是先秦所流行的一種方孔圓錢，由於上面刻有明月字樣，被稱為明月錢。當然，詩人所稱的「明月」並非特指明月錢，應是泛指先秦和秦代的錢幣，詩人實際是用「明月」來借喻用明月錢修建起來的秦長城。

筆者以為，綜合分析詩人在詩中所要表達的意境，錢幣學家的解釋可能更符合詩人當時的想法。當詩人站在長城邊關，想到的無疑是長城的歷史和長城曾經發揮過的作用，詩人信筆寫下「秦時明月漢時關」的時候，「明月」儼然成為詩人心中的秦長城。「秦時明月漢時關」，實際上是記述了一段悲壯而淒涼的歷史。當年，秦始皇為了抵禦北方匈奴等的侵擾，在全國動用了大量的人力、物力和財力來修築長城，孟姜女哭長城的故事就發生在這一時期。傳說孟姜女的丈夫被徵召來修築長城，冬天來臨，孟姜女千里迢迢來到長城邊上為丈夫送寒衣，誰知丈夫因勞累過度早已離開了人世，得知消息，孟姜女不禁失聲痛哭，還哭塌了一段長城。孟姜女的故事不一定是真的，不過故事所反映的秦代老百姓為修築長城所做出的巨大犧牲是完全真實的，萬里長城實際是用無數的金錢和老百姓的屍骨堆起來的。秦始皇在天

山。」這是唐代著名邊塞詩人王昌齡留給我們的不朽詩篇。在詩人蒼涼的筆觸中，我們似乎看到詩人當年站在長城關隘之上，面對茫茫的塞外大地，心繫百姓，渴望邊境安寧天下太平的一腔古道熱腸。詩中的「秦時明月」，一般都認為是指秦代的月亮，詩人穿越了近千年的時空，予人一種歷史的凝重感。錢幣學家對此卻有另一種解釋，他們認為「秦時明月」的「明月」本

下初定、百廢待興的情況下，耗費難以計數的錢財來修建長城，給剛剛擺脫戰亂還來不及喘息的百姓帶來了沉重的負擔，最終激化了社會矛盾，導致秦皇朝二世而亡。應該肯定，長城對於抵禦北方匈奴的侵擾，捍衛邊境地區的安寧，在當時的確發揮了一定的作用，但是，這種消極被動的軍事工事不可能眞正成爲一道不可踰越的軍事屏障，後來的歷史充分證明了這一點。它留給後人的，大概只能是發發思古之幽情，感嘆感嘆中華祖先的偉大創造力而已。一個國家唯有擁有強大的經濟力量和軍事力量，唯有以積極主動的態勢從事邊防建設，才可能在更爲廣闊的空間裡和更爲長久的時間裡保衛邊境的安寧太平。這正符合詩人在詩中所說的「但使龍城飛將在，不教胡馬度陰山」。

銅錢演兵

　　五代的後梁有兩位重要的軍事將領葛從周和謝彥章。葛從周早年參加過黃巢起義軍，黃巢失敗以後，改投建立後晉的朱溫。當時軍閥混戰，在頻頻的戰爭中，葛從周以英勇善戰、屢立戰功而揚名於世，有民諺云：「山東一條葛，無事莫撩撥。」謝彥章是後梁的騎兵將領，在同李存勖的戰爭中多次取得重大勝利。謝彥章治軍有章有法，軍陣整齊，動靜有致。兩軍對陣時，敵軍一看到行陣整齊的後梁軍隊，便知是謝彥章的部隊，尚未交戰，就先膽怯三分。

後梁的「開平元寶」

　　謝彥章曾是葛從周的養子和學生，謝彥章的那些軍事知識都是葛從周手把著手教的。而他們的教具恰是銅錢。據史書記載，謝彥章很小的時候就在葛從周的指導下學習兵法，葛從周的教學方法很特別，他「以千錢置大盤中，爲行陣編伍之狀，示以出入進退之節」。在葛從周的手中，一枚枚銅錢化成一個個活生生的士兵，演示出變化無盡的軍陣。那些軍陣在葛從周的導演下，閉合自如，進退有序。謝彥章正是在這銅錢方陣中逐步體會到兵法的奧妙，爲他日後成爲令敵軍望而生畏的悍將打下了扎實的基礎。銅錢成爲傳授兵法的教具，使人看到金錢與戰爭的結合，留給大家的並不僅僅是血與火的烤炙，它還曾有過傳授和探討知識的脈脈溫情。

萬千佛祖鑄成錢

——唐宋的毀佛鑄錢運動

東漢初期，佛教傳入中國。此後，佛教以它的善惡觀、平等觀和因果報應等理論，給中國獨尊儒學的思想界注入了一股新鮮的空氣，並迅速傳布開來。佛教在流傳的過程中，曾有一度使得「儒門淡泊，收拾不住，皆歸釋氏」，由此，儒學與佛學不可避免地發生了激烈的衝撞。不過，看到雙方在衝突的過程中又相互吸收、相互融合，就在這種衝突和融合的過程，推動了中國古代社會的轉型。

在佛教與儒學的衝突對抗中，曾發生了多次大規模的毀佛運動，大批寺院被廢除，大量僧眾被強迫還俗，眾多佛像被毀壞。在歷次毀佛運動中，毀壞的佛像曾多次被用來鑄造錢幣。史書上明確記載的毀佛鑄錢，就不下六次。

李炎鑄「開元通寶」

毀佛鑄錢對於佛像和佛教來說無疑是一場浩劫，在熊熊的爐火中，神采奕奕的佛像變成一枚枚色彩黯淡的銅錢。但令人意想不到的是，這些由佛銅和普通銅熔合而成的銅錢，卻使佛教和佛的精神得到了新的載體，並得以進一步傳布光大。

唐宋之際是中國古代社會儒學和佛教衝突十分激烈的時期，幾次大規模的毀佛運動都發生在這一時期。據史書所載，當時大規模的毀佛鑄錢活動就曾發生過兩次，一次是唐朝唐武宗會昌年間的毀佛鑄錢，一次是五代後周世宗的毀佛鑄錢。

唐武宗會昌五年（西元845年），唐武宗李炎一紙令下，發動了中國歷史上第一次大規模的滅佛運動。李炎在禁佛令中規定，西京（長安）只留四間寺廟，留僧十萬人。東京（洛陽）留兩間

唐代「開元通寶」

寺廟，大州留一間，留僧比照西京，其餘的寺廟一律拆毀，僧人還俗。李炎的這次滅佛運動，一共廢毀寺廟四千六百餘所，僧尼還俗多達二十六萬人，沒收良田數千萬頃。也就是在這一年，李炎還下令各州銷毀收繳銅像和鐘磬等，按照「開元通寶」的錢模自鑄州錢，與朝廷鑄行的京錢同樣流通。

當時的揚州節度使李紳在鑄造開元錢時，在錢背加鑄了一個「昌」字，以表示會昌年號。李紳的創新得到皇上的首肯，之後各州在鑄錢時，均在背面加鑄了代表州名的文字，據統計，各州所鑄的會昌開元多達二十三種。這個李紳還是當代著名詩人，「春種一粒粟，秋收萬顆籽。四海無閒田，農夫猶餓死」、「鋤禾日當午，汗滴禾下土。誰知盤中餐，粒粒皆辛苦」便是李紳留給我們的不朽詩篇。詩人在詩中充滿了對於農民的同情，大概正是由於這一原因，面對日益膨脹的寺院經濟，為了維護日漸受到侵蝕的小農利益，李紳在毀佛鑄錢運動中表現異常積極，竭盡了自己的聰明才智。

寺廟廢了，佛像毀了，但是唐武宗李炎並未能因此阻遏佛教的傳布，野火燒不盡，春風吹又生。此後不久，佛教即重新恢復元氣，迅速發展起來。整整百年以後，到五代後周世宗時期，佛教在經濟上、政治上、道德倫理上再一次對政權統治者造成了嚴重的威脅。顯德二年（西元955年），後周世宗不得不痛下決心，下令天下寺院，非朝廷特許者一律廢除。還明令銅佛像

會昌「開元通寶」

周元通寶（背春宮）

一律銷毀，限五十日內送到官府，用以鑄錢。周世宗的這一次滅佛，全國廢除的寺廟，一說3336所，比唐武宗廢毀的寺廟稍差一些，一說則多達30346所。要知道，後周實際統治的面積比之唐朝要小得多，因此無論上述哪一個數字，都說明周世宗的滅佛比之唐武宗規模要大得多，也徹底得多。當時，周世宗手下的大臣們對毀佛鑄錢心存疑慮，周世宗便言傳身教。他對大臣們說：「佛說以身世為妄，而以利人為急，使真身尚在，苟利於世，猶欲割截，況此銅像，豈有所惜哉！」有一州，立有一尊觀音銅像，周圍的百姓都說很靈驗，誰也不敢動手毀壞。周世宗得知後，親自前去，用斧頭砍破了觀音像的臉部和胸部。正是在周世宗的全力推動下，後周掀起了一場規模空前的毀佛鑄錢運動。周世宗是中國歷史上為數不多的英明帝王，他文韜武略，勵精圖治，果斷採取措施減輕

百姓的負擔，大力整頓綱紀，積極謀劃國家的統一。周世宗一手領導規模空前的毀佛運動，充分體現出他過人的氣魄。有人認為，宋太祖「陳橋兵變，皇袍加身」所建立的大宋江山，其奠基人實屬周世宗。

周世宗毀佛鑄的銅錢名為「周元通寶」。讓周世宗所始料不及的是，小小的周元通寶卻與他開了個天大的玩笑，竟然使他滅佛毀佛的偉業走向了原來願望的反面。

周元通寶問世以後，由於係佛銅所鑄，民間便紛紛傳說佩之能得到神靈保佑，能袪病消災，由此使其蒙上了一層神祕而神聖的色彩。這類傳說影響久遠，後來歷代曾紛紛仿製周元通寶。這一傳說甚至傳到日本和越南，在異國他鄉周元通寶同樣被視為聖物，這兩個國家亦曾仿製過周元通寶。不少古書上言之鑿鑿，「用以卜筮或驗」，說是孕婦手握此錢，可治難產；一般人握有此錢，可治瘧疾。有的古書還

明確記載，清順治初年，孝感皇后體弱多病，一次偶然得到一枚周元通寶，「持之即癒」。消息傳開以後，周元通寶身價暴漲，每文竟高達千錢。本文無意探討古書上的這些記載是否真實可靠，更無意探討周元通寶爲什麼會具有那種「祛瘡利產」的特殊功效。筆者想說明的是，圍繞周元通寶的種種傳說，明白無誤地告訴人們一個事實，佛教的思想、佛教的精神、百姓對於佛教的信仰，並未因爲周世宗們的滅佛毀佛運動而煙飛雲散。人們對於周元通寶的崇信和珍愛，實際反映了人們對於佛教理論的一種執著堅守，反映了在與儒學的衝突中暫時落於下風的佛教的一種頑強抗爭。這一事實說明處理思想文化領域裡的問題，依靠簡單粗暴的燒、毀、廢等是無濟於事的，一味地蠻幹，只會適得其反。毀佛而鑄就的周元通寶竟會成爲人們懷念和傳布佛教的新載體，這本身就是對那番毀佛行爲最爲辛辣的一種諷刺。

如同用被毀的銅佛鑄就的周元通寶閃射著佛教的靈光一樣，被標榜爲新儒學的宋明理學，實際上也是傳統儒學在與佛教衝突對抗中吸納融合佛教等理論的產物。

在與佛教的長期衝突中，儒家學者漸漸看到了自身的不足和佛教的長處。傳統儒學是以宗法血緣、倫理親情爲出發點，講究「齊家」之學和「治平」之術，側重於倫理、政治和教化。它的那一套倫理思想和價值規範，比較籠統抽象，其在孔孟之後基本止步不前。魏晉以降，在佛教思想的挑戰面前，儒學的這一問題變得越發突出了。

佛教講生、死、心、身，是從宇宙論、世界觀和認識論出發來論證自己學說，它主要討論現實世界的真幻、動靜、有無，討論人們認識的可能、必要、真妄等。佛教的這些理論更加貼近普通平民百姓的生活，更能迎合他們的心理需求。面對佛教的挑戰，傳統的儒學不得不走下只講微言大義的神聖殿堂，開始注重普通百姓日常生活的訴求和內心修養，並構建一種與現實利益無直接關係的信仰。宋明儒學就是在這種情況下逐步發展起來的。而宋明理學的誕生，是唐宋社會在思想理論領域裡轉型的重要標誌，由此開始向世俗化、平民化、理性化的方向發展。有人認爲，南宋以後，佛教在思想界不再成爲主流。如果說宋明理學本身就是吸納融合佛教思想的產物，那麼我們似乎就不能簡單判斷南宋以後佛教已經不再成爲主流的思想了。如同周元通寶一樣，還真難說清楚它的誕生，究竟是儒學勝利的標誌，還是佛教勝利的象徵。

佛教與「錢」的千千結

　　西元2007年四、五月間，隨著滬市A股飆上四千點，一條僧人炒股的新聞轟動一時，並成為全民炒股的佐證。暫且不論炒股的僧人是個別現象還是普遍現象，也不論炒股的僧人是個人行為還是集體行為，其實僧人炒股並不值得大驚小怪。「外乞食以養色身，內乞法以養慧命」不過是一種理想化的境界。僧侶也得與人間煙火打交道，寺廟的財產也有保值增值的問題。僧人以不同形式參與社會經濟活動，是自古就有的傳統。有些時期，寺廟經濟的膨脹還曾一度成為社會問題的焦點。寺院經濟的膨脹與萎縮，一定程度上反映了佛教在歷史上的盛與衰。底下介紹其中的幾則故事。

南朝梁武帝四次捨身佛寺花費億萬「贖金」

　　南北朝時期，南朝的梁武帝蕭衍是一位毀譽參半的帝王，其在位整整四十八年，曾鑄行過「天監五銖」錢。梁武帝既是開國之主，也是亡國之君。即位之初，梁武帝為改革前朝的弊政，推行了一連串整頓措施，比如，士族庶族並用，以減少統治階級的內部矛盾；減免賦稅，減輕勞役，勸課農桑，詔令各地興修水利設施，以緩解社會問題，發展社會經濟。他統治的幾十年，是南朝歷史上最為穩定富足的時期。

　　梁武帝還是位多才多藝的帝王，琴棋書畫幾乎無所不通。在他的影響和提倡下，梁朝成為東晉以來文化事業最昌盛的時期。《南史》作者李延壽稱之為：「自江左以來，年逾二百，文物之盛，獨美於茲。」

天監五銖（梁武帝）

　　梁武帝統治的後期卻是晚節

不保，他的崇佛佞佛，到了荒誕不經、匪夷所思的地步。他不但廣建佛寺，向佛寺布施了大量的錢、絹、銀、錫杖等物，甚至還四次捨身佛寺（同泰寺）。爲了將他從寺廟贖還，國家花費了巨額財物。據史書記載，其中兩次的「贖價」明確爲「錢一億萬」，另兩次沒有載明「贖價」，但絕不會是低價，更不可能是無價。梁武帝的捨身佛寺，在欺騙眾人、沽名釣譽的同時，實際是不擇手段地幫著寺廟聚斂財富。梁武帝崇佛佞佛又一重要舉措是提倡寺廟造立「無盡藏」。「無盡藏」是佛教的一個專用名詞，宋代有位僧人曾一語道破了其中的玄機：「無盡（藏）財，……即長生（庫）錢；謂子母滋生，故無盡。」有了「無盡藏」，佛寺便可以放手開展「子母滋生」，以錢生錢的營生。如果說梁武帝的「捨身」僅僅只是使同泰寺獲得了億萬貨財，而他造立的「無盡藏」，則是幫助眾多的寺廟以合法的手段牟取暴利。正是由於梁武帝的提倡和扶助，由寺廟開辦的當舖成爲當時的一道奇景，寺廟牟利的一項重要手段。

「南朝四百八十寺，多少樓臺煙雨中」，唐朝著名詩人杜牧的詩句，生動描述了梁武帝時期寺廟的興盛。遺憾的是寺廟裡興旺的香火，非但未能佑助南梁的統治，反倒加快了它的滅亡。當侯景的叛軍將梁武帝團團圍在臺城裡的時候，儘管他仍是念經不輟，最後還是不免飢餓而死。宋代詩人楊萬里曾寫詩對梁武帝的崇佛予以辛辣的諷刺：「眼見臺城作劫灰，一聲荷荷可憐哉。梵王豈是無甘露，不爲君王致夢來。」

法門寺地宮裡的錢幣

陝西西安的法門寺位於扶風縣境內，素有「關中塔廟始祖」和「佛教聖地」之譽，是古代絲路上的一顆燦爛明珠。法門寺建寺的具體年代不可考，但在一千七百多年前的東漢就已經矗立在關中平原上了。寺因阿育王塔而建，故名阿育王寺，唐初改名法門寺，從北魏到隋唐，法門寺都是迎送佛骨的聖地，以塔中藏有釋迦牟尼佛舍利而聞名於世；唐、宋兩朝這裡更成爲皇家寺院，備受尊崇。唐代的皇帝前後七次大張旗鼓地到法門寺迎奉佛骨，後由於絲路的衰落，以及古代統治中心的東移，法門寺的香火雖然不及唐宋那麼興盛了，但始終不失是佛教的重鎮。明代萬曆年間，四層的唐代木塔塌毀以後，被改建爲十三層磚塔。

西元1981年8月24日上午，法門寺塔本來於清順治年間因地震而傾斜和裂開的塔體，因大雨而坍塌崩裂。1987年4月重修時，在塔基發現了地宮，並從地宮中出土了大批震驚世界的珍貴文物，其中最珍貴的便是唐咸通十四年（西元873年）封埋的佛指舍利，同時出土的還有爲迎送佛骨而貢奉的大批珍貴物品，計金銀寶器一百二十一件、琉璃器十七件、瓷器十六件、石器十二件、漆木雜器十九件、珠玉寶石等約四百件，及大批絲織物。值得注意的是，地宮的踏步和隧道上鋪設了一層厚厚的銅錢，約有二萬七千多枚。其中極大部分是唐代的銅錢，有開元通寶、乾元重寶以及各地的流通幣，全面反映了唐代銅錢的鑄行情況，其他還有少量漢代和隋代的五銖錢。彌足珍貴的是在地宮後室的無蓋香爐中，出土了十三枚玳瑁錢，其中十二枚是玳瑁開元通寶，另一枚玳瑁錢表面無字，爲松葉狀的裝飾畫。據有關專家研究，這十三枚玳瑁錢可能是皇室特賜的供養錢，也可能是一種用於避邪的吉祥物。

也許是由於地宮中出土的佛指舍利以及其他珍貴文物帶來太多的驚喜，致使人們忽視了對於鋪滿地宮之大量銅錢的研究，以致地宮中

乾元重寶

爲什麼鋪設如此之多銅錢的問題，迄今爲止尚未找到令人信服的解釋。筆者以爲其中的原因可能涉及宗教、文化、藝術等諸多方面，但有一點應是毋庸置疑的，當年法門寺的僧人們虔誠而精心地將這二萬七千多枚金燦燦的銅錢隨同其他那些珍貴文物布設在地宮裡的時候，在無意中反映出了寺廟僧人們對於銅錢那種割不盡、理愈亂的綿綿情愫。

元朝的供養錢

「供養錢」也稱「寺廟錢」、「供佛錢」，是由寺廟或信徒鑄造專門用來放在佛像前作供奉用的錢幣，不是流通貨幣。供養錢的歷史可以追溯到更早，它的誕生本身就反映了佛教的「錢緣」。到了元代，供養錢發生了嚴重的蛻變，變成了可直接流通的貨幣（見右頁圖），中國古代貨幣史上這一奇特

的現象揭示了佛教與錢的關係。

　　元代的統治者崇尚佛教，喇嘛僧位成為職官，僧人成為皇帝的老師，忽必烈就曾尊喇嘛八思巴為國師；忽必烈之後先後有十多位僧人成為國師，佛教的勢力由此盛極一時。傳說一次有個叫龔柯的僧人率眾僧與王妃爭道，竟猖狂到從車上把王妃拉下來痛打一頓，並有犯上之語，然而皇帝知道後也不作理論。元朝僧侶的地位之高、權勢之大從中可見一斑。元代的僧侶正是利用了最高統治者所給予的這種特殊地位，一面以供養錢的名義勒索香客，一面讓供養錢堂而皇之地越出廟門，成為一種流

元代小型供養錢：定天之寶

元代小型供養錢：大元元年

通的貨幣。不僅如此，元代的寺廟還以供養錢的名義，放手在寺院裡鑄造錢幣。一時間，元朝的寺院不僅香火鼎盛，而且鑄錢的爐火熊熊燃燒。幾乎每間寺廟都有自己的鑄錢爐，僧人們殿前頂禮膜拜，殿後則築爐鑄錢，相映成趣，好不熱鬧。寺院鑄的錢當然比不上國家正規錢監鑄造的錢幣，元代的供養錢大都鑄造粗糙，文字草率，且比一般銅錢小。元代的寺院正是憑藉鑄錢這一特權，使寺院經濟得到空前的發展，寺院不僅擁有大量的田產，而且廣泛參與工商活動，各地的解庫、酒店、湖泊、貨倉、旅棧及邸店等多為寺院經營，寺僧還參與煤礦、鐵礦的開採，這些為全國林立的寺院奠定了堅實的經濟基礎。

　　僧人的錢緣、寺院經濟的發展，是古代寺院誕生之日起便存在的現象，與那些開著當舖瀟灑賺錢、生著爐火盡情鑄錢的先輩們相對照，今天那些對著K線圖費盡心機在股海裡苦苦尋覓生財機會的僧人們，不正是社會經濟發展、社會關係和諧、人民安居樂業之祥和景象的生動寫照嗎？

《十五貫》的疏漏
與錢幣的演變

崑曲《十五貫》由浙江崑劇團在五十多年前改編和首演，一個古老的劇種由此獲得新生。西元1956年5月18日，《人民日報》發表社論稱讚其為「一齣戲救活了一個劇種」，是「百花齊放、推陳出新」的榜樣。2007年8月12日，上海崑劇團表演藝術家劉異龍攜青年演員重演《十五貫》，師生同臺演出，一時被傳為佳話。

《十五貫》劇照

《十五貫》的主要劇情是，屠夫尤葫蘆從親戚家借得十五貫銅錢回家，哄其繼女蘇戌娟是她的賣身錢。蘇因不願為婢，深夜私逃投親。地痞賭棍婁阿鼠闖入尤家，盜走十五貫銅錢，並殺尤滅口。案發後，官府與鄰居協力追查凶手。客商熊友蘭身帶十五貫銅錢前往常州辦貨，途中恰遇蘇戌娟問路，二人因此同行。差役見蘇、熊男女同行，且熊所帶之錢正好為十五貫，疑其為凶手，遂將二人送至無錫衙門。無錫知縣、常州知府和江南巡撫，先後將蘇、熊二人以通姦謀殺罪判處死刑。監斬的蘇州知府況鍾發現疑點，歷經曲折，終於將真凶婁阿鼠繩之以法。

《十五貫》無論是劇情的安排還是唱腔的設計，都堪稱藝術精品。遺憾的是，串聯劇情的十五貫銅錢這一情節的設計卻缺乏歷史的真實性。劇中共有三處地方出現了十五貫銅錢，一是尤葫蘆借了十五貫銅錢回家；二是熊友蘭帶了十五貫銅錢前往常州辦貨；三是婁阿鼠和尤葫蘆在尤家爭奪裝有十五貫銅錢的錢袋。其實，十五貫銅錢絕不像今日紙幣那樣可以輕鬆地放在口袋裡帶在身邊。一貫就是一千枚銅錢，十五貫就是一萬五千枚。一枚銅錢重約3.5克，一萬五千枚銅錢重達105斤。除去各種額外的因素（如一貫銅錢不足

一千枚、一枚銅錢不足3.5克等），打個七折，十五貫銅錢至少重達75斤。這些錢放在一起可是不小一堆，一個小小的錢袋子哪能夠裝得下，尤葫蘆不可能毫無顧忌地借了這麼一堆錢回家，熊友蘭也不可能輕輕鬆鬆地獨自一人帶這麼一大堆錢出遠門去辦貨，尤、婁兩人更不可能戲劇化地將這一堆錢搶來奪去。

筆者在此無意指責劇作者的疏漏，藝術的誇飾下，劇作者這麼設計也許無可厚非，《十五貫》這一劇名確也為這齣戲增色不少。筆者只是想借劇作者的疏漏說明銅錢在流通過程中所存在的不足。區區十五貫銅錢的攜帶都那麼困難，隨著古代社會商品交換的發展，一千多年來作為市場主要流通貨幣的銅錢功成身退並讓位於其他形式的貨幣，必然成為一種無可避免的趨勢。

最先向銅錢發起挑戰的是唐代的「飛錢」。飛錢誕生於唐憲宗時期，當時隨著社會經濟的發展，對貨幣的需求量急速增加，長安是當時政治經濟的中心，貨幣的流通量尤其大。地方官府要向京師輸送一部分錢財；有些富人在京師有現錢來源，而其在外地的家屬則缺少現錢使用；有一些商人在外地賺了錢，又苦於難以運到京師。同時，銅錢的匱乏一直是制約唐代商品流通的令人頭痛的問題。在這種情況下，便慢慢產生了一種既能免去困難又能滿足需要的辦法：商人將現錢交給官府等，取得憑證（文牒或公據），然後這張憑證一分為二（收據和存根），其中收據給商人，存根則透過專門的途徑寄到兌現地。只要這兩個半張憑證合起來核對無誤，便能領取同樣數量的現錢，如此既避免了銅錢不足帶來的不便，又省卻了長途運輸大量銅錢的麻煩。這個辦法就是「飛錢」，又叫「便換」。飛錢後來由官署專營。飛錢實質上只是一種匯兌業務，它本身不介入流通，不行使貨幣的功能，因此並非真正意義上的紙幣。

「飛錢」這種匯兌方式被北宋沿用。宋開寶三年（西元971年），官府在開封設置官營的匯兌機構「便錢務」，為行商直接辦理異地匯款。據有關資料，在西元995年至997年間，全國商業匯款已達一百七十八萬貫，規模遠遠超過了唐代。

飛錢在宋代後來逐漸發展演變為紙幣「交子」，交子最初產生於四川。四川是宋代經濟最發達的地區之一，在唐代就有「揚一益二」的說法，「揚」指揚州，「益」為益州，即今天的四川盆地地區。當時四川出產的錦、紙、糖，在全國居於領先地位。同時，四川又是內地與西部地區（西

鐵錢種種

蕃、西南夷、西夏等）貿易的中轉站。而由於種種原因，宋代政府在四川強制規定行用鐵錢。鐵錢比之銅錢，更加不利於流通，每一千鐵錢（一貫）重的可達25斤，輕的也有13斤。當時買一疋羅，需兩萬鐵錢，按重的算重約五百斤，輕的也有二百六十斤，得車載肩挑。發達的區域經濟與落後的貨幣制度發生了大問題，交子便在這種問題中應運而生。

交子大致經歷了由私人經營到官府經營的發展過程。官營交子誕生於宋仁宗天聖元年（西元1023年），而在這以前，交子是由經官府批准的若干戶商人聯合舉辦的，由專門的印版印製，有隱祕的記號，錢數是臨時填寫的，持交子即可到異地取錢。提現時，每貫收取三十文手續費，經營交子的商人則

宋代的交子印版

清代「咸豐重寶」銅錢

每年要為官府提供清理糧倉、修水壩等的人力和物資。私人經營的交子與唐代的飛錢相比，雖然更加機動靈活，但性質上沒有太大變化，仍是一種匯兌業務，尚不屬於真正的貨幣。官營交子出現以後，情況就不同了，官營交子由國家發行，有強大的國家信用作後盾，有固定的面額，可以用來代替現錢完納賦稅，這使它擁有了法定貨幣的地位。交子在民間取代鐵錢廣泛使用於商品交換之中，也就成為真正意義上的紙幣。

交子在北宋誕生以後，經南宋到金，儘管歷經曲折，紙幣一直在全國範圍內得以行用，元代更是早期紙幣的鼎盛時代。從至元二十四年（西元1287年）到至正十年（西元1350年）的六十多年間，元政府嚴禁在交易中使用金銀銅錢，紙幣成為唯一的合法貨幣。

由於中國古代紙幣與生俱來的不足，「貶值」和「偽造」這兩大問題始終阻滯著它的發展，明代起，紙幣不得不退出歷史舞臺。由於自身的不足，歷史並沒有給予銅錢重新振興的機會，從明代開始，白銀作為一種貴金屬，以其便於稱量、不易偽造等特點，異軍突起，逐漸得到市場的青睞。白銀首先在民間得到廣泛的使用，繼而明政府不得不承認事實，廢除了在交易中使用白銀的禁令，緊接著又將各地上繳朝廷的稅糧等改為徵收白銀，官員和軍士的薪俸也都以白銀支付，白銀終於成為流通領域裡的主要貨幣，銅錢僅僅只是作為輔幣散發著餘熱。這一現象在清代得到延續，清政府明確規定一兩白銀折制錢一千文，並為此採取了一連串措施，使白銀為主、銅錢為輔的貨幣制度進一步得以確立。

民國時期新疆銀錠

清代銀錠

　　與此相聯繫，為了便於流通，銀錠和銀元寶在明代也基本成為一種定式。銀元寶最早出現在元代，據元人陶宗儀的《南村輟耕錄》記載，至元十三年（西元1276年），元軍攻占了南宋的都城臨安，儘管「南朝遺物屢摩挲，犀帶魚盆閱歷多。玉石也關興廢感，細攜款式認宣和」，但是蒙古勇士們更感興趣的還是那些白花花的銀子，個個都將其包裹裝得鼓鼓囊囊的。班師回到揚州，為了整飭軍紀，元軍統帥伯顏下令收繳將士搶掠的全部銀兩，結果堆成一座小山。伯顏將這些銀子統一銷鑄為五十兩一錠的銀錠，上面鑄上「揚州元寶」四字，取名「元寶」是表示為元朝之寶貨的意思。回到元大都後，這些元寶全部進獻給了世祖忽必烈。這種名為元寶、形為束腰板狀的銀錠，是在特殊情況下的產物，並非出於流通的需要。我們今天看到的那種兩頭翹起、形狀像馬蹄的銀錠，大致出現於明建立以後。這種馬蹄形銀錠則完全出自於流通的需要，除了五十兩一錠的元寶，還有一、二十兩的中錠、重三五兩狀似饅頭的小錁、重一二兩的福珠。此外，還有餅狀、條狀和板狀的小錠和碎銀。

　　明萬曆年間，西班牙銀元（本洋）傳入中國，到清乾隆年間，外國銀元大量流入中國。銀元的優點很快顯示出來：易於分合，便於轉移攜帶；重量和成色劃一，偽造較難，信用較佳，銀元由此成為市場上的主打貨幣。從此，歷史再沒有給銅錢任何重新崛起的機會。儘管清代末年，曾有過一陣機製銅元的熱潮，但終究是曇花一現。有學者對清末流行的貨幣作過分析統計，結果在全部的貨幣中，銀幣占了61.85％，銅幣僅占24％，紙幣卻占有13％。日後隨著紙幣的迅速崛起，銅錢終於在中國的錢幣舞臺上無可奈何花落去。

搖錢樹的由來

中國民間傳說中有一種寶樹，滿樹都掛滿了金銀珠寶，如同掛滿成熟果子的果樹，只要輕輕搖搖，它就會掉下金錢來。人們無不祈盼能擁有一棵搖錢樹，從此財源滾滾。搖錢樹因此成為一種象徵，一種希望。到後來，搖錢樹成為一種專門的比喻，人們往往將會賺錢的人物和容易生財的事物比作搖錢樹。

古籍中最早明確提出搖錢樹的，是馮夢龍《警世通言》中的「杜十娘怒沉百寶箱」。在這一篇淒婉動人的故事中，杜十娘等便被妓院的老鴇視作搖錢樹。其實搖錢樹的產生和流傳並不能簡單與人們對於財富的欲望劃上等號，最初它實際反映了古人對於自然的認識。後來隨著社會的逐漸世俗化，附著在搖錢樹身上的其他東西漸漸退去了，在人們的眼中才僅僅剩下赤裸裸的一個「錢」字。

「究天人之際」，探究人與天、人與自然的關係，實現人與自然的和諧相處，是人類誕生之後便開始思考的問題，人們希望在天人之際能架起一座溝通的橋梁。在早期，受農耕文明的影響，我們的先人自然而然把扎根大地的參天大樹看作是連接天與地之間的最好工具，人們希望通過這把天梯，能夠對自然有更多的認識，於是便產生了對神樹的崇拜，中國古代的神話故事對此有十分生動的記述。《山海經》中的神樹有三棵，分別是東方的「扶桑」、中央的「建木」和西方的「若木」。扶桑在東海盡頭的湯谷，那是太陽升起之地。建木長在「天地之中」的「都廣之野」，神人們都是透過建木上天下地，建木由此成為登天之梯，是神樹中的代表。建木上有枝葉、花卉和果實，還有龍、蛇等動物。一般認為「都廣之野」就是今天的成都平原……《山海經》中關於這三棵神樹的記述，生動反映了古人為什麼會產生對於樹的崇拜。《山海經》中的上述記述，已為1980年代在四川廣漢三星堆出土的青銅神樹所證實。

三星堆遺址是古蜀文化的典型代表，其延續的時間距今約四千八百年至

三星堆神樹　　　　　　　　　　　　漢代搖錢樹

二千八百年前，相當於中原地區新石器時代的龍山文化至商末周初。三星堆出土了大批珍貴的金、銅、玉、石、陶等各類文物，其中以青銅器居多。三星堆的青銅器別具一格，十分珍貴，值得一提的是出土的青銅器中有一批青銅神樹，計有八株（一說六株）之多。由於曾被砸爛並經火燒，大多殘缺不全。專家們幾經努力，修復了其中的幾株，最大的一株高為3.95公尺，由於最上端的部件已經缺失，實際樹高可能在5公尺左右，這是目前中國出土青銅器中體積最大的一件。樹分三層，每層三枝，共九枝。樹枝上分別有二果枝，向上果枝的果實上站立一鳥，除去殘缺的頂部不計，全樹共有九隻鳥。在中國古典神話中，鳥代表了太陽，所謂「金烏西墜，玉兔東升」，金烏便是太陽，玉兔則是月亮。神樹上的鳥象徵的就是太陽。三星堆中的神樹把《山海經》中關於扶桑、建木、若木三神樹的傳說，活靈活現地表現了出來。在三星堆時期，先人們鑄造出這麼一株充滿技術性的神樹，

可謂是罄盡了當時的人力、物力、財力，展現出他們對於樹的崇拜。

中國古代這種樹崇拜的習俗一直延續到漢代，這從東漢的墓葬中出土有眾多的搖錢樹可資證明。據不完全統計，在四川、雲南、貴州、陝西、甘肅、青海等地的東漢墓葬中先後出土了青銅鑄造的搖錢樹以及樹座六十多件，其中以四川出土的爲多。近二十多年來四川先後出土了五株搖錢樹，還出土了三十多個用陶或石等製作的搖錢樹座和一些搖錢樹的殘枝殘葉。

漢代搖錢樹上所呈現的內容比之三星堆要豐富得多，除了鳳鳥以外，有西王母、辟邪、蟾蜍、騎羊、龜、熊、龍虎、仙山等。

鳳在漢代又稱爲「朱雀」、「朱鳥」，這直接繼承於三星堆的神樹。西王母原本也是《山海經》中的人物，是得道升天的象徵。西王母等出現在搖錢樹上，反映了神仙思想在漢代得到廣泛的流傳。值得注意的是，漢代的搖錢樹上鑄有或掛有銅錢和錢形飾物，有的還銘刻有「五銖」等字樣。

四川漢代的彭山崖墓中，有一株搖錢樹，其第三層樹枝的左右兩邊，各有一錢樹，錢樹上人物眾多，有的手上提著錢，有的肩上挑著錢，有的用手托著樹上的錢，有的雙手捧著裝滿錢的籮筐……正是由於銅錢出現在樹枝上，因此，到了漢代才有了真正意義上的搖錢樹。

漢代的搖錢樹大多出土於墓葬之中，作爲墓主的隨葬物品。中國自古以來有厚葬的習俗，「世以厚葬爲德，薄葬爲鄙」，人們往往把最好的物品或死者生前最喜愛的物品，作爲逝者的隨葬品。製作考究精美的搖錢樹在漢代被作爲隨葬品，正反映了當時厚葬的習俗。與此同時，我們不能不看到，搖

五銖錢飾

錢樹被作爲隨葬物品，在一定程度上還反映了當時人們的生死觀和自然觀。按照當時流行的思想，死者的靈魂不死，視死如生，死亡意味著升天成仙，登天自然需要階梯，人們以搖錢樹作爲隨葬物品，是希望死者憑藉它能順利登上天國。在漢代人們的這一冀望中，我們還能清晰地看到，當時的人們爲探究天人之間的關係仍在孜孜不倦地努力著。銅錢掛上神樹的樹枝則反映，到了漢代，隨著社會經濟的發展，以及銅錢在社會生活中的作用坐大，社會越來越趨向世俗化了，原來作爲登天之梯的聖潔神樹，也禁不住染上了陣陣銅臭味。由此，神樹也被改稱爲搖錢樹。

由於社會習俗的變化，漢代以後的隨葬物品中，未再見有搖錢樹，但是對於搖錢樹的崇拜和喜愛，卻成爲中國古代社會經久不衰的現象，歷代都有關於搖錢樹的各式工藝品，關於搖錢樹的各種故事更是代代相傳。古時候不少地方每逢過年，都要精心編紮搖錢樹作爲膜拜聖品，以祈來年能有好收成。現在這種習俗也許已經成爲記憶中的往事，然而，流傳久遠的人們對於搖錢樹的情結並未就此輕易消逝。每逢正月初五，人們迎接財神的時候，在那沖天而起的高升之中，在那鋪滿大地的紅紅鞭炮紙屑之中，我們依稀可以看到自古以來就有的對於搖錢樹的深深喜愛。

1980年代以來，一些西方的節日開始在中國流行起來。每逢聖誕節，當人們圍繞聖誕樹盡情歡歌起舞的時候，我們似乎同樣可以感受到人們內心所湧動著的對於搖錢樹的深深崇拜。令人遺憾的是，其中似乎不見了古人曾經有過的那對於天人關係的冷靜思考，儘管也許古人們當時苦苦思索的問題現在早已解決了，人們上天入地已不再需要借助神樹，宇宙飛船乃至航天飛機早已遨遊太空，不過「究天人之際」、實現人與自然的和諧相處將是永久的話題，尚待人們去探索新問題。因此，在曾經內涵豐富的搖錢樹身上，我們千萬不能僅僅只看到一個「錢」字，不能僅僅只剩下欲望，而遺忘了探索思考。

10 錢幣上的讖緯之學

　　讖緯是流行於兩漢時期的一種學說，其主要以古代河圖、洛書中的神話和陰陽五行學說，以及西漢董仲舒的天人感應說作爲理論依據，將自然界的偶然現象神祕化，並將之視爲社會興衰的標誌。東漢光武帝劉秀便是依靠符瑞圖讖起兵，他利用當時流行的讖語「劉秀發兵捕不道，卯金修德爲天下」，宣揚他造反起兵是「答天神，塞群望」的義舉，由此在當時眾多起義隊伍中脫穎而出，最終奪取了天下。他稱帝以後，「宣布圖讖於天下」，讖緯之學遂成爲東漢統治思想的重要組成部分，並憑藉國家政權的力量盛行於一時。魏晉後讖緯迷信逐漸衰落，但它的影響卻流傳久遠，在中國古代社會烙下了深深的印記。這一印記同樣也烙在中國的錢幣文化之中，使得中國的貨幣文化更加繽紛多彩。下面謹舉幾個典型例子。

東漢劉秀的「白水真人」錢幣

　　前文已經介紹劉秀依靠讖緯迷信起家，最終登上了皇帝的寶座。因此，他即位之後便大力推行讖緯之學。劉秀時期，社會上通行的貨幣仍是王莽時的「貨泉」，用隸書書寫的「貨泉」二字，恰好可被讀作「白水眞人」。

　　由於劉秀早年起兵於南陽白水鄉，貨泉被讀作白水眞人，按照讖緯迷信，劉秀繼承大統早在王莽鑄行貨泉的時候就已經預定下了，全是天意所授。這無疑大大增加了新生東漢政權的神聖性，無疑有利於它的穩定和鞏固，當然，這在客觀上也有利於當時社會經濟的恢復和發展。而劉秀手下那些阿諛奉承的官員們爲了討得劉秀的歡心，更把這一時期所有的貨幣都稱作白水眞人，「白水眞人」由此一度成爲錢幣的別稱。正因爲此，對於貨泉這一

王莽貨泉：白水真人

太貨六銖

王莽時代的貨幣，劉秀有一種特殊的情結，他不但不嫌棄，而且還大量予以鑄造，前後行用了十六年，後在大臣們的一再提議下，才恢復鑄行五銖錢。

南朝陳朝的太貨六銖

「太貨六銖」是南朝陳宣帝太建十一年（西元579年）鑄行的一種新錢幣。此錢銅質優良，輪廓整齊，鑄造精妙絕倫，用玉箸小篆書寫的錢文勻稱端莊，古樸凝重，乃是件精美絕倫的藝術品，是南朝錢幣中的精品。

但太貨六銖在當時卻並不受歡迎，其大小和舊五銖相仿，而朝廷規定新錢一枚要抵五銖舊錢十枚，導致舊幣的大幅度貶值，變成對百姓的一大苛政，由此激起廣泛的不

滿。由於錢文上「六」字看上去很像一個人叉著腰，於是民間編出了「太貨六銖錢，叉腰哭天子」的民謠。誰知一言成讖，沒出幾年，陳宣帝便去世了。繼位的陳後主（陳叔寶）是位荒淫無度的君主，他不理朝政，整天與身邊人飲酒賦詩，徵歌逐色。〈玉樹後庭花〉便是他的代表作，其中有一段寫道：「妖姬臉似花含露，玉樹流光照後庭；花開花落不長久，落紅滿地歸寂中。」陳後主在詩中似乎早已預感到好景不長了。事實也正是如此，陳很快走向衰亡，就在太貨六銖誕生後的第十年，隨著楊廣率領的隋軍南下，陳後主被俘，陳頃刻而亡。太貨六銖跟著成了這個末代王朝的陪葬品。「後庭花」更成為只知尋歡作樂、不知亡國之恨、甘當亡國奴這類昏聵小人的代名詞了。

崇禎奔馬錢

唐朝詩人杜牧出於對當時唐帝國內憂外患的深深憂慮，以當年陳後主的故事作比，寫下了傳頌千古的七絕〈泊秦淮〉：「煙籠寒水月籠沙，夜泊秦淮近酒家。商女不知亡國恨，隔江猶唱後庭花。」

崇禎奔馬錢

　　明朝末年，政治腐敗，民不聊生。朝廷對外要抵抗在北方邊境虎視眈眈的後金（清），對內要鎮壓狼煙四起的農民起義，而國家財政卻捉襟見肘，如此鑄錢便成了籌措餉源的重要途徑。崇禎年間為此大量鑄錢，品種版式繁雜。其中有一種錢背面鑄有奔馬圖形，人稱「崇禎奔馬錢」。中國的錢幣很少鑄有圖像，崇禎奔馬錢乃是僅有的幾種之一。

　　崇禎奔馬錢問世以後，民間漸漸流傳開「一馬亂天下」的讖語。一種說法指那匹奔馬就是明末農民起義領袖李自成，別稱李闖王。李闖王的「闖」字門中藏有一個「馬」字，崇禎奔馬錢上的奔馬即為李自成打進北京城的預兆。另一種說法則把崇禎奔馬錢上的奔馬指為南明的權相馬士英、阮大鋮等，當時有民謠云：「中書隨地有，都督滿街走，監紀多如羊，職方賤如狗。蔭起千年塵，拔貢一呈首，掃盡江南錢，填塞馬家口。」崇禎吊死煤山以後，福王朱由崧在南京建立了南明小朝廷。由於馬士英和阮大鋮的弄權，南明小朝廷人心渙散、內訌頻頻，民怨沸騰，清軍乘機南下，揚州失守，史可法殉國，南明王朝很快覆亡。正是馬士英等一手斷送了偏安一隅的福王政

光緒元寶

權，而崇禎奔馬錢似乎在冥冥之中早就為這一切做好了安排。

無論崇禎奔馬錢上那匹亂奔的馬匹指的是李闖王還是馬士英，按照讖緯之學的邏輯，導致明王朝滅亡的罪魁禍首無疑是主持鑄造崇禎奔馬錢的崇禎皇帝，可憐崇禎皇帝也許至死仍沒有弄明白，殫精竭慮一心補天的他，最後竟會一手葬送了大明的天下！

晚清龍洋

近代的「龍洋」（背面鑄有龍圖案的銀元）始鑄於光緒十四年（西元1888年），錢的正面在漢文「光緒元寶」四個字的正中間鑄有與之對應的四個小滿文，象徵滿族坐鎮中原、統治天下之意；背面則是一條鮮活的龍，威風八面，靈珠居於龍口的下沿，表示天長地久的意思，象徵「真龍天子，皇位永固」。

到了宣統三年，清廷將各省銀元的鑄行權全部收歸天津造幣總廠，改鑄新版的龍洋，即「大清銀幣」。

由於當時清政權在全國此起彼伏的反清浪潮中風雨飄搖，有人認為光緒元寶上的滿文居於漢文「光緒元寶」的正中，似有被漢族包圍之嫌，乃不吉之兆。故新版龍洋將舊版正面圈中央的四個滿文字移至圈外上方，以居高臨下，控視全局。在龍洋的背面，則將龍口的靈珠移落下方，寄寓年幼的皇帝如龍之戲珠，收放自如，振奮精神，以挽回大清的衰敗頹勢。大清銀幣剛剛鑄成，正逢武昌起義爆發，清廷便匆匆將新幣用來發放軍餉。原來

大清銀幣

被用來祈祝大清「皇位永固」的新版龍洋，卻被用作挽救危局的救命稻草。人們利用讖緯迷信，圍繞新版龍洋大作文章，各種傳言不脛而走，為推翻大清王朝推波助瀾。有傳言認為新版龍洋將龍之靈珠落地，使皇帝失去精神依託，預示了皇位終將不保；也有傳言指出滿文上移，上方恰代表北方，預示了滿族統治者將被趕回滿洲老家的結局。新版龍洋的設計者和鑄造者煞費苦心的構思，卻在不經意之間為大清王朝規劃好了它的末日。

　　讖緯之學總體上是一種迷信學說，但其中也包含有某些古代自然科學知識，反映了人們對於自然現象和社會現象的探索腳印。讖緯在成為封建統治者欺矇百姓之工具的同時，也成為百姓反抗統治的武器。陳勝、吳廣在領導中國史上首次農民起義的時候，就是用「魚腹丹書」和「篝火狐鳴」來凝聚人心的。他們將寫有「陳勝王」的布條塞入魚肚之中，同行的戍卒買了魚來烹食，見到寫有「陳勝王」的布條驚異非常。他們還躲在篝火的後面裝作狐狸的聲音呼叫「大楚興，陳勝王」，終使那些戍卒深信跟隨陳勝造反乃是天意，一場轟轟烈烈的農民大起義由此在大澤鄉揭竿而起。

　　在歷朝的農民起義中，類似的例子不勝枚舉。前面列舉的那些錢幣上的讖緯文化即是生動的例子，當時的人們利用錢幣上的文字圖案，發揮豐富的想像力，以讖緯對讖緯，以迷信反迷信；在這裡，讖緯、迷信成為人們反對腐朽統治的有力武器。南朝的陳、明朝、清朝等，無不在人們的詛咒和反對聲浪中黯然退出了歷史舞臺。

11 永安錢難永安

　　眾所周知，錢幣對於一個政權來說，是至關重要的，因為錢不僅關係到老百姓的日常生活，還是穩定整個社會經濟的要因。因此，在中國古代，大凡新的統治者上臺以後，都把鑄行新的貨幣作為頭等大事，藉以穩定社會經濟，鞏固自身的統治。不僅如此，他們還費盡心機地在貨幣的形制、名稱和圖案上大作文章，期許這些特殊的貨幣能幫助他們的統治長治久安。但或者是由於他們的生不逢時，或者是由於他們的倒行逆施，歷史終究沒有理會他們的這些伎倆，他們的統治非但未能因此永安長久，有時甚至反而加速了自己的垮臺，給後人留下了千古笑柄。

王莽的幣制改革

　　王莽是中國歷史上一位非常特殊的政治家，對王莽的評價向來分岐，不過否定者居多，肯定者居少。幣制改革是王莽改制中的一項重要內容，王莽在位八年，先後推行了四次幣制改革。其幣制改革的頻率之高，歷次改革推出的幣種之多，可謂前無往者後無來者。王莽對幣制改革不可謂不用心，他的幣改為後人留下了一批令人嘖嘖稱奇的精品貨幣，化成古代貨幣鑄造史上的輝煌一頁。但他的幣改又導致了當時社會經濟和政治的混亂，最終加速了他自己的垮臺。

　　王莽的改制裏之以託古的外衣，帶上了讖緯迷信深深的烙印，這在他的幣制改革中表現得十分顯著。王莽的第一次幣改，保留五銖錢，同時發行三種新的貨幣：大錢、金錯刀、契刀。其中金錯刀形象奇特，工藝精美，是古

王莽大錢

錢幣中的珍品，成為後世古代文人墨客作詩吟唱的恆久話題。

　　但金錯刀等問世僅僅一年，王莽忽然發覺「劉」的繁體字中含有「金」和「刀」兩個字，似與他的金錯刀有聯繫，而五銖錢更是漢武帝時所創行，這使竊取劉漢天下的王莽頗為不安。他直言不諱地承認：「今百姓咸言皇天革漢而立新，廢劉而興王。夫『劉』之為字『卯、金、刀』也，正月剛卯，金刀之利，皆不得行……其去剛卯莫以為佩，除刀錢勿以為利。」還美其名曰：「承順天心，快百姓意。」由此，他毫不猶豫地實施了第二次幣改，廢除金錯刀、契刀和五銖錢，專用大小錢。但是棄用金錯刀，並未能消除高懸在王莽政權之上劉氏的陰影。未過多久，王莽政權便在綠林、赤眉農民大起義的浪潮中覆沒了。活躍於綠林、赤眉農民起義隊伍中的有不少是劉氏的後人，而取代新莽政權的東漢創立者恰是劉氏的宗親劉秀。今天，當我們面對精美絕倫的金錯刀，在讚嘆古人高超鑄幣工藝水準的同時，不能不感嘆王莽的愚昧和歷史的無情。金錯刀留給我們的除了「次觀金錯刀，一刀平五千。精銅不蠹蝕，肉好鉤婉全」那樣的觀賞和收藏價值以外，更給了我們一種歷史的啟迪，這正如清末葉德輝在詩中所說的「說解無劉亦有心，甄豐符命玷儒林。錯刀一錯真成錯，何事臨文諱卯金」。

北魏孝莊帝的永安錢

　　北魏是由鮮卑族拓跋氏建立的，北魏的建立結束了北方地區長達數十年的分裂割據，但北魏社會的民族、階級問題一直十分嚴重。期間，孝文帝實施漢化政策，推行了一連串改革，一度促進了社會經濟的恢復和發展，社會問題也得到一定程度的緩和。可惜好景不長，孝文帝去世後，人亡政息，政治黑暗，政權腐敗，社會問題再次加劇。到了孝莊帝時期，統治集團內部的爭權奪利日益激烈，北魏的分裂隨時可能發生。孝莊帝不由為國家的前途和自身的命運憂心忡忡，萬般無奈之下，便希望透過更改年號來改變目前的處境。他和大臣們不約而同地想用個吉祥的年號來擺脫目前困境。在西元528年10月底，孝莊帝改年號曰「永安」，第二年又大量鑄造「永安五銖」錢，祈望永安

永安五銖

年號和永安錢能帶來國家安定、人民樂業的願景。

　　然而諷刺的是，永安五銖錢發行不久，孝莊帝便在統治集團的內部爭鬥中被殺了。又過了四、五年，北魏政權分裂爲東魏和西魏。東魏和西魏繼續打著魏的旗號，名義上皇帝仍是北魏皇室成員，北魏的制度繼續沿用，流通的貨幣也還是永安五銖，即使是新鑄的貨幣亦沿用永安五銖之名，但朝廷的大權已經旁落。又過了二十年，東魏和西魏分別被他們的大臣取代，名義上的魏也不再存在了，東魏成爲北齊，西魏成爲北周。永安五銖錢最終未能如孝莊帝所願給北魏乃至東魏和西魏政權帶來太平和安寧，並且連其自身也未能保住，僅僅只流行了幾十年時間，便退出了歷史舞臺。在北齊永安錢爲「常平五銖」錢所取代，在北周則爲「布泉」等所取代。

　　永安錢難永安，當我們取笑北魏孝莊帝式的「政治智慧」時，面對無情的歷史，也不由生出些許無奈。

袁世凱的洪憲銀元

　　西元1911年10月10日，武昌起義爆發，統治中國數千年之久的

常平五銖

北周三泉

封建專制帝制終告結束。1912年1月1日，「中華民國」在南京宣告誕生，中國近代史由此揭開了嶄新的一頁。但以袁世凱爲首的北洋軍閥依靠帝國主義國家的支持，以武力相要挾，最終竊取了辛亥革命的勝利果實，袁世凱當上了中華民國臨時大總統。此後，袁世凱便積極策劃復辟帝制。他先後下令解散國會、廢除《中華民國臨時約法》、接受日本提出的《二十一條》要求，爲復辟帝制掃清各種障礙。

1915年12月11日，國民代表大會上演了中國近代史上最可笑的一幕，全體與會代表一致「恭戴今大總統袁世凱爲中華帝國皇帝」。12日一早，袁世凱以「億兆推戴，責任重大」爲名，順水推舟，躊躇滿志地準備當他的中華帝國皇帝。袁決定復辟帝制後的國號爲

洪憲銀元

「中華帝國」，年號爲「洪憲」，1916年爲洪憲元年。他按照古代封建統治者的慣例，鑄造洪憲年號的錢幣。深諳鑄行錢幣對於鞏固自身統治意義的袁世凱，早在西元1914年就鑄行了正面爲戎裝側身頭像、背面爲嘉禾的壹元銀元（即袁大頭）。

爲了慶賀洪憲帝國的新開始，袁世凱更是精心設計了他的「洪憲銀元」。洪憲銀元的正面是他的戎裝半身像，背面則是龍的圖案。爲了標榜自己與清朝皇帝的不同，洪憲銀元上的龍變成展開雙翅正待起舞的龍。袁世凱祈望這條帶有雙翅的龍能夠護佑他這個眞龍天子一飛沖天，護佑他的中華帝國一世、二世，世世代代傳下去。但是，誰可料到這個曾經將全國億萬百姓和以孫中山爲代表的革命黨人玩弄於股掌之間的奸世梟雄，最終卻被歷史所戲弄。

袁世凱復辟帝制的消息一經傳出，遭到全國一片反對，洶湧的討袁聲浪，使袁世凱猶如置身於乾柴烈火之上，他被迫於3月22日取消帝制，恢復共和，並宣告退位。6月5日，眾叛親離的袁世凱在落寞憂傷中死去。洪憲銀元並未能幫助袁世凱圓他的皇帝夢，反倒爲歷史又增添了個新笑柄。不過，業已鑄就尚未上市流通的飛龍洪憲銀元，由於其稀少，後來成爲市場追捧的對象，身價陡漲，今天的價格據說已達數萬元之巨。袁世凱的二兒子袁克文當年落魄上海時，飛龍洪憲銀元爲他的家人在經濟拮据時換來了現洋，解了燃眉之急。袁世凱原來寄寓無限希望的洪憲銀元，竟然以這樣一種方式來回報他的後代，這大概是他完全沒有想到的。看來歷史是公平的，在嘲弄人的同時，也不忘給予應得的回報。

魯褒〈錢神論〉的時代啟示

西晉的魯褒是中國古代歷史上一個十分特殊的人物，關於他的生平事跡，《晉書》上語焉不詳，只有寥寥十幾個字，稱其：「好學多聞，以貧素自立」，終生「不仕」。魯褒全因其寫的〈錢神論〉而名留青史。《晉書·魯褒傳》主要記述的便是他所寫的〈錢神論〉，《晉書·魯褒傳》與其說是在為魯褒作傳，不如說是在為魯褒的〈錢神論〉作傳。魯褒的〈錢神論〉究竟是怎樣的一篇文章？《晉書》的作者為什麼會如此推崇？〈錢神論〉在今天對我們又有些什麼新的啟示？

魯褒寫〈錢神論〉完全是有感而發。《晉書·魯褒傳》上講西晉自「元康之後，綱紀大壞」，拜金主義盛行，社會風氣敗壞，賄賂公行，貪汙腐敗，魯褒「傷時之貪鄙」，懷著滿腔的義憤，寫下〈錢神論〉，對當時愈演愈烈對金錢崇拜的現象進行了猛烈的抨擊。

在魯褒看來，錢就是錢，只不過是商品交換的媒介，但由於種種原因，錢的作用發生了變異，陡然成為高高在上的神，而人卻成為俯伏在錢神跟前的奴僕。他的〈錢神論〉以介乎詩與散文之間的文學形式，以酣暢飽滿的筆墨，揭露了當時社會上金錢崇拜的種種醜態，並痛快淋漓地予以無情的鞭撻。魯褒的筆鋒所指著重於兩方面：

其一，錢已成為所有社會活動必不可少的敲門磚。

〈錢神論〉一開頭，魯褒虛擬的兩個人物在洛陽街頭相遇，一個是年輕的富翁司空公子，一個是年邁而貧窮的儒生綦母先生。當司空公子得知綦母先生空著手企圖以清談結交權貴的時候，便譏笑他不通世事，他引經據典強調請託辦事從來少不了敲門磚，少不了金錢鋪路，否則必然「貧不離於身」。古代有句諺語「朝中有人好做官」，對此〈錢神論〉認為當時社會完全如此，「官無中人，不如歸田」，同時還指出僅是朝中有人是遠遠不夠的，因為「雖有中人，而無家兄，何異無足而欲行，無翼而欲翔」？朝中之人同樣需金錢（家兄）打點，否則官府的大門將永遠向你關閉。即使你「才

如顏子（顏回），容如子張」也是無濟於事。魯褒在〈錢神論〉中進而指出，即使在日常生活之中也是須臾離不開錢，「忿諍辯訟，非錢不勝；孤弱幽滯，非錢不拔；怨仇嫌恨，非錢不解；令問笑談，非錢不發」。魯褒因此發出由衷的感嘆：「有錢可使鬼，而況於人乎。」

其二，錢決定了人的富貴卑賤。

魯褒在〈錢神論〉中指出，「親愛如兄，字曰孔方，失之者貧弱，得之者富強」，「錢多者處前，錢少者居後」。一個人只要有了錢，便「執我之手，抱我終始。不計優劣，不論年紀。賓客輻輳，門常如市」。魯褒還指出：「錢之所在，危可使安，死可使活。錢之所去，貴可使賤，生可使殺」，「錢能轉禍爲福，因敗爲成，危者得安，死者得生」。魯褒最後更強調，人的「性命長短，相祿貴賤，皆在乎錢，天何與焉」！錢由此走上了神壇，被供奉爲「錢神」。

其實，錢之所以成爲神，完全是人追求和崇拜的結果。對錢的追求，是自古以來就存在的，到漢魏六朝這種現象愈演愈烈。東漢皇室的外戚郭況，「累金數億」，其家被稱爲「金穴」，當時洛陽有「洛陽多錢郭氏室，夜月晝星富無匹」的說法。東漢皇室的另一位外戚梁冀聚斂的財產達到三十多億，超過全國半年的賦稅。西晉的中書令和嶠，「富擬王者，而至吝」，被稱爲「錢癖」，他的弟弟們從樹上摘李子吃，他也照樣按核收錢。南梁的皇族蕭宏家中的三十多間庫房全部堆滿了金銀財寶，所聚斂的錢財多達數億，但他仍是樂此不疲，被人稱爲「錢愚」。至於石崇和王愷鬥富的故事，更是把當時的人們在追求財富過程中的愚妄表現得淋漓盡致。南梁時的《殷芸小說》講了一個故事，有幾個人在一起暢談各自的抱負，有人願爲揚州刺史，有人祈望腰纏萬貫，有人希望成爲神仙騎鶴升天。最後一個人的願望是「腰纏十萬貫，騎鶴上揚州」，將其他人所想的全部囊括了，典型反映了當時人們對於金錢的貪得無厭。東漢文學家趙壹面對錢欲橫流的社會現象，不由無奈地感嘆：「文史徒滿腹，不如半囊錢。」魯褒的〈錢神論〉便是對這些現象全面的提煉和總結，並以當時能達到的高度予以猛烈的批判。

大家應該看到，對金錢的追求崇拜並非中國社會特有的現象，這是一個普世性的話題。巴爾札克筆下的葛朗臺比之西晉的「錢癖」和嶠要更勝一籌。他家李樹上的李子很好吃，他在賣李子時，一定要把李子的核鑽壞，唯恐別人得了他家的種子，以後他家的李子就賣不出好價錢了。西方劇作大

師莎士比亞在《雅典的泰門》中，借悲劇人物泰門之口，對黃金進行了諷刺：「金，黃的，光澤的，寶貴的金；有了它，黑的會變白，醜的會變美；邪的會變正，賤的會變貴，老的會變少，怯的會變勇……」

有趣的是，莎士比亞生活的年代與魯褒相距一千二百多年，時間和空間相隔如此遙遠的兩個人，在他們的筆下，金錢的神通竟是如此的一致。魯褒在〈錢神論〉中對錢的神化所作的如此辛辣而犀利的分析批判，除了給予生活在社會底層的人們些許心理安慰以外，並未能撼動金錢在神壇上的地位。一千多年過去了，高踞於神壇之上的金錢今天依然威風八面，靈光四射。魯褒當年所批判的種種現象，不僅依然存在，有些甚至是有過之而無不及。是什麼原因使得人們對這種金錢的狂熱崇拜徒喚無奈呢？

西元2008年6月24日報載，微軟公司創始人比爾‧蓋茲已決定退出微軟，將帶上個人的全部資產五百八十億美金，投身於慈善事業，而未給子女和家人留下些許財產，被稱作為「裸捐」。類似的新聞，這些年來經常見於報端，據說近幾年在投資領域興風作浪的巴菲特、索羅斯等鉅子都有類似打算，

簡體中文版《雅典的泰門》封面

比爾‧蓋茲的義舉可以說已經成為一種社會現象。人們在為比爾‧蓋茲等人的善心和壯舉而驚訝讚嘆時，不由陷入了深深的思考。唐代李嶠有詩云：「九府五銖世上珍，魯褒曾詠道通神，勸君覓得須知足，雖解榮人也辱人。」李嶠的詩頗具幾分哲理，道出了魯褒寫〈錢神論〉的用心，可惜千年來在中國卻是少有踐行者，而大洋彼岸的比爾‧蓋茲卻成為李嶠和魯褒的知音。為什麼錢神的種種魔力在比爾‧蓋茲一群那裡統統失靈了

呢？是由於他們個人的道德情操特別高尚？是由於巨額的個人財富使得他們對錢的認識已然超越了常人的境界？是由於他們的子女與其父輩一樣個個都是創業的好手，根本無需父輩的恩蔭？這些回答似乎都對，似乎又不對，或者說並未能找到問題的癥結所在。

　　本文無意回答這一道難題，筆者只是由魯褒〈錢神論〉的遭遇想到，比爾·蓋茲這一群體的出現，應非偶然，是與他們所生活的社會環境密切相關，其中包括道德環境、法律環境、制度環境、社會保障環境等等，正是這種環境有效束縛了「錢神」自由馳騁的天地，削弱了「錢神」無所不能的魔力，代之以較正常的認識，在這種情況下，比爾·蓋茲等人的舉措才會使人感到是件正常合理且符合邏輯的選擇。當年的魯褒在〈錢神論〉中只是指出了錢被神化的弊端和危害，而如何將金錢從神壇上請下來，是魯褒沒有想到也不可能找到答案的問題，這也許是我們今天在讀魯褒〈錢神論〉時應該引出的時代啟示。

13 俚語、俗語中的「錢」

「錢」從誕生之日起，便深深融入了人們的生產和生活之中，在人們日常的語言中也隨處可見「錢」的身影。在人們平時使用最為廣泛的俚語、俗語中，「錢」一改原有的銅臭味，成了寄託人們喜怒哀樂的知心朋友，人們透過它盡情發洩了對不公社會的不滿，也透過它生動表達了對生活的態度和理想。

揭露與批判社會不合理現象的武器

在中國自貨幣誕生以來的兩千多年歷史中，錢促進了商品的流通和交換，推動了生產的進步和社會的發展。與此同時，錢又將人群劃分為富人和窮人兩部分，富人「田連阡陌」，而窮人卻是「無立錐之地」，貧富兩極嚴重分化，對這種不合理、不公平社會現象的批判和爭論一直是中國社會的顯象，民間廣泛流傳的與錢相關之俚語、俗語中清楚反映了這一點。

比如，「一任（三年）清知府，十萬雪花銀」。舊社會幾乎是無官不貪，即使是一名清廉的知府，一任三年下來聚斂的民脂民膏，少說也有十萬雪花銀。又如，「官府衙門八字開，有理無錢莫進來」。儘管官府的衙門大堂都高高懸掛著「公正」的牌匾，但是支撐這一「公正」的卻是錢，這一俗語深刻揭露了隱藏在「公正」牌匾背後的虛偽。類似的還有「火到豬頭爛，錢到公事辦」、「有錢能使鬼推磨」、「人窮理短，有錢氣粗」等，都是用最通俗的比喻手法，揭示出往昔社會實際是有錢人的天堂。1974年諾貝爾經濟學獎得主海耶克說過一句名言：「世間有兩種社會制度，一種是有權才能有錢，另一種是有了錢才能有權。」上述這類帶有「錢」字的俗語，有力地揭示了「權」與「錢」的結合和交換，以及由此導致的社會的不公。

還有許多俚語、俗語裡的「錢」字，恰到好處地被用來作為批判貧富不公的銳利武器。比如，「有錢四十稱年老，無錢六十逞英雄。」有錢人正當

壯年卻養尊處優，窮苦人年逾花甲還得爲生計奔波。「有錢的藥擋，無錢的命挨」，人一旦生了病，便突顯貧富間的差距，窮人最怕病來磨，一旦生病只能聽天由命。「有錢的埋錢，無錢的埋人。」中國自古流行厚葬的習俗，當然這也僅僅對富人而言，那些奢華的葬儀花出去的銀子就像流水一樣，隨同死者一同埋下去的實際是白花花的銀子和金燦燦的銅錢，而窮人的葬儀只能用「赤條條來去無牽掛」來自慰了。這類帶有「錢」字俗語中，我們透過「錢」字，看到的是窮人眼中的淚、心頭的血，以及他們滿腔的憤怒。

嚮往平實生活的寄託

人們往往把錢視爲萬惡的淵藪，其實錢是無辜的，錢的作用是好是壞，全在於人對於錢的態度。現在有句流行語「男人有錢就變壞，女人變壞就有錢」，簡單地將一個人有錢與變壞劃上等號，不免有些以偏概全。

許多與錢有關的俚語、俗語鮮活地反映了普通百姓樸實的生活態度，有的俗語提倡最珍貴的乃是平安快樂的平常生活，如「休道黃金貴，安樂最值錢」。有的俗語提倡「君子愛財，取之有道」，要勤勞致富，如「刻薄不賺錢，忠厚不折本」、「有錢弗買半年閒」等。「家有千貫，不如日進分文」、「錢是一個一個上萬的，糧是一顆一顆上石（dan）的」等則是提倡財富的累積要循序漸進，別企望天上會掉下餡餅，第二天醒來就會成爲大富翁。

有的俗語提倡勤儉過日子，如「勤如搖錢樹，儉如聚寶盆」。搖錢樹、聚寶盆都是中國流傳久遠的神話寶貝，表達了人們對於美好生活的祈望，有了搖錢樹和聚寶盆，一生的財富將源源不絕，享之不盡。這一俗語告誡人們覓取搖錢樹和聚寶盆不靠天不靠地，全靠我們自己，全靠勤奮和節儉。類似的俗語還有「錢要用在刀口上」、「一個錢當兩個錢使」、「好處安身，苦處用錢」等。

有的俗語提倡要樹立正確的金錢觀，世上有比金錢更值得珍愛的東西，奉勸世人不要在「銅錢眼裡翻筋斗」。如，「錢財如糞土，仁義（朋友）值千金」、「百金買駿馬，千金買美人，萬金買爵祿，何以買青春（健康）」、「千金難買兩同心」、「浪子回頭金不換」等。當年，唐太宗李世民爲了表彰打天下的功臣，在凌煙閣中陳列了由著名畫家閻立本畫的二十四

位功臣的畫像。並題詩道：「男兒欲畫凌煙閣，第一功名不愛錢。」在唐太宗看來，這些被褒獎的功臣，首先值得肯定的不是他們的功勛，而是他們的品德和情操。此與上面的那些民間俗語，乃是異曲同工。

在這些含有「錢」字的俗語裡，我們所看到的似乎不是「錢」字，而是先人們自古就在倡導奉行的勤勉生活態度和樸實人生情操。

與錢相關的其他譬喻

版版六十四：

生活中人們往往戲稱那些做事刻板、過於認真的人叫「版版六十四」，此俗語源於宋代的鑄錢方式。唐代以前鑄錢用的是「母範鑄錢法」，唐代以後逐漸採用較為先進的「錢母翻砂法」。到了宋代，錢母翻砂法已較成熟，每版都是六十四枚銅錢。「版版六十四」本是鑄錢工藝先進、操作規範、效率提高的標誌，由於它的規範和一成不變，慢慢就成了辦事刻板不善變通的代名詞。

半吊子：

人們將那種說話做事不踏實、對知識一知半解的人稱作「半吊子」，此與古代銅錢的計量方式有關。從唐代的開元通寶開始，「文」成為貨幣的單位。魏晉南北朝起，「貫」就被作為新的貨幣單位，一千文為一貫，整一貫錢又稱作滿貫。到了明清，「緡」和「吊」又成為與「貫」相等的貨幣單位，一吊也就是一貫。僅有「半吊錢」，往往反映了一個人經濟財富上的拮据，進而便被用來比喻一個人人品、能力和知識等方面的缺損。對於生活在銅錢世界裡的人們來講，這一比喻實在太貼切生動了。

空頭支票：

本是現代金融領域的專用名詞，最初是指支票持有人請求付款時，出票人在付款人處實有的存款不足以支付票據金額的支票，後泛指無法兌現的虛假支票。後來人們將大話、假話、空話等脫離實際或無法實現的承諾比喻為開空頭支票，這一比喻入木三分，恰到好處。在現實生活中，真正的空頭支票也許並不太多，「開空頭支票」似已成為諷刺那種唱高調、講空話之類行為的專用名詞。

此地無銀三百兩：

這是一個家喻戶曉的典故。從

前有個人好不容易積攢了三百兩銀子，怕被人偷，便在自家房後的牆角下挖了一個坑，把銀子埋了下去，還在上面放了一張寫有「此地無銀三百兩」的紙條。自以爲萬無一失，卻反而爲小偷指引了路徑。「此地無銀三百兩」是對那種自以爲聰明，結果卻是欲蓋彌彰、弄巧成拙行爲的辛辣諷刺。也許生活中並不眞的存在「此地無銀三百兩」那樣的傻人蠢事，但那種喜歡玩弄小聰明，聰明反被聰明誤的事卻屢見不鮮。「此地無銀三百兩」直至今日都不失爲一句警世名言。

在這裡，我們所見到的不是同「錢」與生俱來的世俗氣，而是人們在生活中所體現出來的理智、幽默和睿思。

鞭撻 · 諷喻 · 警示

——從古代與錢相關的稱呼說起

由於貨幣在商品交換過程中的特殊作用，難免會激起人們的貪欲，有的人對它青睞有加，貪得無厭；有的人用它賄賂公行；有的人為它賣官鬻爵；有的人將它奉為神靈，吝嗇如命……古人以自己的聰明才智恰如其分地為這些人安上了一個個與錢相關的絕妙稱呼，用來鞭撻貪官、諷喻小人、警示後人，同時也為中國的錢幣文化史增添了生動的篇章。底下介紹其中的幾則故事。

「銅臭」：
東漢末年司徒崔烈買官的故事

東漢末年，外戚和宦官輪流執政，政治日趨腐敗黑暗，到靈帝時更是達到極點。靈帝開西邸明碼標價，公開賣官，兩千石官兩千萬，四百石官四百萬，公卿等官千萬、五百萬不等，縣令按縣土豐瘠各有定價，富者先交錢，貧者到官後加倍繳納。當時有個叫崔烈的，先後擔任過郡守、九卿，曾被譽為「冀州名士」，十分遺憾，這位名士最終守不住名節，不甘寂寞，憑著萬貫家產，走門子花五百萬錢給自己買了個司徒。司徒貴為三公，與太尉、司空執掌朝廷的軍政大權，是輔助皇帝的最高長官，幾乎就是一人之下，萬人之上。名士畢竟是名士，買官的同時難免顧忌自己的名節，一次崔烈問自己的兒子：「我今天位列三公，外間如何看我？」兒子回答說：「父親從小就有名氣，又做過郡守和九卿，外間不認為你不該做司徒，而今你以這種方式做了司徒，讓天下人感到失望。」崔烈趕忙問這是為什麼。兒子回答：「因為你這個司徒身上充滿了一股銅臭味。」由於觸到了痛處，崔烈顧不得名士的斯文，大怒之下對兒子「舉杖擊之」。

實事求是地說，在古代歷史上，崔烈尚不屬於窮凶極惡、肆意妄為的那一類貪官，花錢買了官，卻在意自己的名聲，也未見做過什麼過分的事，還

希望外界對自己有個好評價。一旦被人揭了瘡疤，至多也就是在自家兒子頭上「舉杖擊之」，發洩發洩。不過，由於他兒子的批評，「銅臭」一詞卻就此流傳開來。本來銅錢堆在一起，產生的味道，說不上好聞，卻也難聞不到哪兒去。「銅」字後面連上了一個「臭」，則明顯帶上了貶義，專被用來形容和諷刺與錢相關的不義之舉。比如，見錢眼開、揮霍浪費、賄賂公行、賣官鬻爵等等。銅臭熏天，指的便是錢被作為社會唯一價值標準的那種齷齪氣息。說到銅臭，人們難免會聯想到崔烈。崔烈的名字由此和「銅臭」一詞綁在一起，這大概是當年那位「冀州名士」所萬萬沒有想到的吧。

與銅臭相對應的是書香。中國古代藏書常常在書中夾些香草（芸草），防止蠹蟲咬蝕，且可在書中留下幽幽的清香，「書香」一詞便由此而來。後來，人們又據此將讀書人家稱為「書香門第」。與銅臭的貪婪相對應，書香代表了清廉和正氣。

「錢愚」：
蕭梁貴族蕭宏的故事

蕭宏是南朝梁武帝的胞弟，沒什麼才幹，但對錢財的愛好達到了痴愚的程度。由於他是皇帝的弟弟，當時許多人希望透過他能得到梁武帝的提攜，大量錢財自動送上，蕭宏則是來者不拒，照單全收。不過幾年，便累積了大量的錢財，史書上說他是「百萬一聚，黃榜標之，千萬一庫，懸一紫標，如此三十餘間」。據說他所聚斂的錢財多達數億，光是其愛妾的一雙寶鞋就價值上千萬。為了防止有人偷盜錢財，蕭宏還關門上鎖，將那些庫房嚴加看管，從不讓人隨意進出。有人因此懷疑蕭宏庫房裡頭可能藏著鎧甲武器，有謀反企圖，便向梁武帝告密。梁武帝不由暗暗吃驚，決定找個機會前去查個水落石出。這時，恰逢蕭宏的愛妾身體不適，梁武帝便派人送去美食，並隨即前往探望慰問。兄弟倆就著美食對飲起來，就在半醉未醉之際，梁武帝說要去看看後房。蕭宏見他那些貪汙受賄所得的錢財行將暴露，嚇得臉色都變了。武帝見狀，更加懷疑庫房裡暗藏兵器了。於是，由蕭宏帶路，逐個屋子查看。蕭宏那些嚴加防範的庫房裡堆放的不是貼著封條的金銀錢財，就是貴重的布絹絲棉等雜物，每個庫房都堆得嚴嚴實實。梁武帝查看完庫房，只見錢財，不見兵器，明白蕭宏並無政治野心，便完全打消了對他的懷疑，儘管

當時市面上銅錢緊缺，但梁武帝根本無意以蕭宏的錢財來緩解錢荒。兄弟倆「方更劇飲，至夜舉燭而還。兄弟情方更敦睦」。

此後蕭宏更加有恃無恐，肆意妄行。鑽營於蕭宏門下的不軌之徒絡繹不絕。蕭宏為了斂財，還以抵押貸款的方式發放高利貸，他讓借主立下文書，等期限一到，如不還錢，就立即侵占借主的房產，弄得好多人無家可歸。

梁武帝的兒子蕭綜對蕭宏極其痛恨，仿照魯褒的〈錢神論〉寫了一篇〈錢愚論〉，諷刺蕭宏貪婪無度，文章寫得十分精采。梁武帝知道後，責備蕭綜：「天下文章寫什麼不行，怎麼寫這些東西！」下令銷毀〈錢愚論〉，但為時已晚，文章已經在社會上流傳開來。蕭宏「錢愚」的「美名」也很快廣為人知。蕭宏對蕭綜的〈錢愚論〉又恨又怕，貪財之舉不得不有所收斂。「錢愚」後來成為蕭宏一類對錢貪得無厭最終為錢所累之人的代名詞。其實，南梁朝廷裡多的是蕭宏那樣的「錢愚」，平日裡這些人拚命聚斂錢財，養尊處優，百無一能。當時有個縣官叫王復的，從未騎過馬，看到馬跳叫就驚駭失色地對人說：「這明明是老虎，怎麼是馬呢？」侯景作亂時，這些人由於

肉柔骨脆、體瘦氣弱，連覓食和逃亡的本領也沒有，只能穿著羅綺、抱著金玉，伏在床邊等死。伴隨著這麼一批「錢愚」，南梁王朝最終成為一個短命的王朝，侯景之亂不久，便被陳取而代之。

「錢癆」：明代嚴嵩父子的故事

嚴嵩曾是弘治十八年（西元1505年）進士，善於諂諛媚上，是有名的「青詞宰相」。嘉靖時，嚴嵩受到世宗皇帝朱厚熜的寵信，平步青雲，官至內閣首輔，專擅朝政二十年，排斥異己，禍國害民，成為千夫所指的大奸臣。嚴世蕃是嚴嵩的兒子，在嚴嵩的提攜下，迅速躋身中央機要，甚至代替嚴嵩為皇上起草文稿，成為嚴嵩的得力助手。父子倆聯手作奸，權傾一時。

嚴嵩父子對於錢財的貪婪和斂財手段的肆意無恥有名得很，他們把持了朝中官員的升遷大權，官員的升遷貶謫，不是根據其品行和能力，而是憑他們對嚴府賄賂的多寡。每天到嚴府行賄之人相望於道，饋贈之物斗量車載。禮部員外郎項治元賄賂嚴嵩一萬三千金而升任吏部主事；舉人潘鴻業賄賂嚴嵩二千二百金得任山東臨清知州；犯

罪軍官仇鸞，被革職後爲了復官，以重金賄賂嚴嵩父子後，竟當上了宣府、大同總兵的要職。嚴嵩父子侵占的民間田產僅在北京附近就有莊田一百五十餘所，在南京、揚州等地還有豪奪強買之良田美宅數十處。嚴嵩父子在原籍侵占之民田更是驚人，袁州（今江西宜春）一府四縣之田，竟有十分之七被嚴家侵占。嚴世蕃曾無恥自誇說：「朝廷不如我富，朝廷不如我樂！」

明代有一本笑話集叫《噴飯錄》，書中記了這樣一件事，嚴嵩父子聚斂的錢財，每增加一百萬白銀時，就要舉行一盛大的酒會，以示誇耀和慶賀。到了五高會，也就是嚴嵩父子聚斂了五百萬白銀，仍不滿足，「漁獵猶不止」，京師由此稱之爲「錢癆」。「錢癆」這一稱呼，對於嚴嵩父子的刻畫可謂入木三分，再貼切不過了。嚴嵩父子對於錢財的追求已經到了病態的程度，就像得了一種侵入膏肓的癆病，嚴嵩父子的下場也正印證了這一點。正是父子倆對於錢財的瘋狂掠奪和其他種種倒行逆施，最終在朝廷上下激起眾怒，嘉靖四十四年（西元1565年）嚴世蕃被處以斬首。嚴世蕃臨刑之時，市民們紛紛持酒觀看，無不拍手慶賀。次年，嚴嵩也在人們的唾罵聲中慚慚死去。

15 撲滿趣談

　　西元2004年9月9日在上海銀行博物館擴建後的啓用儀式上，會場的中央擺放著碩大的仿製古代撲滿，主持人將一枚仿製的宋代「大觀通寶」銅錢投入撲滿，標誌了改建後銀行博物館的正式啓用。這一啓用儀式的創意頗具匠心，既反映了銀行博物館所收藏之展品的悠久歷史，同時又揭示了撲滿與現代銀行業的淵源關係，撲滿曾是古代儲蓄和理財的器皿，今天現代銀行業的部分功用不正類似當年撲滿曾經發揮過的功用嗎？

　　撲滿是中國古代以泥燒製而成的貯錢罐，關於撲滿最早的文字記載，見於司馬遷的《史記》。撲滿還有許多別稱，如：慳囊、悶葫蘆等。「撲滿者，以土爲器，以蓄錢；具有入竅而無出竅，滿則撲之」，故名「撲滿」。這種儲錢罐的妙處在於錢幣可以放入，卻無法取出。人們平時將錢從小孔中塞進去，聚少成多，必要時打碎小陶罐，以供一時之需，或解燃眉之急。自古以來，撲滿尤其得到孩子們的青睞，對於孩子們來說，撲滿既是今日的玩具，又是明日的希望。

銀行禮品：撲滿

　　撲滿正是由於「滿則撲之」的特點，常常被人用來比喻人生的哲理。漢代就有人說過：「士有聚斂而不能散者，將有撲滿之敗。」意思是一個人如果肆意聚斂錢財，必將與撲滿一樣身敗名裂。南宋詩人陸游則以生動的詩句重申了同樣道理：「錢能禍撲滿，酒不負鴟夷。」還有一位高僧詩人曾寫過一首題為〈撲滿子〉的詩，詩人自比撲滿，詩中說人們「只愛滿我腹，怎知滿害身，到頭須撲破，卻散與他人」。詩的意思是人們不斷往我肚子裡投錢，看起來是愛我，實際是在害我，到頭來，不僅肚子裡的錢是人家的，我的小命也將不保。古人們的話說明一個道理，一個人如果對金錢聚斂無度，將難有好的下場。這些與《紅樓夢》中

早期撲滿

的〈好了歌〉有異曲同工之妙。〈好了歌〉有一段如是說：「世人都曉神仙好，只有金銀忘不了。終朝只恨聚無多，及到多時眼閉了。」

　　漢武帝時的丞相公孫弘倒是十分明白「撲滿」的道理。他年少時家境貧窮，放過豬，當過獄吏，但他刻苦好學，孜孜不倦，近七十歲時終入九卿之列，七十四歲升為丞相，官至人臣之極。六年之後，病死於丞相任內。公孫弘剛剛進入官場時，老鄉鄒長倩送給他一個撲滿，並意味深長地說了這麼一段話：「撲滿一旦儲滿了錢就將被打破，泥土是最不值錢的東西，錢幣則是一種貴重的物品，撲滿裡的錢如果只進不出，只聚不散，總有一天將被打破。做人也是同樣的道理，如果只知聚斂，不知散發，總有一天會遭到像撲滿一樣的下場。望你能引以為戒。」公孫弘在以後的歲月裡，一直以老鄉的這一告誡勉勵自己，保持了勤儉的本色，蓋的是布被，食的是粗糧；用其所積餘的錢，在相府開設東閣客館，招納賢才，以推薦給皇帝選用。他平平安安度過了一生，沒有因為聚斂錢財，而被「滿則撲之」，這在中國古代官場中十分難得。公孫弘的一生說明了一個道理：若要好，便要了；若不了，便不好。

　　撲滿「積小錢為大錢」還說明了聚沙成塔、匯水成河的道理，人不能

希望輕易取得成功，只有堅持不懈地做好每一件小事，才有可能到達成功的彼岸。這正如荀子所說的：「不積跬步，無以至千里；不納細流，無以成江海。」

佛教界也有人利用撲滿的這一特點來策劃募化的。臺灣嘉義有一家寺院改建時缺乏資金，他們便製作了一批小沙彌造型的撲滿擺放在商店裡，顧客在弄清其中原委後，便紛紛掏口袋共襄盛舉。結果寺院積小錢為大錢，解決了改建資金的缺口，募捐者則是積小善為大善，得到了一種心理上的滿足和愉悅。

撲滿常常被詩人寫入詩中，增添濃郁的生活氣息，還被引申出新的涵義。宋代詩人范成大在〈催租行〉中寫道：「床頭慳囊大如拳，撲破正有三百錢。」在官府地主的催逼之下，普通農民的口袋已經空空如也，連撲滿裡僅剩的三百小錢也難逃厄運，生動反映了當時老百姓的窘困生活。

撲滿也曾被曹雪芹寫入《紅樓夢》之中，一天大觀園裡的人們閒來無事，聚在一起，猜謎語解悶，你出一個謎面，她出一個謎面，輪到寶釵了，她以「撲滿」為謎底，謎面是：「有眼無珠腹內空，荷花出水喜相逢。梧桐葉落分離別，恩愛夫妻不到冬。」曹雪芹借用這一

謎語想說明其他什麼問題，不是我們要討論的話題，不過薛寶釵的四句話倒是把撲滿的特點給鮮活地刻劃出來了，真是神來之筆。

最初的撲滿都是由泥土燒製而成的陶器，後來漸漸發展有瓷製的、玻璃製的、鐵製的，還有其他材料製成的。撲滿的造型也在不斷發生變化，最初就是簡單的陶罐，後來便有各種動物造型，如小豬、小虎、小牛、小兔、小狗等等，往往憨態可掬，讓人愛不釋手；還有其他各種形狀的。

撲滿的功能，數千年來一直以儲錢為主，兼有玩賞的作用，是新春佳節送人，尤其送給孩子們的上佳禮品。近代以來，撲滿曾是銀行贈送客戶的營銷禮品。上海銀行博物館收藏的一個鑄鐵撲滿便是當年上海大康銀行送給客戶的贈品，原由工商銀行總行的一位主管收藏，後贈送給銀行博物館。現在，隨著社會經濟的迅速發展，隨著人們金融資產的增加和理財意識的提高，撲滿所具有的那種儲蓄理財功能顯然落伍了，銀行開辦了豐富的理財業務，包括孩子自己開辦的紅領巾銀行等，把大家、尤其是孩子們儲蓄罐裡的錢都吸引過去了。撲滿所具有的那種儲蓄功能日漸弱化了，但歷經數千年的風風雨雨，承載深

厚傳統文化的撲滿並沒有因此功成身退，它的觀賞、收藏功能突顯出來。西元2005年春節，工行上海分行精心製作了一批彩色的紫砂撲滿，外面盛以彩色織錦緞禮盒，贈送給高端客戶，很受客戶的歡迎。不過，這種撲滿已經完全不是原來的儲蓄罐了，而純粹成爲一種高檔的觀賞品和收藏品。

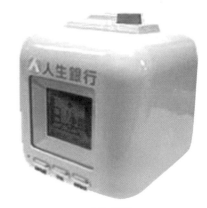

人生銀行

可喜的是，隨著現代科學技術的發展，在傳統撲滿漸漸淡出市場的同時，新型的電子撲滿開始現身於市場。有一種電子撲滿，投擲硬幣時有自動累加計算功能，可設定與變更儲蓄目標，投幣時投入不同幣種可發出不同的音響效果，還能即時顯示儲蓄進度，一旦達到事先設定的儲蓄目標，電子撲滿會自動響起音樂鈴聲予以鼓勵。

另有一種電子撲滿，名叫「人生銀行」。這種高科技的電子撲滿設計得更加人性化，它可以預先設定你所希望達到的存錢目標，以及相關期限和日常的進度，它到時會自動提醒你：該存錢啦存錢啦！更有意思的是，這個如同一臺小型電腦的玩意兒有個23×48點陣的液晶螢幕，剛開始存錢的時候它所顯示的是個可憐的傢伙住在一所破舊的屋子裡，隨著你的存錢越來越多，逐漸接近所設定的目標，居住條件會日漸改觀，最後這個傢伙終於住進了豪華公寓。液晶螢幕還有小貓、小狗長大和小樹長高等情景的設計，隨著所存金額的增加，小狗、小貓漸漸長大了，變得漂亮了；小樹漸漸長高了，枝葉日漸茂盛了，給人一種春種秋收的成就感。

電子撲滿的市場前景究竟如何，暫時尚難斷言，不過估計應該會得到市場的歡迎，特別是得到單身「月光」一族的青睞，人們在克制過度消費、享受存錢快樂的同時，這種擬人化的電子撲滿，還能慰藉人們情感上的寂寞，使日常生活更添溫馨，更加豐富多彩。

國家圖書館出版品預行編目資料

錢的故事／汪錫鵬、殷叔平著.——
初版.——臺中市　　：好讀，2010.05
面：　　公分，——（圖說歷史；29）

ISBN 978-986-178-152-5（平裝）

　　　　1.貨幣史 2.歷史故事 3.中國

561.092　　　　　　　　　　　99005190

好讀出版

圖說歷史 29

錢的故事

作　　者／汪錫鵬、殷叔平
總 編 輯／鄧茵茵
文字編輯／林碧瑩
美術編輯／林姿秀
發 行 所／好讀出版有限公司
台中市407西屯區何厝里19鄰大有街13號
TEL:04-23157795　FAX:04-23144188
http://howdo.morningstar.com.tw
　（如對本書編輯或內容有意見，請來電或上網告訴我們）
法律顧問／甘龍強律師
承製／知己圖書股份有限公司　TEL:04-23581803

總經銷／知己圖書股份有限公司
http://www.morningstar.com.tw
e-mail:service@morningstar.com.tw
郵政劃撥：15060393 知己圖書股份有限公司
台北公司：台北市106羅斯福路二段95號4樓之3
TEL:02-23672044　FAX:02-23635741
台中公司：台中市407工業區30路1號
TEL:04-23595820　FAX:04-23597123

初版／西元2010年5月15日
定價：280元
如有破損或裝訂錯誤，請寄回知己圖書更換

讀者回函

只要寄回本回函，就能不定時收到晨星出版集團最新電子報及相關優惠活動訊息，並有機會參加抽獎，獲得贈書。因此有電子信箱的讀者，千萬別吝於寫上你的信箱地址

書名：錢的故事

姓名：＿＿＿＿＿＿＿ 性別：□男□女 生日：＿＿年＿＿月＿＿日

教育程度：＿＿＿＿＿＿＿＿＿＿＿

職業：□學生 □教師 □一般職員 □企業主管
　　　□家庭主婦 □自由業 □醫護 □軍警 □其他＿＿＿＿＿＿＿＿

電子郵件信箱（e-mail）：＿＿＿＿＿＿＿＿＿ 電話：＿＿＿＿＿＿

聯絡地址：□□□＿＿＿＿＿＿＿＿＿＿＿＿＿＿＿＿＿

你怎麼發現這本書的？

□書店 □網路書店（哪一個？）＿＿＿＿＿＿□朋友推薦 □學校選書
□報章雜誌報導 □其他＿＿＿＿＿＿＿＿＿＿＿＿＿＿＿

買這本書的原因是：＿＿＿＿＿＿＿＿＿＿＿＿＿＿＿

□內容題材深得我心 □價格便宜 □封面與內頁設計很優 □其他＿＿＿＿

你對這本書還有其他意見嗎？請通通告訴我們：

＿＿＿＿＿＿＿＿＿＿＿＿＿＿＿＿＿＿＿＿＿＿

你買過幾本好讀的書？（不包括現在這一本）

□沒買過 □1～5本 □6～10本 □11～20本 □太多了

你希望能如何得到更多好讀的出版訊息？

□常寄電子報 □網站常常更新 □常在報章雜誌上看到好讀新書消息
□我有更棒的想法＿＿＿＿＿＿＿＿＿＿＿＿＿＿＿

最後請推薦五個閱讀同好的姓名與E-mail，讓他們也能收到好讀的近期書訊：

1.＿＿＿＿＿＿＿＿＿＿＿＿＿＿＿＿＿＿＿＿＿

2.＿＿＿＿＿＿＿＿＿＿＿＿＿＿＿＿＿＿＿＿＿

3.＿＿＿＿＿＿＿＿＿＿＿＿＿＿＿＿＿＿＿＿＿

4.＿＿＿＿＿＿＿＿＿＿＿＿＿＿＿＿＿＿＿＿＿

5.＿＿＿＿＿＿＿＿＿＿＿＿＿＿＿＿＿＿＿＿＿

我們確實接收到你對好讀的心意了，再次感謝你抽空填寫這份回函
請有空時上網或來信與我們交換意見，好讀出版有限公司編輯部同仁感謝你！
好讀的部落格：http://howdo.morningstar.com.tw/

好讀出版有限公司　編輯部收

407 台中市西屯區何厝里大有街13號
電話：04-23157795-6　傳眞：04-23144188

　　　　　　　　　　　　　　　　　　　沿虛線對折

購買好讀出版書籍的方法：

一、先請你上晨星網路書店http://www.morningstar.com.tw檢索書目
　　或直接在網上購買

二、以郵政劃撥購書：帳號15060393　戶名：知己圖書股份有限公司
　　並在通信欄中註明你想買的書名與數量

三、大量訂購者可直接以客服專線洽詢，有專人爲您服務：
　　客服專線：04-23595819轉230　傳眞：04-23597123

四、客服信箱：service@morningstar.com.tw